每天读点管理心理学

管理者不可或缺的实用读本

优秀的管理者往往熟知心理学知识，他能了解下属的心声，明白员工的真实诉求

王斌◎编著

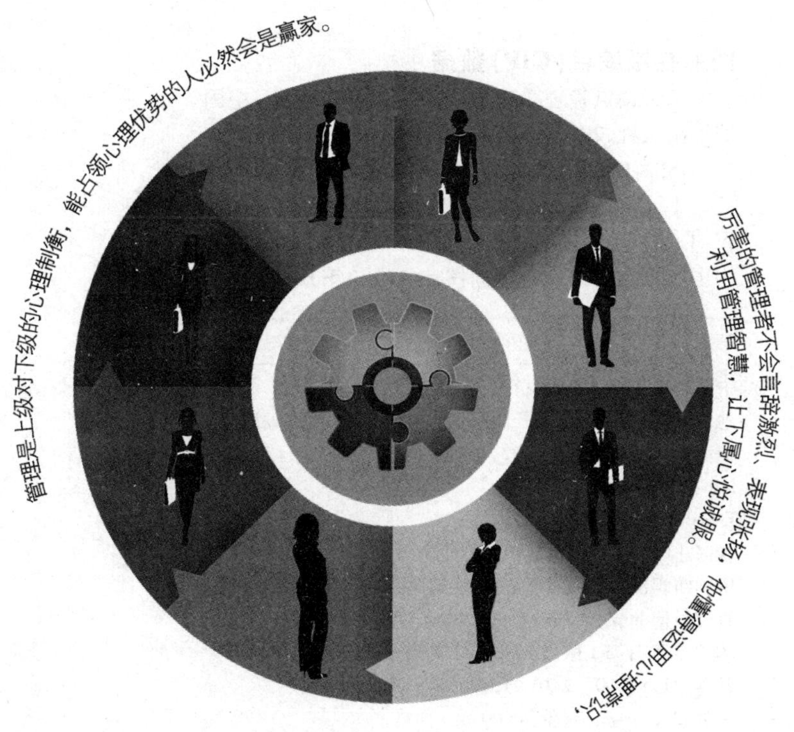

中国纺织出版社

内 容 提 要

想成为一名合格的领导干部，就要具备一定的管理能力。一位称职的领导不一定要有多显著的业绩，但一定要懂得如何调配下属，让他们在合适的岗位发挥自己的潜能。

本书从管理的基础讲起，简洁的笔触，经典的管理案例，让你在实践中体会管理心理学的真谛。系统介绍了认识管理、目标管理、自我管理、文化管理、人才管理等知识，有针对性地提出相应的策略方法，比如高效部署、协调职能、决策实施、激励员工、应对危机等，让管理者更好地掌握管理心理学的知识，提升管理水平，建立成熟的工作团队！

图书在版编目(CIP)数据

每天读点管理心理学 / 王斌编著.—北京：中国纺织出版社，2017.5（2023.1 重印）

ISBN 978-7-5180-3239-6

Ⅰ.①每… Ⅱ.①王… Ⅲ.①管理心理学—通俗读物 Ⅳ.①C93-051

中国版本图书馆 CIP 数据核字(2017)第 019319 号

策划编辑：闫星　　责任印制：储志伟

中国纺织出版社出版发行

地址：北京市朝阳区百子湾东里 A407 号楼　邮政编码：100124

销售电话：010—67004422　传真：010—87155801

http://www.c-textilep.com

E-mail:faxing@c-textilep.com

佳兴达印刷（天津）有限公司印刷　各地新华书店经销

中国纺织出版社天猫旗舰店

官方微博 http://weibo.com/2119887771

2017 年 5 月第 1 版　2023 年 1 月第 5 次印刷

开本：710×1000　1/16　印张：21

字数：280 千字　定价：48.00 元

前言

现代社会，随着社会生产力的发展和科技的进步，管理科学应运而生，任何一个企业，要想获得清晰的发展方向、提高运作效率，要想让每个员工充分发挥自己的潜能，都要注重管理科学的作用。事实上，现代企业的竞争，毋庸置疑已经变成管理的竞争。而伴随企业管理出现的，就是管理心理学，所谓管理心理学，以组织中的人作为特定的研究对象，重点在于对共同经营管理目标的人的系统的研究，以提高效率，在一定的成本控制条件下，最大限度地调动人们的积极性和创造性。

现代管理心理学强调管理的核心是人，也就是人本管理，它有助于调动人的积极性，改善组织结构和领导绩效，提高工作生活质量，建立健康文明的人际关系，达到提高管理水平和发展生产的目的。

在西方管理学界就有这样一句名言："管理即管人。"对此，管理学家劳伦斯·阿普利说："管理就是通过他人把事情办妥。"美国著名未来学家约翰·奈斯比特曾指出："未来竞争是管理的竞争，竞争的焦点在于每个社会组织内部成员之间及其外部组织的有效沟通上。"我们可以通俗地说，管理者是否懂得将心理学运用到管理之中，关系到整个管理工作的效果。

《孙子兵法》曰："上兵伐谋，其次伐交，其次伐兵，其下攻城。"兵家讲究"攻城为下，攻心为上"，管理企业也是如此。管理企业的实质是管理人心，高效管理的关键在于掌控人心，实现管理者之心与员工之心的和谐互动。

从某种程度上说，任何一个优秀的管理者，都应该学习管理心理学，要懂得春风化雨，在"润物细无声"中达到管理企业的目的。而掌握了这种高超的管理艺术，会让你在管理活动中，进一步融洽与被管理者的人际关系，在这样和谐的工作环境中，员工的能动性就会被大大激发，工作热情和业绩都会相继提高。如此，一切按部就班，形成良性循环，相信这也是所有管理者梦寐以求的。

本书是为企业中的管理者而编写的，为您阐述了一些管理过程中出现的心理定律和现象，并结合各种管理实例，为您系统、深入浅出地阐述了各种心理应对技巧，是一本非常实用、切合管理实际的管理类心理学读物。希望这本书能成为您的枕边书，帮助您快速提升管理能力、提高管理效率！

编著者

2016 年 9 月

目录 CONTENTS

上篇　高效管理有章法

下篇　策略执行有秘籍

上篇

高效管理有章法

第1章

认识管理心理学，领导懂心理才能会管理

从古至今，没有人能脱离组织而单独生存。随着社会分工的逐渐细化，更证明了单打独斗不可能取得成功的道理。然而，仅仅有了组织还不够，没有管理的组织就如同一盘散沙，不能进行正常、有效的活动。被称为“现代管理学之父”的彼得·德鲁克曾提出过一个观点：20世纪对于人类而言，推动世界进步最大的因素不是自然科学领域的成就，而是管理学的出现。管理是20世纪推动人类社会进步的最大因素，管理改变世界。在认识到管理的重要性之后，每一个领导者都应该把学习管理当成日常功课之一。

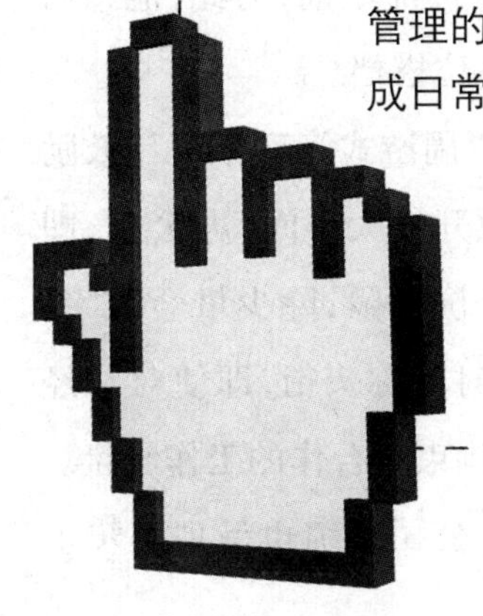

以人为本，建立最有效用的管理机制

从古至今，任何人都不能脱离团体、组织而单独存在。没有组织，仅凭个体的力量，无法征服自然，也不可能有所成就；没有组织，也就没有今天的发展与繁荣。然而，仅仅有了组织还不够，因为人类社会中存在组织就必然有人群的活动，有人群的活动就有管理，有了管理，组织才能进行正常、有效的活动。因此，我们可以肯定，人类的进步离不开管理，任何组织的进步都离不开管理。然而，管理的对象是人，只有建立在人性化基础上的管理才是有效用的。

在中国沿海地区，有很多科技应用型企业，A 公司就是其中一个。公司创办时，董事会破格从公司电脑服务部聘任优秀员工肖某为公司经理。理由是：肖某在电脑应用及智能化工程实施方面的技术水平较高。肖某上任三个月，工作积极、勤奋，刻苦钻研业务。但他不知道怎么经营和管理企业，导致员工怨声载道，认为他摆官架子，公司经营几乎停滞不前，为此，他愁眉不展，不知如何是好。后来，董事会决定为其安排一位搭档。

这位新搭档一上任，就开始借鉴美国惠普公司“周游式管理办法”：鼓励部门负责人深入基层，直接接触广大职工，采用“敞开式大房间”办公室，即全体人员都在一间敞厅中办公，各部门之间只有矮屏分隔，除少量会议室、会客室外，无论哪级领导都不设单独的办公室，同时不称头衔，即使对总经理也直呼其名。这样有利于上下左右通气，创造无拘束和合作的工作气氛。

果然，几个月后，员工的工作积极性大大提高，公司业绩也呈现逐步上升的趋势。

是什么拯救了这家公司？是正确的管理方法的运用——人性化的管理。的确，单打独斗、个人英雄式的闭门造车工作方式在现今社会是越来越

行不通了，反而团队的分工合作方式正逐渐被各企业认同。而“敞开式大房间”这种管理模式，不仅能挖掘出员工的潜能，还能制造平等的气氛，同时也敞开了彼此合作与心灵沟通的门。

然而，什么是人性化管理呢？所谓人性化管理，就是一种在整个企业管理过程中充分注意人性要素，以充分开掘人的潜能为己任的管理模式。至于其具体内容，可以包含很多要素，如对人的尊重，充分的物质激励和精神激励，给人提供各种成长与发展机会，注重企业与个人的双赢战略，制定员工的生涯规划，等等。

那么，领导者在从事管理工作的过程中，该如何具体运用人性化的管理方法呢？一般来说，人性化管理包括以下几个方面：

1.情感化管理

所谓情感化管理，顾名思义，就是注重员工的情感与内心世界，以激发员工的积极性和消除他们的消极情绪为核心。这是因为人们在情感上都具有可塑性、倾向性和稳定性等特征。

2.民主化管理

这就需要管理者发挥民主精神，让员工多参与企业的决策工作。如果一个企业的领导者在作涉及企业的决定时，将员工的决策完全置之不理，那么，不仅伤害了员工的自尊心，还打击了他们的积极性，甚至会引起他们的强烈反感，进而影响到企业的正常运作。而如果领导者能让员工参与决策，即听取他们的意见，这样非但不会挫伤他们的自尊心，还会提高他们的士气，被征求意见的人多一些，员工的士气就会更高一些。

民主化管理就是要求领导者集思广益。任何一家企业都需要多数人的指挥，做到全员经营，否则很难取得真正的成功。要真正做到管理的民主化，还需要建立一种企业与员工的关联机制，如让员工持有一定的股份便是较好的方法之一。

3.自我管理

所谓自我管理，顾名思义，指的是“自己管理自己”，通俗地讲，也就是企

业和组织的成员在遵从企业的发展战略和目标这一大前提下，自主制订计划、实施控制、实现目标。让员工实施自我管理，可以更好地激发员工的自主性，从而将其自我意志与企业意志结合起来，从而使每个人心情舒畅地为企业积极奉献。自我管理可以说是民主管理的进一步发展。

4.文化管理

这里的文化，是相对于集体而言的，它指的是一整套由一定的集体共享的价值观、理想和行为准则形成的，是个人行为能为集体所接受的共同标准、规范、模式的整合。

文化管理是人性化管理的最高层次，它有三种实现形式，即企业文化培育、管理文化模式的推进。文化管理能达到使员工形成共同的价值观和共同的行为规范的目的。文化管理能充分发挥文化覆盖人的心理、生理、人的现状与历史的作用，把以人为中心的管理思想全面地显示出来。

提高效率是管理的目标

不可否认，自古以来，人类社会的进步包括经济发展的不竭动力之一，就是生产效率的不断提高。而现代企业的管理者，都知道管理是社会组织中为了实现预期的目标，以人为中心进行的协调活动。而这里的预期目标，从本质上说就是提高效率。在管理的过程中，无论是制订、执行、检查还是改进，其最终的目的也是提高效率，提升企业的利益空间。也就是说，管理是企业经营永恒的主题，效率是管理的第一要素。

事实上，管理和效率一直都以孪生兄弟的形态出现在管理者的字典里，管理和效率密不可分。管理理论的形成先后经过古典管理理论、行为科学理论、现代管理理论和当代管理理论等阶段。在每一个阶段，管理大师们为应对当时的管理问题提出了不同的解决方案，但是仔细思考一下，各种理论

都是以提高效率为终极目标的。

曾经有这样一个“搬运生铁块试验”：

1898 年，科学管理理论的主要代表人物弗雷德里克·泰勒在伯利恒钢铁公司进行了此项试验，得出的结论是：管理的核心就是通过管理方法来提高效率。

在这个钢铁工厂里，有一批临时工，他们的主要工作就是搬运原材料，多人每天搬运的铁块重量有 12~13 吨，每天的工资是 1.15 美元，这在当时也是标准工资。如果员工做得不好，那么，就有可能被开除，对于那些表现较好的工人，则有可能被选拔为车间等级工，工资也会相应提升。

后来，泰勒对这些工人的生产效率产生了极大的兴趣，于是，他开始观察、研究这 75 名工人。他通过变化各种工作因素，来观察他们对生产效率的影响。例如，工人有时弯腰搬运，有时又直腰搬运；后来他又观察了工人行走的速度，持握的位置和其他的变量。

通过长时间的观察试验，他得出结论：只要把劳动时间和休息时间很好地配置起来，并减少不必要的动作，可以使工人每天的工作量提高到 47 吨，同时工人并不会感到太疲劳。于是他挑选了一个叫施密特的工人来检验自己所得出的结论。他要求这个工人按照新的要求工作，每天给他 1.85 美元的报酬。结果，施密特第一天很早就搬完了 47.5 吨，拿到了 1.85 美元的工资。于是其他工人也渐渐按照这种方法来搬运了。

这里，泰勒是怎么使每个工人的工作效率提高三倍的？这是因为他首先对这一问题产生了兴趣，然后对搬运过程进行了分析，从而得出了结论：只要把劳动时间和休息时间很好地配置起来，并减少不必要的动作就能提高工人的效率。于是，他帮助工人改进操作方法，最终使每个工人的工作效率提高了近 3 倍。

其实，如果我们能换个角度看管理，比如，从效率的角度来看，那么，管理就是一个投入收益的过程。这个过程需要管理者先根据计划和决策，将人力、财力、物力等资源都投入到企业的生产经营中，当然，也包括服务，然

后经过管理主体和管理客体的相互作用和创造，产生出一定的收益。

不难理解，企业效率的实现一般来自于两个方面，即收益和投入。简单地说，我们可以用公式表达：效率＝收益/投入。从这个公式我们可以看出，对于企业来说，如果投入不变，那么，收益越高，效率就越高；反过来，如果企业的投入，也就是企业的劳动、原材料和管理费用等相对减少，那么，企业的收益也会增加。如果达不到这一点，那么，企业只能通过不断扩大生产规模来增加利润，而此时，效率已经没有任何意义了。效率的提高，实际上就是相对投入的降低。因此，相对投入的减少成为组织最为关心的问题。

任何一种管理理论或技术革命，无一例外是为了达到减少相对投入的目的。相对投入的减少有两种途径：一是在一定投入下收益的增加；二是在一定收益上投入的减少。而收益的增加，归根结底，也是源于减少相对投入，或者说降低成本。

那么，具体来说，我们该如何通过管理（减少相对投入）来提高效率呢？主要有两个方面：

1.提高人的效率

实际上，管理工作做的就是人的工作，在任何组织和企业中，人都是生产力中最主要、最能动、最积极的因素。如果管理者能充分做好对人的管理工作，并调动人的积极性，那么，效率提高就顺理成章了。

这里，管理者提高人的效率，并不是对员工实施放任自流的管理方法，如此，管理也就没有存在的意义了。要保证员工的积极性，管理者除了实施人性化管理外，还需要明确个人责任，通过建立工作制度和法规来保证。只有这样，才能使整个组织有机而协调地运转。

2.提高物的效率

物是相对于人而言的，从狭义上来说，它指的是管理中的物质生产资料。而实际上，它是指在管理系统中除人之外的那些作为管理对象的一切物质成分，包括资金、物资设备和物质设施等。

所有管理者都深知一个道理，企图通过高消耗来为企业赢得发展机会

是不可能实现的目标，也是不明智的管理方法。而反过来，降低生产成本和管理成本才是正确的途径。科学地管理和合理地使用资源将会最大限度地提高效益。

抓大放小，管理做到越简单越好

现代社会，无论是工厂、学校还是企业、军队等，都离不开管理，没有管理，这些组织就如同一盘散沙。可以说，管理是伴随着人类社会的产生而产生、发展而发展的，贯穿着人类社会的各个阶段。那么，到底什么是管理呢？关于管理的具体定义，众说纷纭，而根据国内外管理学家们的研究成果，我们认为，管理就是在一定的社会环境条件下，管理者为了实现既定目标，借助于计划、组织、指挥、协调、控制等职能，对所属组织中的人、财、物、时间、信息等要素进行合乎目的的有机结合的一种活动。可能很多人认为，管理是相当复杂和高深的事情，实则不然，管理已经成为现代社会所有组织生存和发展必须学习的功课。因此，作为领导者，我们应该本着崇尚简单的宗旨从事管理工作，而不要把管理复杂化。

我们先来看看下面这个故事：

黑熊和棕熊喜食蜂蜜，都以养蜂为生。它们各有一个蜂箱，养着同样多的蜜蜂。有一天，它们决定比赛看谁的蜜蜂产的蜜多。

黑熊想，蜜的产量取决于蜜蜂每天对花的“访问量”。于是它买来了一套昂贵的测量蜜蜂访问量的绩效管理系统。在它看来，蜜蜂所接触的花的数量就是其工作量。每过完一个季度，黑熊就公布每只蜜蜂的工作量；同时，黑熊还设立了奖项，奖励访问量最多的蜜蜂。但它从不告诉蜜蜂们它是在与棕熊比赛，它只是让它的蜜蜂比赛访问量。

棕熊与黑熊想得不一样。它认为蜜蜂能产多少蜜，关键在于它们每天

采回多少花蜜——花蜜越多,酿的蜂蜜就越多。于是它直截了当告诉众蜜蜂:它在和黑熊比赛看谁产的蜜多。它花了很少的钱买了一套绩效管理系统,测量每只蜜蜂每天采回花蜜的数量和整个蜂箱每天酿出蜂蜜的数量,并把测量结果张榜公布。它也设立了一套奖励制度,重奖当月采花蜜最多的蜜蜂。如果本月的蜜蜂总产量高于上个月,那么所有蜜蜂都受到不同程度的奖励。一年过去了,两只熊查看比赛结果,黑熊的蜂蜜不及棕熊的一半。

为什么棕熊比黑熊采的蜜多出一半呢?这是因为它们看问题的着眼点不同。棕熊认为,蜜蜂能产多少蜜,关键在于它们每天采回多少花蜜,这样看,虽然简单,却找到了问题的关键所在,而有它不限于奖励一只蜜蜂。为了采集到更多的花蜜,蜜蜂相互合作,嗅觉灵敏、飞得快的蜜蜂负责打探哪儿的花最多最好,然后回来告诉力气大的蜜蜂一齐到那儿去采集花蜜,剩下的蜜蜂负责贮存采回的花蜜,将其酿成蜂蜜。虽然采集花蜜多的能得到最多的奖励,但其他蜜蜂也能得到部分好处,因此蜜蜂之间远不到人人自危相互拆台的程度。

而对于黑熊来说,表面上看,它的评估体系虽很精确,但它评估的绩效与最终的绩效并不直接相关。黑熊的蜜蜂为尽可能提高访问量,都不采太多的花蜜,因为采的花蜜越多,飞起来就越慢,每天的访问量就越少。

那么,黑熊为什么会判断失误呢?原因很简单,因为它缺少对蜜蜂的正确管理,只奖励访问量最多的蜜蜂,很容易导致众蜜蜂之间的恶性竞争。而棕熊的蜜蜂则不一样。

由以上案例,我们得出一个启示,作为管理者,我们一定要认识到,管理实际上并不是一件复杂的事情,找准问题的关键,使用最简单的方法,就能达到最佳的管理效果。

那么,在管理中,哪些是这些问题的关键点呢?

1.管理主体

管理的主体就是指管理者。在一个组织和企业中,那些由若干组首脑

和负责人组成的群体，就是管理者阶层。在管理工作中，管理主体的管理能力、综合素质、经验等方面都直接影响到管理工作的成效以及整个组织的工作效率。

2.管理客体

管理的客体是相对于管理主体而言的，就是指管理对象。它是管理者施加影响并产生作用的人和事。因此，现代管理理论认为，管理的对象不仅包括人，还包括财、物、信息、时间四个方面。

3.管理手段

管理的手段也就是指管理职能。管理职能是对管理行为的理论抽象，是管理者对管理对象发生作用和影响的手段，其目的是研究管理过程的规律性提供手段，也为概括和总结管理的理论、原则和方法等管理知识提供框架。

管理的职能一般划分为四类:计划、组织、领导和控制。

4.管理目标

所谓的管理目标，也就是管理工作要达到的预期目标。而管理目标的错误甚至不准确都可能给企业或组织造成巨大的损失。

5.管理环境

任何管理工作都不可能脱离一定的环境而单独运行，它直接或间接地受到一些外界因素的影响，这些因素主要包括经济环境、技术环境、社会文化环境、政治环境和自然环境。

管理就是通过这五个要素的相互影响从而发挥其作用的。如今，管理已经渗透政治、经济、文化等社会活动的各个领域，并产生了重要的影响。

打破传统,管理要与时俱进

任何管理者都深知一个道理,管理的根本目的是提高效率,让企业具有持续性和赢利能力,这也是经营得以扩大的前提,因此,管理决定企业的经营规模。只有认识到这一点,管理者才能真正站在新起点、实现新跨越。现代管理学之父德鲁克说:"管理是思想,绝不仅仅是工具。"改革和创新才能实现我们探讨的革新,要知道,在改革大潮已经深入人心的当代,故步自封的企业是无法在竞争激烈的环境下生存的,因此,管理的创新与变革势在必行。创新意味着打破传统,打破传统则是变革的结果。企业就是在创新与变革中茁壮成长的。

谁都知道,深海里氧气稀少,但很多动物为了适应深海里的环境不得不进化自己:它们尽量减少活动或者干脆不动,长期蛰伏在一处,以减少身体对氧气的需求。所以尽管深海里环境恶劣,但还是有不少动物顽强地生存了下来。在美国的一家海湾水族馆研究所中,由克雷格·麦克莱恩领导的一项研究发现,生活在深海里的动物渐渐减少的原因,居然不是氧气的减少,而是氧气的增多。

在南加州海域,就因为移植了大量含氧海藻,而导致了许多深海动物的消失。人们以为含氧海藻能够改善深海动物的生存环境,没想到,反而害了那些动物。

因为含氧海藻是一种能够制造氧气的深海植物,是普通海藻造氧量的100倍。按理来说,增加了氧气的深海对鱼类应该是有益的,可是因为千百年来,那些长期蛰伏于一处不动的深海动物,已经适应了缺氧的环境。当突然有新鲜的氧气注入时,便容易产生氧气中毒。不被氧气中毒的方法只有一个,那就是迅速改变原有的生活习惯,变静止为动态。只有不停地游动,

才能够加速呼吸，让过量的氧气排出体外，这样，过量的氧气不但对它们构成不了威胁，反而会让它们更加具有活力。

所以，生活在深海中的动物便很快分为两种：一种因为无法改变自己原有的“懒散”的生活习性而无所适从，甚至被“淘汰”；而另一种则一改往日的静止而快速行动起来，因为适应了有大量氧气注入的新环境而“如鱼得水”。

克雷格·麦克莱恩最后得出结论：不是氧气害了那些深海动物，而是它们自己的懒惰习性害了它们。

适者生存这一道理，其实，不仅仅体现在大自然中，无论是个人、企业还是单位、团体，都毫不例外地需要接受竞争的洗礼与考验，组织的发展离不开管理，但做不到创新的管理最终也会使组织在竞争中被淘汰出局。因此，管理也要随着不同时代、不同市场环境、不同地域状况而随时调整。人也好，安全也好，设备也好，都要由对管理的持续的本质的追求，不断累积经验才能完成。反之，如管理不到位，即使市场份额扩大了，也达不到经营的最终目的。

实际上，在竞争激烈的现代社会，企业真正的竞争优势就是创新与变革。

反过来，一切的失败，都可以归结为理念和思想方法的失败。假如在这个问题上，管理者能从根本上解决，那么，无论你的竞争对手多么强大，你最终都能战胜它。

因此，我们可以认为，现代化管理的关键，就是管理上的创新。另外，我们都知道，管理的根本目的在于提高效率，而提高效率的核心在于通过优化管理方法和组织架构，来提高企业内部系统的协调性。由此看来，企业管理创新主要包括企业管理方法创新和企业组织架构创新。

所谓企业管理方法创新，是指把新的管理理念、新的管理手段也就是新的管理要素或这种要素的组合引入企业管理系统中，从而更有效地实现企业发展目标。企业管理方法创新体现在大的方面，比如，在管理决策上，如确立战略联盟、战略平衡计分卡等创新性的战略管理理念和方法；也可以体

现在小的方面，比如，在各个业务层面的管理中，如为了满足消费者的个性化需求，采用准时生产、最优生产技术、柔性制造系统、精益生产、敏捷制造等新型生产管理技术和手段。

所谓企业组织架构创新，是指当企业战略目标和任务或者企业内外环境发生变化时，企业管理者对企业组织构成要素进行新的组合、构建和创新。的确，现代企业并不可能处在一个真空环境中，作为社会的子系统，它需要和其他企业、组织甚至社会的各个方面进行频繁的交流，因此，竞争也就不可避免地产生了。这就要求企业打破自身与客户和供应商之间的边界障碍，构建柔性组织、无边界组织、虚拟组织和网络组织等新的企业组织形式。

当然，企业管理的创新空间、创新形式并非一成不变，比如，经营思路、组织形式、管理模式等，都属于企业管理者应该尝试创新的范畴。事实上，业务流程再造（BPR）、六西格玛（6σ）、平衡计分卡（BSC）等已经被普遍运用到企业的管理中了，在提高企业管理效率上，它们起到了非常大的作用。

管理心理学的基本原理

任何一门学问都有其知识体系，管理亦是如此。任何一个致力于管理的领导者，都应该掌握管理学的基本原理，这有利于找到管理活动的侧重点，以便更好地开展管理活动。然而，目前，还没有一套普遍公认的完整的管理学原理体系。不少专家认为，管理学的基本原理主要包括以下几点：

1.人本原理

所谓人本原理，顾名思义，就是强调管理活动要以人为本，其基本含义是，任何组织和系统的管理，必须以人为中心，注重人的思想、感情和需求，以激发人的主动性和创造性为根本，以调动人的积极性为主要目的。

为什么要强调以人为本？这是因为：人是管理活动中最为重要的因素，它发挥着其他因素不可替代的作用。管理活动中的主客体都是人，离开人，管理活动也就不复存在，甚至可以说，一切社会活动都是通过人来进行的。

因此，创造良好的社会环境和管理环境，充分发挥人的主观能动性，是一个组织管理者的重要任务。管理者只要做好人的思想工作，注重激励，就能极大地调动员工的积极性和创造性。

2.系统原理

众所周知，世界上的任何事物，都不是独立存在并且发生作用的，同样，作为社会子系统的企业也是如此，它们也是处于一定的系统之中的。因此，企业管理的系统原理也就应运而生。

任何的系统都有其一定的功能和特征，系统的特征是由系统的结构和功能决定的，而系统功能则是各要素发挥作用的结果，要素则是通过一定的结构表现出其作用或相互作用的。当然，这些要素、结构、功能都是不同的。而对于企业管理系统而言，呈现出来的系统特点则是开放的、人造的、动态的。

3.信息反馈与控制原理

管理活动是由管理主客体共同作用的，存在管理者与被管理者，因此，管理的实质也就体现出来了——控制，与此同时，人的因素是主观的，面对控制，就必然有反馈。

反馈是控制论的一个极其重要的概念。反馈就是由控制系统把信息输送出去，又把其作用结果返送回来，并对信息的再输出发生影响，起到控制的作用，以达到预期的目的。原因产生结果，结果又构成新的原因、新的结果……反馈在原因和结果之间起到了桥梁的作用。

实质上，这种相互作用的因果关系，并不是各有目的，而都是为了完成一个共同的目标。要知道，客观实际是不断变化的，控制活动也就有了很大的变动性，此时，管理活动是否有效，很大程度上取决于反馈是否灵敏、准确和有力。这就是现代管理的反馈原理。

现代化管理中，运用反馈原理，可以显著改善企业管理系统的功能，提高企业效率，增强企业内部的凝聚力、驱动力和竞争力，促进企业良性循环。

4.效益原理

任何管理活动都是有目的的，而效益原理正是体现了这一点，效益原理指组织的各项管理活动都要以实现有效性、追求高效益作为目标的一项管理原理。

从管理的这一具体因素来看，管理的目标就是追求高效益。有效地发挥管理功能，能够使企业的资源得到充分的利用，带来企业的高效益。反之，落后的管理就会造成资源的损失和浪费，降低企业活动的效率，影响企业的效益。不过影响企业效益的因素是多方面的，如科学技术水平、员工素质、成果效用、管理水平、资源消耗和占用的合理性等。

管理者在实际工作中运用效益原理，应做到以下四点：

(1)讲求实效，一些管理工作不能只是纸上谈兵，而没有结果。

(2)既要从整体出发，关注全局利益，也要从细处着眼，争取二者的最佳结合。

(3)社会效益与经济效益两手都要抓，前者是前提，后者是根本。

(4)管理工作要有计划性，要善于把长远目标与当前任务相结合，增强工作的预见性、计划性，减少盲目性、随意性，达到事半功倍的效果。

5.责任原理

责任管理过程就是追求责、权、利统一的过程。因此，我们不难看出责任原理所研究的问题，那就是，管理中责、权、利三者之间的关系、责任对实现管理目的的影响以及实现责任原理要求的途径。

追求效益是管理的最主要目的。要实现这个目的就必须开发人的潜能，但开发人的潜能，还必须明确责任，因此，在合理分工的基础上明确规定每个部门和个人必须完成的工作任务并承担相应的责任就显得尤为重要。

(1)职责。职责是应分摊到特定职位的每个人身上的，这对于组织和个人来说是一种约束力，这个问题似乎很抽象，但实际上它是对数量、质量、时

间、效益等方面对组织及组织成员行为规范的严格规定。明确责任的方式主要有制度、条例、合同等。职责是在合理分工的基础上确定的，因此，分工明确，职责才会明确。

(2)权限。权限是管理者授予被管理者的权力，这也是为了完成工作任务。管理活动本身就是对人力、财力、物力等资源的配置，而只有借助权力才能实现这一配置的合理化。

(3)能力。管理能力是由科学知识、组织才能和实践经验三者构成的。科学知识主要指管理者实行有效管理所需要的诸如社会、经济、心理学等基本知识和诸如生产、技术管理方面的业务知识。组织才能是指以处理人际关系为核心的对人、财、物关系的协调能力。实践经验主要是指以管理实践为主的实践经验。

认知管理的四大职能

管理是人们进行的一项实践活动，是人们的一项实际工作，一种行动。人们发现在不同的管理工作中，管理者往往采用程序具有某些类似、内容具有某些共性的管理行为，比如计划、组织、控制等。人们对这些管理行为加以系统性归纳，逐渐形成了"管理职能"这一被普遍认同的概念。

所谓管理职能，是管理过程中各项行为的内容的概括，是人们对管理工作应有的一般过程和基本内容所作的理论概括。

最早系统提出管理职能的是法国的法约尔。他提出管理的职能包括计划、组织、指挥、协调、控制五个职能，其中计划职能为他所重点强调。他认为，经营一个企业，就是为企业的经营提供所必需的原料、设备、资本、人员。指挥的任务要分配给企业的各种不同的领导人，每个领导人都承担各自的单位的任务和职员。协调就是指企业的一切工作都要和谐地配合，以便企

业顺利经营,并且有利于企业取得成功。控制就是要证实一下是否各项工作都与已制订计划相符合,是否与下达的指示及已制订原则相符合。

在法约尔之后,许多学者根据社会环境的新变化,对管理的职能进行了进一步的探究,有了许多新的认识。但当代管理学家们对管理职能的划分,大体上没有超出法约尔的范围。

管理职能一般是根据管理过程的内在逻辑,划分为几个相对独立的部分。而被划分的职能,并不意味着它们是相对独立的、互不相关的。

划分管理职能的意义在于:管理过程被划分为几个部分,也就更为细致,这样便有利于理论研究中管理活动整个过程的描述,有助于实际的管理工作以及管理教学工作。另外,还有利于管理者在实践中实现管理活动的专业化,使得管理工作更容易。管理工作实现专业化,有利于提高效率,这就如同生产的专业化一样。

同时,运用职能观点,管理者可以建立或改革组织机构,并规定出组织内部的职责和权力以及它们的内部结构,从而确定管理人员的人数、素质、学历、知识结构等。

现代管理学中,通常将管理职能分为以下几个部分:

1.计划

计划是全部管理职能中最基本的职能,也是实施其他管理职能的条件。计划职能是对未来活动进行的一种预先的谋划。因此,计划是一项科学性极强的管理活动。

在具体内容上,包括组织目标的选择和确立;实现组织目标方法的确定和抉择;计划原则的确立;计划的编制;计划的实施等。

2.组织

什么是组织呢?实际上,组织是一种过程,这个过程包括,在企业内部的职务结构里,把为达到目标所必需的各种业务活动进行组合分类,把管理每一类业务活动所必需的职权授予主管这类工作的人员,并规定上下左右的协调关系,为了有效实现目标,还必须不断对这个结构进行调整。

组织为管理工作提供了结构保证，它是进行人员管理、指导和领导、控制的前提。

3.领导

这一职能是相对于管理者而言的，它是指管理者利用威信和职权来指导和激励各类人员去实现目标的这一过程。比如，管理者激励、指导下属的工作，或者解决企业内部的纷争，都属于管理者的领导职能。

领导职能有两个要点：一是努力搞好组织的工作；二是努力满足组织成员的个人需要。而领导工作的核心和难点是调动组织成员的积极性，它需要领导者运用科学的激励理论和合适的领导方式。

4.控制

控制是指管理者按照按既定目标和标准对组织的活动进行监督、检查，发现偏差时，采取纠正措施，使工作能按原计划进行，或适当调整计划以达到预期目的。

控制工作有一个特点，那就是它是一个变化的、反复发生的过程，其目的在于保证组织实际的活动及其成果同预期目标相一致。

上述四大职能是相互联系、相互制约的，其中计划是管理的首要职能，是组织、领导和控制职能的依据；组织、领导和控制职能是有效管理的重要环节和必要手段，是计划及其目标得以实现的保障。只有统一协调这四个方面，使之形成前后关联、连续一致的管理活动整体过程，才能保证管理工作的顺利进行和组织目标的完满实现。

第2章 目标管理心理学，方向明确才能有效率

现代社会，任何一个企业，要想立足于市场，就必须制定一个优秀的目标管理体系，而这是任何一个企业领导都必须落实的工作。也就是说，企业的领导应根据组织面临的形势和社会需要，制定出一定时期内组织经营活动所要达到的总目标，然后层层落实，要求下属各部门主管人员乃至每个员工根据上级制定的目标和保证措施，形成一个目标体系，并把目标完成情况作为考核的依据。总之，企业员工只有在明确、统一、细致的目标下，才能找到努力的目标和方向，才能为企业创造更多的业绩。

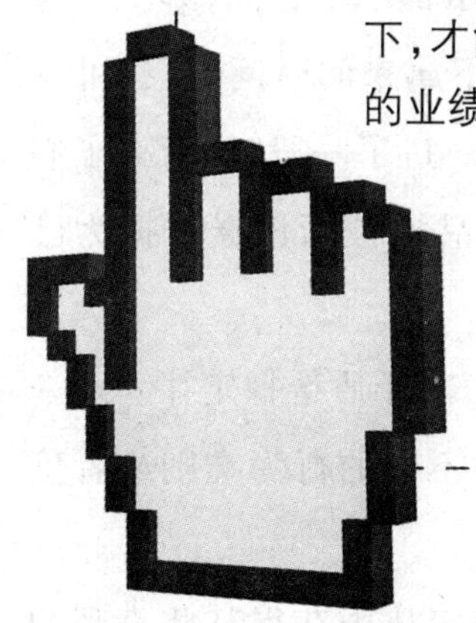

手表定理：领导要给出最确定的目标

我们都知道这样一个常识，只有一块手表，可以知道时间；拥有两块或者两块以上的手表并不能告诉一个人更准确的时间，反而会制造混乱，会让看表的人失去对准确时间的把握。关于这一点，请看下面这个故事：

森林里生活着一群猴子，每天太阳升起的时候它们外出觅食，太阳落山的时候它们回去休息，日子过得平淡而幸福。

一名游客穿越森林，把手表落在了树下的岩石上，被猴子猛可拾到了。聪明的猛可很快就弄清了手表的用途，于是，猛可成了整个猴群的明星，每只猴子都向猛可请教确切的时间，整个猴群的作息时间也由猛可来规划。猛可逐渐树立起威望，当上了猴王。

当上猴王的猛可认为是手表给自己带来了好运，于是它每天在森林里巡查，希望能够拾到更多的表。功夫不负有心人，猛可又拥有了第二块、第三块表。但猛可却有了新的麻烦：每块表的时间指示都不尽相同，哪一个才是确切的时间呢？猛可被这个问题难住了。当有下属来问时间时，猛可支支吾吾，整个猴群的作息时间也因此变得混乱起来。过了一段时间，猴子们起来造反，把猛可推下了猴王的宝座，猛可的收藏品也被新任猴王据为己有。但很快，新任猴王面临了和猛可同样的困惑。

这就是著名的"手表定律"，又称为两块手表定律、矛盾选择定律。这一定律的深层含义在于：每个人都不能同时挑选两种不同的行为准则或者价值观念，否则他的工作和生活必将陷入混乱。

实际上，从事管理工作的领导者也应该从手表定律中获得某些直观的启发：对同一个人或同一个组织的管理不能采取两种不同的方法，不能同时设置两个不同的目标。甚至每一个人不能由两个人来指挥，否则将使这个

企业或个人无所适从。它的另一层含义在于；每个人都不能同时挑选两个不同的价值观，否则，他的行为将陷入混乱。

任何一个领导者，在工作中，都避免不了要制定管理目标，这也就是领导者区别于普通员工之处。而普通人之所以为普通人，是因为他们没有计划任何事情。很多人都没有具体的目标，所以当他们没有做出成就时，他们就会辩解道他们并没有真正失败，因为他们从未设定目标。这是他们比较体面而又没有风险的做法。那么，针对这一点，领导者在管理过程中，该如何着手呢？

（1）找出正确的目标，统一管理。目标明确性，是企业发展战略的首要特征。目标明确，不仅是制定企业战略时“全局高于局部”的一般要求，更是今天的市场环境与金融危机这种特殊的形势对管理者的特殊要求。我们再以手表为例，如果有两块表显示时间不同，我们必须得知道哪一块表才是正确的时间，因为只能有一个是正确的。同样，在管理工作中，领导者若想使管理工做出实效，就必须制定明确的目标，不可模棱两可。

作任何决定都要当机立断，不要被左右所影响，受过多因素的干扰反而会丧失判断力，导致决策失误。在面对管理中的众多问题时，要敢于放弃一块“表”，迅速作出决定。

（2）在绩效考核上，要遵循标准一致与稳定的原则，不可随意更改，否则，就会动摇“军心”，让员工对企业失去信心，对管理反而产生疑惑等。

（3）管理制度要对事不对人，即一视同仁，要“制度面前人人平等”。

（4）在管理运作方面，一定要遵守“一个上级的原则”。

每一个有志于从事管理的领导者，当务之急不仅仅是制定一份“目标清单”，更紧要的是遵照既定目标，永不退缩，最终实现有效地管理。

总之，任何组织与企业的目标管理，领导者都必须谨记：对同一个人或同一个组织的管理，不能同时采用两种不同的方法，不能同时设置两个不同的目标，甚至每一个人不能由两个人来同时指挥，否则一切将陷入混乱！

汤普林定理:凝聚团队为共同目标而努力

我们都听过这样一句俗语:“三个臭皮匠赛过诸葛亮”,这体现的就是团队的力量。而一个有凝聚力的团队,必定有着共同的目标,而有无共同的目标,共同目标的好坏,也直接影响团队的风气、精神。关于这一点,有个著名的汤普林定理,这一定理产生自J·汤普林在指挥英国皇家女子空军时说过的一段话:通过统一一种力量,使这种力量产生叠加升级,从而统一各个分散的力量,就必须有如磁石一样给别人一种凝聚的目标。定理告诉我们:第一,要制定整体目标,须明确共同利益;第二,组织目标必须要反映个人需求,个人需求能促进组织目标。

人与动物是不同的,人有着高级的思维能力,因此,人也就无法和动物一样浑浑噩噩地生活,人的行动必须有目标。即使有些目标最终无法实现。同样,企业管理也是如此。因此,作为团队和企业的领导者,在管理团队的过程中,只有制定一个指引方向的共同愿景,才能让员工们看到美好的希望,从而自动自发地朝着目标前进,才会有动力战胜各种困难。

关于这一定理,曾经有这样一个故事:

从前,有五位探险家在非洲一片茂密的丛林里探险。队长名叫马克格夫,四名队名分别是巴里、麦克里斯、约翰斯、吉姆。在进入丛林前,马克格夫曾答应给四名队员丰厚的工资。

在任务即将完成的时候,马克格夫不幸得了重病而长眠在丛林中。马克格夫临死前,交给四名队员一个沉甸甸的箱子。他十分诚恳地对队员们说道:“我要你们向我保证,一步也不离开这个箱子。如果你们把箱子送到我朋友麦克唐纳教授手里,你们将获得比金子还要贵重的东西,你们一定能得到。”埋葬了马克格夫以后,四名队员上路了。多日的跋涉使得他们疲惫不堪。他们扛着这个沉重的箱子，在茂密的丛林里踉踉跄跄地往前走，但密林的路越来越难走，箱子也越来越沉重，而他们的力气也越来越小了。他们像囚犯一样在泥潭中挣扎着。

一切都像在做噩梦，只有这个箱子是实在的，是这个箱子在支撑着他们的身躯，否则，他们全倒下了。他们互相监视着，不准任何人乱动这个箱子。在最艰难的时候，他们想到了未来的报酬是多少，当然，是有了比金子还重要的东西……

终于有一天，绿色的屏障被拉开，他们经过千辛万苦终于走出了丛林。

四个人急忙找到麦克唐纳教授，迫不及待地问起应得的报酬。

于是，当着四个人的面，教授打开了箱子。大家一看，都傻了眼，满满一堆无用的木头！

“这开的是什么玩笑？”约翰斯说。

“屁钱都不值，我早就看出那家伙有神经病！”吉姆吼道。

“比金子还贵重的报酬在哪里？我们上当了！”麦克里斯愤怒地嚷着。

此刻，只有巴里一声不吭，他想起了他们刚走出的密林里，到处是探险者的白骨，而如果没有这个箱子，他们四个人或许早已葬身密林。

巴里站起来，对伙伴们大声说道：“你们不要再抱怨了。我们得到了比金子还贵重的东西，那就是生命！”

从这个故事中，我们发现，马克格夫是个智者，而且是个很有责任心的人。而从管理学的角度看，他也是个有头脑的管理者，从表面上看，他所给予的只是一堆谎言和一箱木头，其实，他给了四名队员行动的目标与信念，而这些，无疑都是最珍贵的！

从这个故事中，每一个领导者都应该有所感悟：共同目标对于团队的工作具有极大的鼓励作用。设置合理的目标将大大提升业绩。

那么，领导者该如何为员工设定工作目标呢？

1.给员工一个清晰的目标或使命

这个目标或使命通常包含在企业的使命书中，它反映了企业的远大目

标。正是凭着这个目标,团队才有了一种方向感。相对于整个团队来说,小组也有明确的目标,而且小组每个成员的作用也很清晰明确。而设置这一目标,必须遵循以下原则:

(1)目标的量化、具体化。

(2)给目标设定一个清晰的时间限制,与此同时,还必须对完成任务的时间作一个合理的规定。

(3)目标的难度必须是中等的。

除了上述三个方面以外,对目标进展情况还应定期检查,运用过程目标、表现目标以及成绩目标的组合,利用短期的目标实现长期的目标,设立团队与个人的表现目标等都有利于团队凝聚力的培育。

2.领导者本人必须充满活力

只有始终充满活力、对管理工作保持高度的热情,才能感染企业成员,并利用好各个成员的力量,从而高质量地解决管理工作中遇到的各种问题。

3.鼓励团队成员开放和真诚地沟通

管理者要鼓励团队成员通过合作发现并处理分歧、参与决策、作出重大决策向前推动工作等。

4.营造良好气氛,打造高绩效团队

总之,一个领导者应该明确一致的目标,管理者与团队成员共同建立目标,融团队目标与个人目标于一体,使个人目标与团队目标高度一致,可以大大提高团队的工作效率!

吉格勒定理:高瞻远瞩,永远比员工看得远一点

自古以来,凡成大事者,不仅仅有雄韬大略,更有一个指导行动的信念和理想;理想是指导行动的,也就是说,如果我们想领先一步行动,理想就必

须超前一些。喷泉的高度不会超过它的源头；一个人的成就不会超过他的信念。有信心的人，可以化渺小为伟大，化平庸为神奇。

关于这一点，有个著名的“吉格勒定理”，这一定理告诉人们：开始时心中就怀有一个高的目标，意味着从一开始你就知道自己的目的地在哪里，以及自己现在在哪里。朝着自己的目标前进，至少可以肯定，你迈出的每一步都是方向正确的。一开始时心中就怀有最终目标会让你逐渐形成一种良好的工作方法，养成一种理性的判断法则和工作习惯。如果一开始心中就怀有最终目标，就会呈现出与众不同的眼界。有了一个高的奋斗目标，你的人生也就成功了一半。如果思想苍白、格调低下，生活质量也就趋于低劣；反之，生活则多姿多彩，尽享人生乐趣。

同样，企业的管理工作也是如此，尤其作为领导者，更要学会高瞻远瞩，站得高才能看得远，美国行为学家 J. 吉格勒就曾说过：“设定一个高目标就等于达到了目标的一部分。”美国快餐翘楚温迪创始人——迪布·汤姆斯的成功就是一个很好的范例。

1969 年，从小就喜欢吃汉堡的迪布·汤姆斯在美国俄亥俄州成立了一家汉堡餐厅，并用女儿的名字为店起了名——温迪快餐店（Wendy′s）。在当时，美国的连锁快餐公司已比比皆是，麦当劳、肯德基、汉堡王等大店都已大名鼎鼎。与它们比起来，温迪快餐店只是一个名不见经传的小店而已。

迪布·汤姆斯丝毫不因为自己的店子不出名而气馁。他从一开始就为自己制定了一个高目标，那就是赶上快餐业老大麦当劳！

虽然在 20 世纪 80 年代，他并无“下手”的机会，但有一天他终于找到了麦当劳在营销过程中的漏洞——麦当劳号称有 4 盎司汉堡包的肉馅，而重量从来就没超过 3 盎司，而正是利用这一点，他借助广告打败了麦当劳。

因此，他的目标达到了，凭借几十年的努力，温迪的营业额逐年上升，1990 年达到了 37 亿美元，发展到拥有 3200 多家连锁店，在美国的市场份额也上升到了 15%，直逼麦当劳坐上了美国快餐业的第三把交椅。

迪布·汤姆斯为什么能成功？可以说，他的成功正是对目标管理的成功,刚开始,他的目标就是麦当劳。我们发现,他努力的方向逐渐变得明朗,离成功也越发近了。的确,世上被称为天才的人,肯定比实际上成就天才事业的人要多得多。为什么?许多人一事无成,就是因为他们缺少雄心勃勃、排除万难、迈向成功的动力,不敢为自己制定一个高远的奋斗目标。不管一个人有多么超群的能力,如果缺少一个认定的高远目标,他将一事无成。设定一个高目标,就等于达到了目标的一部分。

可以说,迪布·汤姆斯的成功不仅说明了一个远大的目标对于个人奋斗历程的重要性,更说明了一个企业能否顺利成长,能否经久不衰,也与之有密切的关系。

那么,作为企业的管理者,你该如何站在高起点上,为企业量身定制一个合理的、远大的目标呢?为此,管理者需要遵循以下七个步骤:

第一步,对公司的整体目标有较清晰的理解。

第二步,制定符合 SMART 原则的绩效目标。

那么,什么是 SMART 原则呢?

(1)绩效指标必须是具体的(Specific)。

(2)绩效指标必须是可以衡量的(Measurable)。

(3)绩效指标必须是可以达到的(Attainable)。

(4)绩效指标是实实在在的,可以证明和观察(Realistic)的。

(5)绩效指标必须具有明确的截止期限(Time-based)。

其实,上述五个原则不但应该成为企业、团队制作绩效目标应遵循的原则,作为员工个人,也应该遵循;另外,五个原则缺一不可。而制定的过程也是自身能力不断提高的过程,管理者必须和员工在不断制定高绩效目标的过程中共同提高绩效能力。

第三步,检验目标是否与上述目标一致。

前三步,检查可能存在的问题,确认完成任务所需的资源。

第四步,找出实现目标所需要的授权和技能。

第五步,制定目标的时候,一定要和相关部门提前沟通。

第六步，防止目标滞留在中层不向下分解。

参与效应：参与式管理能激发员工更多热情

现代企业管理工作中，一些主张人性化管理的管理者，对“参与效应”这一词语并不陌生，所谓参与效应，就是参与管理，就是指在不同程度上让员工和下属参加组织的决策过程及各级管理工作，让下级和员工与企业的高层管理者处于平等的地位研究和讨论组织中的重大问题。他们能够感受到上级主管的信任，从而认识到自己的利益与组织发展密切相关而产生强烈的责任感。

我们知道，任何人都有被肯定和赞许的愿望，20 世纪 50 年代末，麦格雷戈等人提出了“自动人”的人性假设，并结合管理问题，概括为理论。这种理论认为人有自我实现的需要，人的才能和潜力只有充分地发挥出来，人才能感受到最大的满足。麦格雷戈认为，在适当的条件下采取参与式的管理，鼓励人们把创造力投向组织的目标，使人们在与自己相关的事务决策上享有一定的发言权，为满足他们的社会需要和自我实现需要提供了机会。

关于这一理论，我们先来看看下面这个管理故事：

1980 年，受日本汽车的冲击，福特公司遭受了 34 年来的第一次亏损。从 1980 年至 1982 年，短短三年亏损总额竟达到了 33 亿美元。与此同时，福特公司内部工人的不满情绪与日俱增，举行了多次罢工。福特公司陷入了严重的危机。

从 1982 年开始，福特公司实行“全员参与决策制度”，鼓励员工参与公司事务的管理，从而改变了公司管理者与员工的对立关系，福特公司从此出现了转机。

福特公司的“全员参与制度”的主要内容是：将所有能够下放到基层管

理的权限全部下放，对职工抱以信任态度并不断征求他们的意见；另一项重要措施，就是向员工公开账目，每位员工都可以就账目问题向管理层提出质疑，并有权获得合理解释。

福特公司是怎么摆脱危机的？答案是它进行了一次翻天覆地的改革！通过改革，缓和了劳资间势不两立的矛盾关系，激发了员工的参与意识。员工的独立性和自主性得到了尊重与发挥，积极性也随之高涨，从而提高了工作效率。

19 世纪末、20 世纪初以“科学管理之父”——泰罗为代表的管理大师们创建了系统的科学管理理论。这一管理对象小到工人们从事生产工作的每一个动作，大到整个生产线的组建，令人振奋的是，这一科学管理理论使得工人们的生产效率空前提高，至今，它还被应用于各个生产领域。但这一管理理论难免存在缺陷，在这一指导思想中，工人们被等同于生产工具和生产设备，因而忽视了人的主观能动性，制约了员工的创造力，其结果必定影响企业的发展。

实际上，我们每个人都有一种强烈的参与意识，只要是与自己有关的事情，都有一种“想要了解更深”和“想参与其中”的欲望，因此，一旦管理者采取参与管理的管理模式，就能激发员工产生主人公意识，他们对工作绩效和企业发展就会自主自发地产生一种关心心理，并以实际行动维护企业的生存和发展。

那么，企业管理者该如何实行这一效应呢？

1.让员工参与管理者的绩效考核

很多企业，在考核管理人员上，基本都是由上司或者公司高层决定的。但实际上，这并不是最好的方法。因为，对于管理人员了解最多的，往往是那些员工和下属。下属对上司的评价也是一种很有价值的考核指标。正因为此，公司领导者可以实行让员工参与管理者的绩效考核制度，这样，不仅仅是上司说了算，下属对上司的评价也是重要的考核依据。

这样的考评方法，可以让公司的制度透明化、公平化，让员工得到重视，

让他们觉得这是自己的公司、自己的事情，所以会越来越努力工作。

2.实行员工股份制

目前员工股份所有制在很多大型企业中应用得比较广泛，而且是与员工的收益直接挂钩的。这是指员工拥有所在公司的一定数额的股份，使员工一方面将自己的利益与公司的利益联系在一起，一方面使员工产生一种主人翁的感受。

员工股份所有制方案能够提高员工工作的满意度，提高工作激励水平。员工除了具有公司的股份外，还需要定期被告知公司的经营状况并拥有对公司的经营施加影响的机会。当具备了这些条件后，员工对工作会更加满意。

3.营造良好的沟通氛围

营造良好的沟通氛围就是要让各成员敢于表达、愿意表达、能够表达自己的思想，以便集思广益。当然，营造良好的沟通氛围应注意成员之间相互信任、相互尊重彼此的想法、把交流的中心集中在任务上，为了让成员打开思路，可以对其发言进行追问，不要急于评定其想法的优劣，另外，也可考虑延迟评价。

当然，参与效应为管理者提供的远不止以上几种管理方法，这需要领导者在管理工作中，针对具体的情况采取不同的措施。但不管怎样，只要员工感受到了成就感，那么，激励作用便由此产生！当员工产生了主人翁的感觉时，他们就会发挥出自己最大的潜能，心甘情愿地为企业效力。

零和游戏原理：让员工感受到自己工作的意义

我们都知道，一项游戏中，游戏者有输有赢，一方所赢正是另一方所输，游戏的总成绩永远为零。就如韩乔生解说足球比赛时所说的：“统计数字显

示，到目前为止，进球数目居然和失球数目惊人的相同。”有一个进球自然就有一个失球，总数当然始终是零。这就是零和游戏原理。也就是说，自己的幸福是建立在他人的痛苦之上的，二者的大小完全相等，因而双方都想尽办法以实现“损人利己”。零和博弈的结果是一方吃掉另一方，一方的所得正是另一方的所失，整个社会的利益并不会因此而增加一分。

20世纪，人类经历了两次世界大战，经济高速增长，科技进步、全球趋于一体化，“零和游戏”观念正逐渐被“双赢”观念所取代。人们开始认识到“利己”不一定要建立在“损人”的基础上，通过有效合作皆大欢喜的结局是可能出现的。

其实，企业的管理工作也可以从“零和游戏”走向“双赢”，但前提是领导者要让员工看到自己的工作成果，让员工强烈地感觉到工作的意义，进而产生一种积极向上的工作热情。

曾经有位心理学家，做了这样一个实验，他的目的就是证实工作成果对员工工作效率的影响。这天，他雇来一名砍伐工人，他先给这位工人一把锋利的斧头，让他砍树，结果那名伐木工干得又快又好。

后来，心理学家又让工人用斧头的背来砍一根木头，心理学家告诉伐木工人，干活的时间照旧，但报酬加倍，他唯一的任务就是用斧头背砍圆木。半天之后，伐木工人扔掉斧头，说：“我要看到木片飞出来。”

谁不希望看到“飞出的木片”呢？

这里，我们可以把“飞出的木片”看成是一种工作成效。实际上，这也是工作中每位下属证实自我价值的直接体现，亦可理解为每项工作的外在有效价值，是劳动的最直接的成果。

所以，看到自己的工作成果，正是每位下属工作的意义所在。任何没有成果或者成果甚微的工作，都只是一种机械地重复，这对于企业和个人，都是一种价值的湮灭。

现代社会，很多企业内部员工缺乏工作热情，他们每天都在单纯地重复那些工作，工作毫无成效，长此以往，除了每月按时发放的薪水可以燃起他

们的激情外，他们已经找不到工作的意义。其实，这一工作状态是极具杀伤力的，它可将一个人的工作积极性和原动力降至零，抑或最终使其"无所为而不为"。

实际上，每一个领导者，都应该让员工及时看到自己的工作成果，帮助他们找回工作的热情，让原本枯燥无意义的工作变得有吸引力。这无论对于企业还是个人，都是一项双赢的工作。

上海有一家大型的外企，有一次筹备一个非常重要的研究项目。这个项目的主管名叫易来尔，但手里还有其他工作的易来尔只好把这项工作交给了他的得力助手玛利亚。

玛利亚是一名有能力的员工，很受易来尔的重视。易来尔告诉玛利亚，这项研究需要 5 个月的时间。如果这项任务完成得很好，那么公司将在完成任务之际给她升职。在此期间，易来尔密切关注玛利亚的工作进度。一切如他所愿，没有出现任何问题。

然而，让他纳闷的是，3 个月后，当这个项目干到一半时，玛利亚请示易来尔："易来尔，我觉得自己的工作太没有意义了，我根本看不到自己的任何成果，我没有把握做好它，所以我决定不做了。"

这让易来尔非常吃惊，他不明白最棒的员工为什么会这样"糊涂"，竟然推掉一项远在她能力之内的工作。在易来尔的追问下，玛利亚道出了自己的真实想法："你将这项有挑战性的工作交给我，给我晋升的机会我很感激。但是我已经工作 3 个月了，却看不到任何的成果。我不知道我到底做得怎么样，不知道我的工作进度是很棒还是尚能接受……这么长时间，我一直处于不确定的状态中。我本来打算彻底完成这项工作，但我无法忍受这其中的压力，我只能作出改变了。对不起！让你失望了。"

这一案例中的主人公玛利亚为什么要放弃一个人人羡慕的晋升机会呢？因为她看不到自己的工作成果，一股无形的压力逼迫她不得不放弃。

的确，现实工作中，如果一个人遇到了这种情况，那么，他就无法从工作中获得一种成就感、喜悦感，自然看不到自己该努力的方向，找不到自己前

进的路在何方，工作对于他来说也就毫无意义了。

任何一个员工，都渴望看到实实在在的工作成果，这是他们自我价值的体现，他们会从中体验到自我满足感和自豪感。因此，作为领导者，如果你想让员工感知到工作的意义，就必须用“工作成果”满足他们，使他们在精神上有所收获，而企业得到的就是员工高效率的工作业绩。

所以，当员工执行一项任务时，领导者一定要确保员工看到自己的“工作成果”，不要让员工去猜想干得如何。领导者要记住员工的这一需要，因为他们可能不会像伐木工人那样主动去要求。

皮京顿定理：清晰的职责是对员工的激励

工作中，我们都有这样的感慨，如果我们无法明白地了解工作的准则和目标，那么，我们必然无法对自己的工作产生信心，也无法全神贯注，这种现象被称为皮京顿定理。这一定理是由美国皮京顿兄弟公司总裁阿拉斯塔·皮京顿提出的。根据这一定理，作为领导者，在管理工作中，你一定要为员工设定一个明确的工作目标，并向他们提出工作挑战，会促使员工创造出更高绩效，目标会使员工产生压力，从而激励他们更加努力工作。相反，如果员工对组织的发展目标不甚了解，对自己的职责不清楚，没有明确的工作目标，必将大大降低目标对员工的激励力量。

我们先来看下面这个寓言故事：

从前，有一个小和尚，他在寺庙里的任务就是撞钟，半年过去了，小和尚还是和刚开始一样每天重复着撞钟这项工作，他觉得无聊至极。

有一天，寺庙方丈对小和尚说：“从今天起，你不用撞钟了，去寺庙后院劈柴吧，我觉得这个工作不适合你。”小和尚很不服气地问：“为什么？我撞的钟难道不准时？不响亮？”

方丈耐心地告诉他："钟声是要唤醒沉迷的众生，你撞的钟虽然很准时，但钟声空泛、疲软，缺乏浑厚悠远的气势，因而也就没有感召力。"小和尚没办法，只好到后院去劈柴挑水。

这里，"做一天和尚撞一天钟"的小和尚固然没有起到撞钟之作用，但我们并不能将全部罪责归于小和尚一身，因为方丈在小和尚从事这一工作之初，并没有告诉小和尚该如何敲，要达到什么效果。如果小和尚进入寺院的当天就明白撞钟的标准和重要性，他也不会因怠工而被撤职。

这个寓言故事告诉所有的管理者，工作标准和目标是员工工作和行为的方向盘，缺乏它们，往往导致员工失去前进和努力的方向或者导致其努力的方向与企业整体方向相背离，浪费大量的人力和物力。因为缺乏参照物，时间久了员工容易形成自满情绪，导致工作懈怠。索尼创始人盛田昭夫就是个善于为员工制定明确目标的管理者：

我们都知道，索尼公司首先研发了收音机，对此，有这样一段故事：

当井深大决定"造一部录音机"时，公司的研究开发人员都目瞪口呆，因为他们对录音带的制造、录音机的结构几乎一无所知。这听起来简直有点"荒唐"，但索尼公司的开发人员硬是把它研制出来了。

开始研发的时候，因为从来没有接触过，这些研究看似无从下手，甚至显得盲目，但这项研究和其他的盲目研究有一个本质区别，那就是后者毫无目标，而前者却是目标明确，因此只需要一步步接近目标，就不会陷于"云里雾里"的状态。盛田昭夫在开发家用录、放像机时也是如此：先给自己的研发人员制定清晰目标，然后引导他们进行开发。

这些研发人员把基础物理、基础化学等基础科学和应用物理、应用化学等具体知识糅合在一起，由基础研究过渡到应用研究，从每一个部件着手，潜心研究，细致开发，最后终于取得成功。

后来，当美国几家主要的电视台开始使用录像机录制节目时，索尼公司就看好这项新产品，预测它完全可以打入市场，走进千家万户，只要从内部结构和外观设计上加以改良，就会深受大众的欢迎。

于是，索尼公司的开发人员又有了新的奋斗目标。他们先研究现有的美国产品，认为它们既笨重又昂贵，认定这是通过研究开发加以改进的具体主攻方向。新的试验样机就这样被一台接一台造出来，一台比一台更轻盈、小巧，离目标也越来越贴近。当然感觉上，井深大总是觉得没到位。最后，井深大拿出一本厚厚的书，放到桌上，对开发人员说，这就是卡式录像带的大小厚薄，但录制时间应该在一小时以上。

这样，目标已经非常具体了。开发人员再一次运用了所掌握的基础知识，结合应用科学，发挥自己的聪明才智，进一步开发自己的创造力，终于成功研制出了一种划时代的录、放音机。

那么，作为管理者，在为员工制定工作目标的时候，应该注意哪些呢？

1.目标的稳定性

不是每个下属都能准确领悟领导的意图，也并不是每个下属都能自动自发地完成工作，因此，领导就必须充当发令者的角色，但领导者必须保证指令的明确性和相对稳定性，才能使下级正确理解领导的意图，并且制定出详细的计划以完成任务。

2.目标要源于实际

盛田昭夫强调："企业领导者必须不断给工程师制定目标，这是作为领导者的首要任务。而制定的目标必须具备三重属性，即科学性、实用性、超前性，这样才能走在对手的前面，立于不败之地。不然，一旦目标不切实际，就会损失惨重，不但'劳民伤财'，还挫伤开发人员的积极性。"因此，目标的制定不能是空中楼阁、脱离实际的，它必须源于实际，符合开发研究的范围，并有一定的成功把握。

第3章 自我管理心理学，自己做好才能让他人信服

领导者之所以为领导者，是因为他具备一般下属所不具备的某种能力，比如，感召力、判断力、处事的能力等，人们普遍认为，一个领导者应该博学多识、能力完备、灵活多变、公道正直、以身作则、铁面无私、赏罚严明、敢负责任、敢担风险等。可见，管理是一个过程，在这个过程中，深层次的个人能量，将会转化成某种超乎寻常的内在驱动力，推动着前进的风帆，驶向理想的彼岸。

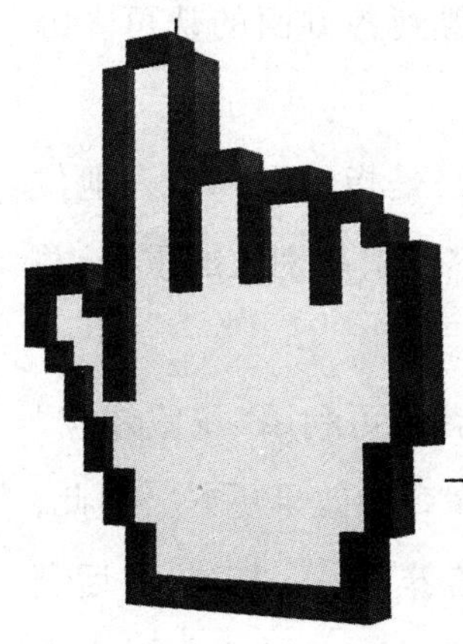

权威效应:让员工迅速认可你的心理策略

美国心理学家们曾经做过一个实验:某心理学家在给某大学心理学系的同学们讲课时,突然为同学们介绍一位新来的德语教师,并声称这位德语教师是一位著名的化学家。然后,这位所谓的化学家一本正经地开始了自己的化学实验,他拿出一个瓶子,说这是他新发现的一种化学物质,有些气味,请在座的同学们闻到气味时就举手,结果多数同学都举起了手,而实际上,这个瓶子里装的不过是毫无气味的蒸馏水。

对于本来没有气味的蒸馏水,由于这位“权威”的心理学家的语言暗示而让多数同学都认为它有气味。

人们都有一种“安全心理”,即人们总认为权威人物的思想、行为和语言往往是正确的,服从他们会使自己有种安全感,增加不会出错的“保险系数”。同时,人们还有一种“认可心理”,即人们总认为权威人物的要求往往和社会要求相一致,按照权威人物的要求去做,会得到各方面的认可。因此,这两种心理就诞生了权威效应。

心理学上的“权威效应”,又称“权威暗示效应”,是指如果一个人地位高,有威信,受人敬重,那他所说的话及所做的事就容易引起别人的重视,并让他们相信其正确性,即“人微言轻、人贵言重”。

“权威效应”同样给那些领导者一个启示:领导者也可利用“权威效应”去引导和改变下属的工作态度以及行为,这往往比命令的效果更好。因此,一个优秀的领导者肯定是企业的权威,或者为企业培养了一个权威,然后利用权威暗示效应进行管理。当然,要树立权威就必须先对权威有一个全面深层的理解,这样才能正确地树立权威,才能让权威保持得更加长久。

那么,领导者如何树立权威、使自己成为领袖或榜样呢?

1.以身作则，严格要求自己

前日本经联会会长土光敏夫曾经说过：“身为一名主管，你要比员工付出加倍的努力和心血，以身示范，激励士气。”也就是说，作为一名领导者，你要想让员工做到积极工作，做到真正为组织、为企业着想，就要自己起到表率作用，上行下效，员工的积极性自然也会提高。

土光敏夫在1965年曾出任东芝电器社长。当时的东芝人才济济，但由于组织过于庞大，层次过多，管理不善，员工松散，导致公司绩效低落。

土光接掌之后，立刻提出了“一般员工要比以前多用三倍的脑，董事则要十倍，我本人则有过之而无不及”的口号，来重建东芝。

他的口头语是“以身作则最具说服力”。他每天提早半小时上班，并空出上午七点半至八点半的一小时，欢迎员工与他一起动脑，共同来讨论公司的问题。为了杜绝浪费，他还借着一次参观的机会，给东芝的董事上了一课。

有一天，东芝的一位董事想参观一艘名叫“出光丸”的巨型邮轮。由于土光已看过九次，所以事先说好由他带路。

那一天是假日，他们约好在“樱木町”车站的门口会合。土光准时到达，董事乘公司的车随后赶到。

董事说：“社长先生，抱歉让您久等了。我看我们就搭您的车前往参观吧！”董事以为土光也是乘公司的专车来的。

土光面无表情地说：“我并没乘公司的轿车，我们去搭电车吧！”

董事当场愣住了，羞愧得无地自容。

原来土光为了杜绝浪费，使公司合理化，便以身示范搭电车，给那位浑浑噩噩的董事上了一课。

这件事立刻传遍了整个公司，上上下下立刻心生警惕，不敢再随意浪费公司的物品。由于土光以身作则加之公司全体齐心协力，东芝的情况逐渐得到好转。

土光敏夫说：“要督促政府达成革新，再也没有比国民一齐监督更有效

的方法了。”

2.敢于认错，为自己的言行负责

我们对曹操“割发代首”的故事早已耳熟能详：

三国时期，曹操发兵宛城时规定：“大小将校，凡过麦田，但有践踏者，并皆斩首。”这样，骑马的士卒都下马，仔细地扶麦而过。可是，曹操的马却因受惊而践踏了麦田。他很严肃地让执法的官员为自己定罪。执法官对照《春秋》上的道理，认为不能处罚担任尊贵职务的人。曹操认为：自己制定法令，自己却违反，怎么取信于军？即使我是全军统帅，也应受到一定处罚。他拿剑割发，传示三军：“丞相踏麦，本当斩首号令，今割发以代。”

现实中，有一些领导者在管理中揽功推过，久而久之，在下属和员工心中便失去了号召力。而一个受人尊敬、爱戴的领导者往往能做到自我检讨，敢于承认自己的过失，并主动承担罪责。这是一种责任心，更是一种人格魅力，是一个领导者必备的品质。

霍桑效应：让员工及时宣泄不良情绪

在心理学上有个著名的名词——“霍桑效应”，也就是社会心理学家常说的“宣泄效应”。

在20世纪20年代中期，有一家名为霍桑的工厂，它是美国西部电器公司的一家分厂。为了提高工作效率，这个厂请来包括心理学家在内的各类专家，在约两年的时间内找工人谈话两万余人次，耐心听取工人对管理的意见和抱怨，让他们尽情地宣泄。

令人惊讶的是，“谈话试验”真的起作用了，那些接受谈话的工人不再抱怨，干活也很起劲，工厂的产量自然大幅度提高了。那么，为什么会有这样的结果呢？

原来，这些工人在长期的工作中，逐渐认识到工厂的规章制度、福利待遇的不合理性，并心生不满，但这些不满情绪又得不到倾诉和宣泄，经过长年积累后演变为抱怨、抵触等负面情绪。他们将这种情绪带到工作中，自然影响了工作的效率。而"谈话试验"使他们将这些不满都尽情地宣泄出来，从而感到心情舒畅，干劲倍增。

于是，社会心理学家将这种奇妙的现象称为"霍桑效应"。霍桑效应告诉现实生活中的人们，不良的情绪会影响到我们的生活和工作，只有及时地宣泄，保持良好的心情，才能以最佳的精神状态投入到工作和学习中。

美国《读者文摘》中记载了这样一个故事：

一天深夜，某医生正处于熟睡中，却被一个陌生妇女的电话吵醒了，还没等医生开口，这位妇女就开始抱怨："我恨透他了！"

"他是谁？"医生问。

"他是我的丈夫！"

医生感到突然，于是礼貌地告诉她："你打错电话了。"

但是，这位妇女好像没听见似的说个不停："我一天到晚照顾四个小孩，他还以为我在家里享福。有时候我想出去散散心，他却不肯；而他自己天天晚上出去，说是有应酬，谁会相信……"

尽管这位医生一再打断她的话，告诉她，他并不认识她，但是她还是坚持把自己的话说完。最后，她对这位素不相识的医生说："您当然不认识我，可是这些话已被我压了很久，现在我终于说出来了，我舒服多了，谢谢您，对不起，打搅您了。"

这里，我们再次发现，宣泄对于一个人的情绪调节有很大的作用，而一味压抑自己的不良情绪，会使人们在心理上形成强大的潜压力，导致精神忧郁、孤独、苦闷等心理疾病。一旦这种心理压力超越了人们的承受能力，严重时会导致精神失常。

"霍桑效应"同样给企业管理者一个启示：身为企业的管理者，每天要面临很多烦琐的事务，还要与各个员工打交道，避免不了会产生一些摩擦与不

尽如人意之处，因此，往往会引起员工的不满。对于员工的不满，企业管理者切莫加以压制，而应该密切关注，一旦发现他们有不满情绪的时候，要适时采取措施，让他们把不良情绪宣泄出来。这样既能缓解下属的心理压力，增强下属的工作干劲，又能了解下属的真实心理，以便进行引导和教育。

“霍桑效应”还被广泛应用于现代企业管理中：

松下电器的一个下属企业中，设有“精神健康室”，也称“出气室”，室内摆满了各种哈哈镜，还有几个象征老板和管理者的橡皮塑像，旁边备有棍子。员工如果心情不好，或是对某位管理者心存不满，便可以拿起棍子，狠揍塑像进行发泄。这样，员工的不满情绪得到宣泄后，就避免了把对管理者的不满转移到工作和人际关系中。

美国麦道公司为了理顺员工的情绪，专门成立了一个“谈心部”。他们说：“调动人的积极性的方法应多种多样，不能仅靠金钱，人总有不愉快的时候，总会遇到一些不顺心的事情，只要谈出来，得到理解，人就会变得愉快，工作积极性也会提高。”

事实上，任何一个凝聚力、向心力强的企业，都能做到上下齐心，领导干部也能体恤民心，而员工便能情绪稳定，勇往直前，为企业努力奋斗。与之相反的一些管理者，他们总是以质问和责怪的语气与员工对话：我能做到的，你为什么不能？而这种“粗鲁”的管理方法只能让员工产生不满情绪，对于员工的不满，企业管理者采取的是打压政策。长此以往，便导致了员工的牢骚满腹，敢怒不敢言，于是就当面一套，背后一套，工作效率随之降低，企业竞争力也会随之下降。

那么，一个企业管理者，该怎样根据霍桑效应与员工对话、设立“牢骚室”呢？这要视员工的具体性格而定：如果你的员工性格内向、孤僻、不善言谈，牢骚室就应该设定在对方熟悉的环境，如在其家中或其工作地点等，这样做的好处在于让对方放松，从而无拘无束地说出心里话。而如果此员工性格外向、易冲动、暴躁等，你就应该选择自己熟悉的环境，如在自己的办公室等，这既能使自己产生一定的优势心理效应，又能有效地抑制对方的情绪冲动，从而为谈心取得好效果创造条件。

总之，如果你是一个强势的企业管理者，你就应该一改平时的管理作风，尝试与员工谈心，这样既能了解下属，又能增进与下属的感情！

首因效应：管理者应避免被第一印象过多干扰

现今社会，科学技术、知识经济的发展，激烈的竞争已经逐步凸显在人才的竞争上，“人才资源是第一资源”的科学论断日益深入人心。无疑，作为企业管理者，你已经肩负一个重要的任务，那就是为企业、单位寻找到急需的人才，而能否充当好这一伯乐的角色，也体现了管理者的能力。“世有伯乐，然后有千里马，千里马常有，而伯乐不常有。”这是唐朝韩愈的《马说》中的名句，道尽了古往今来所有怀才不遇者或者自认为怀才不遇者的心声。

在现实的用人过程中，我们不能否认，一些管理者掺杂了部分个人情感因素，其中不乏第一印象的影响，也就是心理学上所说的“首因效应”。

“首因效应”也被称为“先入为主效应”，是人与人第一次交往中给人留下的印象，在对方的头脑中形成并占据着主导地位的效应。它是指当人们第一次与某物或某人相接触时会留下深刻印象，个体在社会认知过程中，通过“第一印象”最先输入的信息对客体以后的认知产生的影响作用。第一印象作用最强，持续的时间也长，比以后得到的信息对于事物整个印象产生的作用更强。

很多管理者在识别人才时，往往根据第一印象来判断其是否是人才，第一印象固然重要，但长期的出色表现才是企业所需要的。因此，管理者在识别人才时，应该全面地看人，不能顾头不顾尾，不能用最初的印象来左右对其的客观评价。

孙权虽是一位珍惜人才、善识人才的明君，却曾“相马失于瘦，遂遗千里

足”。周瑜死后，鲁肃向孙权力荐庞统。孙权听后先是“大喜”，见面后却变成“心中不喜”；因为他看见庞统生得“浓眉掀鼻，黑面短髯，形容古怪”，再加上庞统并不怎么推崇孙权一向器重的周瑜，孙权便错误地认为“狂士也，用之何益”。鲁肃进一步提醒孙权，庞统在赤壁大战时曾献连环计，立下奇功，以期说服孙权。孙权却先入为主，顽固表示“暂不用之”，结果把庞统从江南逼走。有匡世之才的庞统，只因相貌长得不佳，竟然几处遭到冷落，报国无门，不得重用。

从上述故事中，我们可以看出孙权之所以不用庞统，是因为庞统“浓眉掀鼻，黑面短髯，形容古怪”。可怜庞统空有经天纬地之才，却因为相貌丑陋而得不到重用。

俗话说：“人不可貌相，海水不可斗量。”印度诗人泰戈尔也曾说过：“你可以从外表的美来评论一朵花或一只蝴蝶，但不能这样来评论一个人。”通过外貌来了解人，是识人的一种辅助手段。但是，把它绝对化，把识人变成以貌取人，就会错识人才，乃至失去人才。

一个人的容貌与工作能力并无直接的关联，管理者如果一味地坚持以貌取人，可能会失去真正的人才。

无独有偶，美国总统林肯也曾因为相貌偏见拒绝了朋友推荐的一位才识过人的阁员。当朋友愤怒地责怪林肯以貌取人、说任何人都无法为自己的天生脸孔负责时，林肯说：“一个人过了四十岁，就应该为自己的面孔负责。”这里，林肯以貌取人却有其可圈可点之处。

那么，作为管理者，你应如何避免因“首因效应”而作出错误的评断呢？

1.综合观察，不以貌取人

我们都知道，任何一个人的相貌都是与生俱来的，谁都无法改变，但一个人的学识、气质、能力却是后天所得，因此，要观察一个人，就要耳听六路、眼观八方，不仅仅考察其服装是否得体，还要通过其行为、谈吐来判断。

2.延长观察期，不可凭一时感觉

俗话说，路遥知马力，日久见人心。其实，用人也是同样的道理，在初次

见面的过程中，对方可能因为一些客观因素无法展现其才能、学识等，这就需要管理者能延长观察期，给其一个机会，让他在今后的工作中充分发挥。

自己人效应：领导要有“不拘一格用人才”的觉悟

在人际交往中，彼此会相互影响。如果双方关系良好，一方就更容易接受另一方的某些观点、立场，甚至对对方提出的难为情的要求，也不太容易拒绝。例如，同样一个观点，如果是自己喜欢的人说的，接受起来就比较快和容易。如果是自己讨厌的人说的，就会本能地加以抵制。有道是：“是自己人，什么都好说；不是自己人，一切按规矩来。”这在心理学上叫做“自己人效应”。

在生活中，应用“自己人的效应”的例子屡见不鲜。

美国的一家玻璃器皿公司在产品销售上，用自己独特的方式，他们每天的销售量超过25万美元！他们放弃了专柜和超市零售而是采用家庭聚会的方式。这里需要一个聚会的主人，这个主人会召集自己的一些朋友，然后为他们端茶倒水，和他们聊天，然后在正当的时机像他们推销自己的产品。这些朋友深知聚会主人可以从推销产品中获得一定的中间利润，但他们还是会心甘情愿地购买，这是因为主人让他们感受到了温暖、责任心和安全感。

然而，在管理工作中，作为领导者，你一定要认识到“自己人效应”在用人上可能造成的负面影响。管理者作为一个独立个体，和组织利益并不完全一致，这就决定了个人决策目标和组织要求目标不完全一致。对于管理者而言，他们或许更愿意任用自己人，却不一定对组织有利，甚至是有害的。

另外，心理学研究证明：具备开朗、坦率、大度、正直、实在等良好品质的人，人际影响力强；反之，有傲慢、以自我为中心、言行不一、媚上欺下、妒贤嫉能、斤斤计较等品质的人，不受欢迎，也就缺少人际影响力。一个懂得知

人善任的管理者会因为其公平公正的用人标准而受到员工的尊敬,这对于领导者权威的建立是大有裨益的。

那么,具体来说,管理者如何做到知人善任呢?

1.了解员工,“知人”才能“善任”

在一次宴会上,唐太宗对王珐说:“你善于鉴别人才,尤其善于评论。你不妨从房玄龄等人开始,都一一作些评论,评一下他们的优缺点,同时和他们比较一下,你在哪些方面比他们优秀。”

王珐回答说:“孜孜不倦地办公,一心为国操劳,凡所知道的事没有不尽心尽力去做,在这方面我比不上房玄龄。常常留心于向皇上直言建议,认为皇上能力德行比不上尧舜很丢面子,这方面我比不上魏征。文武全才,既可以在外带兵打仗做将军,又可以进入朝廷作管理担任宰相,在这方面,我比不上李靖。向皇上报告国家公务,详细明了,宣布皇上的命令或者转达下属官员的汇报,能坚持做到公平公正,在这方面我不如温彦博。处理繁重的事务,解决难题,办事井井有条,这方面我也比不上戴胄。至于批评贪官污吏,表扬清正廉署,疾恶如仇,好善喜乐,这方面比起其他几位能人,我也有一日之长。”唐太宗非常赞同他的话,而大臣们也认为王珐完全道出了他们的心声,都说这些评论是正确的。

从王珐的评论可以看出唐太宗的团队中,每个人各有所长;但更重要的是,唐太宗能将这些人依其专长安排最适当的职位,使其能够发挥自己的所长,进而让整个国家繁荣强盛。

未来企业的发展不可能只依靠一种固定组织的形态而运作,必须视企业经营管理的需要而有不同的团队。所以,每一个领导者必须学会如何组织团队,如何掌握及管理团队。企业组织领导应以每个员工的专长为思考点,安排适当的位置,并依照员工的优缺点,作机动性调整,让团队发挥最大的效能。

2.善于观察

从前,有一位法师,观察力很强,虽然日日打坐、不问世事,却对徒弟们

的情况了如指掌。

一次，寺庙里某个岗位缺人，法师说："某某可以做。"然而，法师提出的人选出乎所有人的意料，甚至是大家认为最不合适的人，结果在他真的走上了那个岗位后，却做得非常好。弟子们顿悟，虽然同行之间彼此接触很多，但对身边的人，大家却不一定很了解。各人有什么特点、什么意愿，其实并不了解。而法师虽然接触弟子的时间比较少，却更加了解每一个人，知道每一个人的长处、心愿、能力，一旦有了机会，就会安排合适的弟子去承担，事实证明他的选择是非常正确的。

法师的观察力是弟子们公认的，大家都望尘莫及，这正是法师悲智功德的体现。

3.摒除个人情感因素，放下成见

管理者也是人，也有情感与情绪，实际工作中，必当与员工产生某些摩擦，也会对某个员工产生一些意见等，但在任命工作时，只有放下成见，才能真正做到人尽其用！

充分授权：让管理更简单有效

管理学上，有个著名的名词叫"充分授权"，充分授权也叫一般授权，指上级在下达任务时，允许下属自己决定行动方案，并进行创造性工作。以这种方式进行授权并非上级向下级指派特定任务，而是上级向下级发布一般工作指示。

在今天的商业环境中，任何一个组织，都要求每个人发挥主人翁精神，包括一线工人和最高管理层的学问、思想、客观能动性以及创造力。因此，优秀的管理者懂得将权力充分下放，使员工以主人翁的态度不时为企业创造价值。杰克·韦尔奇有一句经典名言："管得少就是管得好。"乍听此言，

觉得有些不可思议，可是深化细想，豁然开朗：管得少并非说明管理的作用被弱化了；效率管理，可能会产生极佳的效果。相反，过于集中的权力很可能导致决策失误。

1995年2月27日，世界上有着233年历史的巴林银行倒闭了。具有四万员工、四个下属集团，几乎全球一切的地域都有分支机构的巴林银行怎样会倒闭呢？由于一个人——李森——巴林银行曾经最优秀的买卖员之一。李森当年才28岁，是巴林银行新加坡分行的经理。他是25岁进入巴林银行的，主要做期货买卖。之前李森的工作非常出色，业绩也很突出，听说他一个人挣的钱一度抵达整个银行其他人的总和。为了表示巴林银行对人才的注重，董事会决议采取一个政策，让李森具有先斩后奏的权益。可巴林银行没有料到，正是这一决议，使巴林银行走上了“不归路”。

1994年底，李森以为日本股市将上扬，未经批准就套汇衍生金融商品买卖，希冀应用不同地域买卖市场上的差价获利。这一举措假设放在别人身上，早就惹起上面的检查了，可是因为李森有先斩后奏的权益，没有人对此表示异议。后来，在已购进价值70亿美元的日本日经股票指数期货后，李森又在日本债券和短期利率合同期货市场上做价值约200亿美元的空头买卖。这等于把整个巴林银行都压在了日经指数会升值上。

但不幸的是，日经指数并未按照李森的预测走，在1995年1月降到了18500点以下。在此点位下，每降落一点，巴林银行就损失200万美元。李森又试图经过大量买进的方法促使日经指数上升，结果都失败了。随着日经指数的进一步下跌，李森越亏越多，眼睁睁地看着10亿美元化为乌有，而整个巴林银行的资本和贮藏金只需8.6亿美元。英格兰银行固然采取了一系列的挽救措施，但都没能救活这家具有233年历史的银行。

这家具有233年历史的银行为什么顷刻间化为乌有？因为管理上的失误！28岁的李森并没有能力独自担当起这样的大任。同时，他在经营巴顿银行期间，独揽大权，即使作出错误的决策，也无人表示异议。可见，授权正确与否关乎一个企业的生死存亡。

现代企业管理对管理者已经提出了一个更高的要求——有效授权。大多数出色的管理者至少都有一个共同的特征：以相当程度的授权，让下属无限的潜能得以发挥。的确，面对瞬息万变的市场风云，应对实力强劲的竞争对手，您能否高屋建瓴、运筹帷幄？能否最大限度地调发起员工的积极性，充分发挥组织的整体优势？授权给下属，你会发现下属远比你想象得还要尽心、卖力和能干！

那么，怎样做到充分授权呢？

1.创造一个充分授权的环境

顾名思义，就是创造一个员工能全身心投入工作，为组织取得佳绩而共同努力的环境。

2.“该放手时就放手”

在实际工作中，一些管理者喜欢事必躬亲，他们对下属的工作不信任，不放心，因此常常为员工们代劳各种工作；还有一种领导者，他们很注重过程管理，于是，他们实行典型的“指令”型授权，这种授权方式给下属造成了庞大的心理压力，同时也滋生了下属的依赖性。

这两种管理方式带来的消极结果都是：不论管理者操心还是省心，最终的结果都只能是整个团队毫无生气，毫无创造力，目的的达成与否全系于管理者一身。

实际上，以上两种授权方式就是没有真正的授权，管理者不敢放手，对下属的工作毫不松懈地监视，那么，一旦下属离开管理者，就会陷入不知所措的工作境地，这样的团队怎么可能有执行力呢？此时，即使你的计划再圆满，目标再宏大，成功与否只能依赖身为管理者的你，这种状况对于一个企业来说是相当风险的。

因此，一定要做到“该放手时就放手！”管理者要懂得该放手时就放手，沉浸于权益的人只会扼杀自己取得更大业绩的潜力和可能性。

总之，授权就是复制自己，就是让别人为你工作，是放大自己时间的杠杆，是决议一个领导者才干上下的标志。

拥有感召力:领导者必须成为团队的核心

心理学上把这样一种人格特质——神圣的、鼓舞人心的、能预见未来、创造奇迹的天才气质称为“感召力”,亦称“领袖气质”。具有这种气质的人对别人具有吸引力并受到拥护。具有此人格特质的领导者,称为魅力型领导。这种影响力不是建立在传统的职位权威上,而是建立在下属对领导者具有非凡才能的感知上的。

一个具有感召力的管理者,是一个团队的核心,是团队中每个人效仿的对象;一个具有感召力的管理者,能够鼓舞团队中每个成员的士气,充分调动个人所长及每个成员的主观能动性;一个具有感召力的管理者,可有效影响整个团队的发展。

三年前,刘刚还是一名普通的技术主管,整天在生产一线奔波着,而现在,他已经晋升为一名工程部经理了,这让很多和他同时入职的同事羡慕不已。那么,到底是什么原因让刘刚晋升如此之快,得到同事们的青睐呢?

那次,公司的一个大客户因为某个产品的瑕疵而提出毁约要求,很明显,这一要求是无理的,因为这一瑕疵只是众多产品一个细小的部分,完全不会影响产品的使用。面对这种情况,销售部门的各个领导不知所措,便把责任推给了技术部门,技术部门的几个领导完全不知道如何处理这件事,只能任凭客户发脾气。这时,恰巧刘刚要向领导汇报工作,站在门外的他对客户的“嚣张跋扈”实在忍无可忍了,便推开门走进去,对客户说:“我从没有见到像您这样的客户,您要知道,我们技术人员也是人,在研发产品的时候,我们虽然已经尽力做到将误差降到最低,但不能保证零误差。事实上,难道您不承认,这些小问题的存在,根本不影响产品的使用吗?再说,我们已经答应为您延长半年的售后时间了。还有,我看您再也找不到

第二家比我们给您的价格更优惠了，不是吗？”刘刚的几句话令客户哑口无言，最后丢下一句：“你不要忘了，我才是客户！”便离开了。大家原以为，接下来等待他们的是公司的训斥。但没想到，第二天，这位客户居然取消了毁约的要求。

此时，大家都感到莫名其妙，刘刚解释道：“事实上，我们都清楚，这位客户完全是无理取闹，但他也是有目的的，那就是价格问题，他可能是道听途说，以为有更便宜的价格，于是，他希望我们降价。而我调查过，我们公司新研发的这个产品是同类产品中价格最低、误差最小的。那天，他丢下那句话便走了，我猜想他回去肯定也了解过，经过利益权衡后，他自然会接受我们的价格……”

听完刘刚的话，同事和领导们都投来赞许的目光，自此，刘刚成为同事和领导们关注的对象，他在公司逐渐树立了威信。

技术人员刘刚为什么能做到让上级和下属都赞叹不已呢？这得益于这次特殊的机缘，在众人不知所措的情况下，他大胆地站出来，采取了众人不敢一试的方法，正是这种成功的非常规方法，让众人对其刮目相看。

美国心理学家昂格和康南的魅力型领导理论把魅力视为一种归因现象，魅力型领导者往往具有远见卓识，自我牺牲性强，有高度的个人冒险倾向，能使用非常规策略，具备准确的情境估计能力，自信心强，善于使用个人物质权力等。

一般来说，领导者的感召力包括：

1.权力性感召力

这是一种强制性的影响力，指的是由企业和组织赋予的在领导者实行之前就已经获得了的要使被领导者服从的影响力。

这种感召力带有强迫性，它是通过外部压力的形式来对被领导者发生作用的，被领导者不得不服从。但实际上，这种影响力对人的作用也是有局限性的，甚至有消极意义。对此，列宁指出：“保持领导不是靠权力，而是靠威信、毅力、丰富的经验，多方面的工作以及卓越的才能。”

2.非权力性感召力

这种影响力是相对于权力性感召力而言的，指的是除社会分工之外，完全由领导自身素质所产生的感召力。

因此，非权力性感召力不带有强制性，并且它的影响是长远的、稳定的、广泛的。这一感召力来源于领导者的威信、毅力、经验和才能，它发生作用的范围不仅仅在被领导者的工作中，还会潜移默化地作用于他们的生活中。其目的仍然是实现领导者与被领导者思想意识和行为准则的相对一致。

“其身正，不令而行，其身不正，虽令不从”，非权力性感召力的有效性与权威性，在相当程度上起着决定性作用。

一个领导者若要使得自己具备感召力，需要做到以下几点：

1.严于律己，以行动服人

出色的管理者在制定规章制度时，不会把自己排除在外，他们同样严于律己、身体力行、为人表率，用自己的实际行动来影响和带动身边的人。

2.表里如一，为人正直

一个令人信服的管理者必须做到表里如一，为人处世正直、公正，不搞暗箱操作；也不会当面“抹蜜饯”，背后“捅刀子”。

3.惜才爱才，关爱下属

深得下属信任、尊敬的管理者一般都善于尊重和关爱下属，他们往往视同事如“兄弟”，懂得怎样去珍惜和爱护与自己朝夕相处、共同拼搏的“战友”，这样，一旦下属走进组织，就会有一种“如家”的感觉，无形中也让大家更积极、更主动地为企业效力。

4.善于学习，谦虚谨慎

优秀的管理者一般都是善于学习的，他们不会满足于现有的知识和技能，为了充实自己的管理资本，他们往往谦虚谨慎，乐于向自己的上司、同事和下属等学习。

5.甘于忍让，对人宽容

令人信服的管理者在为人处世上，往往更懂得将心比心，他们心胸宽

广，总是考虑到他人的难处。

具有这种特征的管理者往往易于形成良好的人际关系，并能在需要时，得到别人最真诚的支持和帮助。

敏锐的判断力：可避免诸多工作失误

任何一个领导者，在管理工作的过程中，都可能遇到一些偶发的事，此时，你必须迅速地作出一些判断，为下属的工作作出指示。这体现了一个领导者的应急能力、管理能力等。而要做好这一工作，管理者在处理信息的过程中，就应该做到全面了解资料，俗话说“兼听则明，偏信则暗”，仅凭片面资料为判断依据，那么，得到的结论也可能是片面的，甚至是完全错误的。然而，就有一些管理者，常常在工作中出现类似的失误。

皮特是某大型外企新上任的采购部经理，俗话说新官上任三把火，刚到任的他，就有志在采购部做出一番成绩，他的目标是在刚到任的这一年为公司节省五百万的材料费。于是，第一个月，他就派下属去考察市场和各个部门，找出需要采购的材料，然后顺利进入工作状态。经过调查，他发现，工程部需要采购一批钢材。随后，他开动脑筋，思考怎样才能以最便宜的价格买到钢材。

很多公司知道皮特需要购进钢材，便主动与之联系，有家建材公司告诉皮特：“他们的工地有批钢材，价格比一般的钢材便宜一半。”为什么会这么便宜？他们称，这批钢材原本是建设一个大型娱乐会馆，但因为投资方撤资，所以建筑材料也就遗弃了。皮特很是高兴，真是天上掉馅饼了。于是，他二话不说就与对方签订了合同，买了这批钢材，并以为会得到领导的嘉奖，但在进货后的第二天，他就接到了公司高层的通知——你被解雇了。到底是怎么回事呢？

原来,在这批钢材运回公司后,建筑工人发现,这批钢材的质地与一般钢材不同,便仔细观察了一下,这是一批劣质钢材,是无法作为建筑材料的。皮特了解后,赶紧与卖方联系,谁知,对方已经逃之夭夭了。等待皮特的只能是被解雇,而他吸取到的教训是,无论做什么,都不可太天真。

皮特为什么会被解雇?皮特为什么会被骗?因为他在接受卖方提供的信息后,并没有进行核实和了解,仅凭对方的几句话就轻信了对方,从而给公司造成了巨大的损失。

其实,诸如皮特这样的领导者是不鲜见的,他们并不适合管理一定规模的组织,他们常常在例行、定型的工作上,暴露出很多弱点,其中便包括思虑不周全,导致作出错误的判断,这点主要体现在以下三种情况上:

(1)喜欢以经验代思考:尤其是遇到有前例之事时,他们往往欠缺考虑,这一方法偶尔可以帮助他们躲避问题,但也有失灵的时候,没准儿哪一天,过往的经验就是错误的。

(2)方案甚多、必须择其一时,欠考虑:一连出现好多方案,看起来每个方案都有其可取之处,于是,他只好随便选择一个。

(3)时间紧急时,草草作出决定:遇到此类非常状况,他已经没有时间再找出前例,而是必须果断作出决定,向部属下达指令。如此,就会造成措施不当、更加混乱的后果。

可见,一般情况下,不能作出正确判断的管理者或上司,多半无法站在广泛、全局的角度去判断一件事。换句话说,此类不良管理者或上司,缺乏的是及早掌握问题本质的能力。

及早概括问题要点的能力对管理者或上司来说极为重要。管理者或上司从事的工作,其中的一大半可说以是“判断”的工作。判断力较弱,无法自行判断,即便说这是管理者或上司致命的缺陷,亦不为过。

领导者要解决这一问题,就应该从以下三个方面着手:

1.时刻提醒自己的问题的重要性

领导者需要明白的是,管理决策与指令下达得正确与否,关系到下属工

作的方向性，因此，领导者要时刻提醒自己，一定要多从几个方面综合考虑。

2.深入一线

一个领导者，必须对市场情况和生产情况了如指掌，才能对管理工作运筹帷幄。这里的一线，包括生产一线和市场一线，只有对一线的动态了如指掌，才能提高决策的速度，避免决策错误。否则，你就不能亲自去抓一线的工作，就更谈不上授权了。

另外，领导者还应该维护决策的权威性和连续性，要知道，决策的连续性往往比决策的最优化更重要。因此，领导者应避免各项决策的“朝令夕改”。对于已经决定的事情，即使发现不是最优方案，也不要随意变更，而应该多多观察。这是因为：

第一，你可能以为目前的方案是最优的了，实际上，新的方案总会不断出现，如果一遇到新情况便调整，那么，你的工作也就没完没了了。

第二，对于已经决定的事情，如果善变，会给下属留下言而无信的印象，久而久之，则会使下属无所适从。

总之，一个领导者要养成凡事研究、思虑深远的作风，否则，最终吃亏的不单单是自己，还有整个企业。俗话说“兵熊熊一个，将熊熊一窝”，领导者判断力低下是对自己和团队的极端不负责任！

领导力：提升控制力从修炼自身做起

如何掌控事务、权力、全局，是摆在每一个领导者面前的难题。即使在现今这个强调领导放权的社会，控制依然是授权管理的“维生素”，失去控制的管理是危险的。在管理者的五要素中，就存在管理主体与管理客体，也就是说，有管理，也就有控制与被控制，失去了控制，管理也就失去了其意义。因此，任何一个高明的管理者，都会努力提高自己控制全局的能力。

可见,一个掌控大局的人只有具有统筹全局的领导力,才能稳坐军中帐,大权在握,驾驭全局。而人们亦普遍认为一个领导者应该博学多识、能力完备、灵活多变、公道正直、以身作则、铁面无私、赏罚严明、敢负责任、敢担风险等。商周的《尚书·皋陶谟》提出,为政者必须"宽而栗,柔而立,愿而恭,乱而敬,扰而毅,直而温,简而廉,刚而塞,强而义"。也就是说,领袖必须宽宏而又庄重,柔和而又能决断,善良而不卑不亢,能治乱而又尊重下级,和顺而又果敢,正直而又随和,有度量而又廉洁,果断而又不失疏忽,坚定而又合情合理。也就是说,领导者的控制力要先从修炼自身做起。

在中国家电业内,何享健被看做是最潇洒的企业家。他从不用手机,也没有手机。"很多事,他们不用请示我。我要找人,几分钟就能找到。每天我一下班就回家,晚上从来不干活。"何享健笑说。在业界,他对高尔夫的钟爱众所周知,除了周六、日要打球外,周一至周五也总有一两天在绿茵场上度过。而同在顺德、同为家族企业的格兰仕,据说两位创始人老板平常每天工作还超过10个小时。

一位非常熟悉美的内部运作的同业人士指出,何享健"能把职业经理人放得很远,又能收得很紧"。

然而,经理人在享用充分授权的同时,也接受着严峻的业绩考验。很久以来,何享健十分认可一些跨国企业的做法,运营两个季度未完成指标尚可原谅,第三个季度还没完成,经理人就要下岗。在美的,每个人证明自己的时间很短,基层的业务员只需3~6个月,事业部总经理也是一年一聘。美的人习惯于接受这样一种文化,业绩指标达不到,即刻换人,假设达到了,上至经理人下到普通的销售员所获得的奖金鼓舞也是行业内最为可观的,以至于知情人士用"多得吓人"来形容。

美的经理人对企业未来3~5年的危机感显而易见,他们中一些人的忧虑感乃至更强于企业真正的老板。"办企业靠的是人才,在行业里我以为我的经理人是最优秀的。在企业里,我什么都不想干,不想管。我也通知我的部下,不要整天想自己怎样把一切的事情做好,而是要想如何把事情让别人

去干，找谁干，怎样为别人创造一个环境，你要做的是掌控住这个体系。”何享健笑言。

这里，我们可以看出何享健的成功管理经验——放权的同时依然注重控制，这种既轻松又紧张的管理模式，应该成为领导者学习和借鉴的榜样。

一个不能很好地掌握全局的领导者，只见树木不见森林，将无法积极有效地配置各种资源，使其合理地发挥效用。当然，就实际情况而言，管理者如何掌控全局，如何履行职责、承担责任，因时因地因事因人而异，千差万别，没有一成不变的方法。但最重要、最关键、最可贵的在于修炼以下几个方面的能力与素质：

1.着眼于全局并保证工作的条理化

一个领导者，要想做到有掌控力，就必须成为企业和组织的思想领袖。这就需要领导者做到：看到别人所看不到的，在观念上经常创新，形成新的管理方法。因此，管理者应系统地考虑问题并组织协调各种行为；要善于提供支持和帮助，互相协助、自我领导、增强认同感。

2.要确定组织的长远规划

真正有掌控力的领导者往往能做到将所有的好点子融合在一起，并服务于企业的战略目标。这里，需要领导者做到：

(1)制订计划，确定最优的实现目标的方法。

(2)组织和带领团队，这包括招募最合适的组织成员、安排职位、鼓励成员，从而实现组织的战略目标。

(3)要知人善任，使组织内部职责分明、各司其职，提高组织成员的责任感、义务感，最终达成理想结果。

做到以上两点，那么，领导者就能随时随地明白自己究竟应该懂什么、会什么、做什么，凡事能迅速作出正确的判断与反应，化解难题。

贝尔效应——慧眼识才，为己所用

每一个领导者，都承担着为企业和组织甄选人才从而提高企业竞争力的任务，而能否实现这一工作目标，则取决于领导者是否能充分调动、挖掘被管理者的积极性。关于这一点，心理学上有个著名的“贝尔效应”。贝尔效应是指想着成功，成功的景象就会在内心形成。提出者是美国布道家、学者贝尔。

英国作家夏洛蒂很小就认定自己会成为伟大的作家。中学毕业后，她开始向成为伟大作家努力。当她向父亲透露这一想法时，父亲却说：写作这条路太难走了，你还是安心教书吧。她给当时的桂冠诗人罗伯特·骚塞写信，两个多月后，她日日夜夜期待的回信这样说：文学领域有很大的风险，你那习惯性的遐想，可能会让你思绪混乱，这个职业对你并不合适。但是夏洛蒂对自己在文学方面的才华太自信了，不管有多少人在文坛上挣扎，她坚信自己会脱颖而出。她要让自己的作品出版。终于，她先后写出了长篇小说《教师》、《简·爱》，成为了举世闻名的作家。

这里，我们发现，夏洛蒂之所以能成为著名的作家，源自于她内心强大的力量，她相信自己，认定自己会脱颖而出，最终，她真的成功了。

从这个故事中，我们还可以看出：作为领导者，你只有发现每一位下属的特长与能力并加以肯定、安排他们到适合的岗位上工作，才能充分发挥人才的作用，真正做到慧眼识才，为己所用。

管理者的鼓舞对下属自信心的建立有着极大的帮助作用，我们再来看下面这样一个职场故事：

汤姆是个害羞、自卑的年轻人，他身材矮小，学历很低，中学毕业后，经过家里人的介绍，他到现在这家食品公司工作，说实话，他之所以会接受这

样一份工作，刚开始只是为了获得一份薪水，但经历一件事之后，他彻底改变了自己的工作态度。

有一次，集团董事长来到现在这家食品公司视察，这位董事长走到汤姆的工作台的时候，无心说了一句："小伙子，工作态度不错，工作台这么干净、整洁，加油……"

三年后，集团召开高层领导会议，坐在董事长旁边的就是当年的汤姆，如今的他已经是这家食品公司的总经理了。改变他的，就是这句无心的话，他第一次尝到了被人肯定的甜头，于是，他开始努力工作……

是什么改变了这个找不到人生目标、颓废、自卑的年轻人？是上级领导的鼓舞！虽然只是一句无心的赞赏的话，却表达了领导者对他的肯定，这就是激励的作用。

领导者如何在管理工作中发挥激励的作用是一个关键问题，要发挥贝尔效应，领导必须做好以下几个方面的工作：

1.要表现得平易近人

这样有助于拉近你和下属之间的距离，培养一种归属感。

2.要给予下属积极的刺激与激励

优秀的领导者应该善于鼓励下属，这就需要你经常表扬下属的才能，让下属看到自己的进步，并尽可能地把荣誉让给下级，把自己置于背后，这样下级就会为你尽心竭力，形成一种良性循环。

3.提供给下属明确而具体的努力目标

领导者在从事管理工作的过程中，要为下属提供明确的努力目标，让下属在这样的目标指引下"成就自我"，让他们的工作有明确的方向性。

4.提供给下属充分而实在的努力平台

有了明确的努力目标后，领导者还要力所能及地为下属提供努力的平台，让他们深入学习。我们都知道，现代社会，任何行业都面临着强大的压力，有工作上的，有生活上的。对此，作为领导者，你在抓管理工作时还需要做到：一方面，要为下属提供适合自身发展的平台，让下属有时间、有精力在

繁忙的工作之余静心于为提高自己的专业素养而努力；另一方面，给下属提供的平台应该是具体的，而不仅仅停留于口头之上。

总之，管理工作中，领导者若能发挥贝尔效应，启发、鼓舞下属，那么，不仅能受到下属的信服，在下属中树立威信，还能真正调动下属的工作积极性，那么，工作效率便在无形中提高了，也就达到了管理的最根本目的。

第4章

企业文化心理学，员工灵魂的建设和凝聚

现代社会，任何一个企业，都有自己的文化内涵，这就是企业文化。企业文化从本质上讲就是企业这一经济组织的经营意识及组织文化内涵。它反映了现代化生产和市场经济一般规律的新兴的管理理念，是在管理科学和行为科学基础上逐步演变产生的一种现代管理理论。而作为领导者，文化管理也必当成为其企业管理的一部分。而实际上，企业文化概念的产生就是从管理学的角度而来。作为领导者，你只有将企业的精神内涵、文化价值观等深深植根于员工的心中，才能启迪员工的心智、激发员工为企业效力！

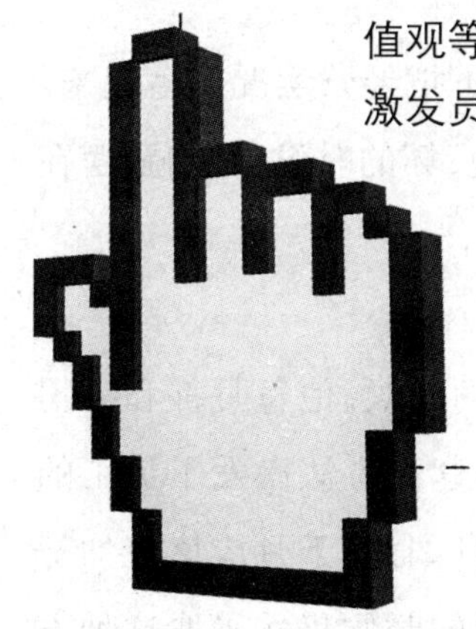

企业文化:企业前进和强大的动力

现代社会,任何一个组织和企业的领导者,对"文化"这个词都不陌生,这是一个组织和企业的精神所在,也是一个组织和企业不断前进的强大动力,我们先来看看松下的企业文化——"玻璃式经营法":

所谓"玻璃式经营法",也就是要像玻璃那样透明。

松下的公开性方针包括财务公开、经营方针公开、经营状况公开,一切都和全体员工共同承担。中年的松下,曾经对这种方针加以总结,命名为"玻璃式经营法",它被视为松下电器公司的三大主要经营法则之一。

松下电器公司成为股份公司以后,每年实行公开结算,不仅对内,也对广大民众公开。

"玻璃式"公开经营法则更重要的是经营目标和经营实况的公开。关于经营目标,除了每年每月的以外,松下还公布过一个长达 250 年的远景规划。

经营实况公开的要点,则是"报喜也报忧",绝不把经营实况掩盖起来。好的时候,把喜讯带给员工,请大家分享成功的喜悦;坏的时候,把问题摆在桌面,依靠大家的力量共渡难关。

"玻璃式"经营法,主要是关于内部管理的内容。

对此,松下曾解释说,在工厂还只有五六个人的时候,他每月都和公司的会计作公开的结算,把结算的结果向大家公布。这种方法激发了员工的进取热情。大家听到这个结果,都兴奋地认为,这月如此,下月应该更加努力。由于这种经营方法很成功,松下在设立分公司的时候仍然采取这种方式,让分公司、事业部也公开企业的情况。其实,公开账目等做法,只不过是松下"玻璃式"经营法的极小部分。这种经营法的内涵远比此要丰富。

为什么松下要采取“玻璃式”经营法？对于此，松下说：“为了使员工能抱着开朗的心情和喜悦的工作态度，我认为采取开放式的经营确实比较理想。”关于玻璃式经营法，实际上开放的内容不只是财务，还包括技术、管理、经营方针和经营实况，都尽量让公司内的员工了解。

这里，我们不难发现，“玻璃式”的经营方法在松下公司运营过程中所起的作用不可轻视，可以说，松下之所以能一次次渡过这样或那样的难关，能够在别的公司员工罢工的时候却获得本公司员工的请愿支持，其个中缘由是和他向员工公开经营实况分不开的。因为开放式经营法，能唤起和加强员工的责任感，消除他们的依赖心理。因此，企业的管理者应该采取民主作风，不能让员工存有依赖上司的心理而盲目服从。每个人都应以自主的精神，本着负责的态度独立工作。所以，管理者更有义务让公司员工了解经营上的所有实况。

除此之外，现实生活中曾提出了许多具有强大激励作用和指导作用的精神和口号。一说“铁人精神”，我们立刻想到“铁人王进喜站在油池里，代替搅拌机搅动原油”；一说“雷锋精神”，我们立刻想到一个解放军战士，抱着孩子，扶着大娘，打着伞行走在泥泞的路上……这些让人们联想起具体事件或人物的精神和口号，具有巨大的激励作用。

再以海尔为例，一提到海尔公司，人们马上想到“质量零缺陷”、“快速反应马上行动”、“真诚到永远”、“客户永远是对的”这些词汇，的确，这些存在客户心中的良好印象正是海尔公司长时间的努力所得，人们永远不会忘记“砸冰箱事件”，不会忘记“大地瓜洗衣机从获得信息算起，三天设计出图纸，15 天产品上市”，不会忘记海尔“营销员因送货车出故障，自己背着洗衣机走了 3 个小时给客户送货”的事……正是这些感人的事件和具体的形象，使海尔的文化理念深入到每一位员工的心里，而不是流于表面。这是海尔文化管理成功的核心。

那么，作为领导者，在管理工作的过程中，该怎样让员工和下属认同并接受企业文化，并使其深入人心，从而发挥作用呢？

1.对全体员工进行企业文化培训

这是领导者管理工作的重要内容之一,为此,作为领导者,你必须培养主持培训工作的主导者。这里的主导者,可以是企业领导,也可以是具有特殊故事的人,还可以是专家或社会人士等,但无论是谁,都要遵循事先策划,要把培训想表达的理念和故事的主旨讲深刻、讲生动,使每一个员工都记住、理解并主动向新员工讲解这些理念。这样,企业文化、理念、精神就活了。

2.让企业骨干发挥带头作用

在企业和组织中,管理者可以很轻易地发现,有这样一部分人,他们比其他员工能更快、更深刻地接受企业的文化,并能以实际行动作指导,这就是企业骨干。对此,企业管理者应该有敏锐的观察力,一旦发现这部分人,就应该把他们树立为典型,然后发挥其示范作用,充分利用其示范效应,使理念形象化,从而使更多的人理解并认同理念。

3.以企业文化理念与价值观为导向,制定管理制度

这是让企业员工对企业文化和理念强制接受和执行,在执行制度的过程中,企业理念与价值观会不断得到深化和内化,从而最终变成员工自己的理念与价值观。

通过以上三个步骤,管理者要为企业营造“管理制度与企业文化紧密结合”的管理环境。这种管理环境有两大作用:对个人价值观与企业价值观相同的员工,有巨大的激励作用;对个人价值观与企业价值观不相同的员工,有巨大的同化作用。可见,这是一种非常有效的企业文化建设模式!

激发员工的使命感,提高员工工作效率

世界著名博士贝尔曾经说过这么一段至理名言:“想着成功,看看成功,心中便有一股力量催促你迈向期望的目标,当水到渠成的时候,你就可以支

配环境了。”这句话的含义是，人世中的许多事，只要想做，并坚信自己能成功，那么你就能做成。而这中间，使命起着重要的作用。在相同条件下，有明确而且强烈的个人使命，与没有目标被动懈怠的结果是完全不同的。作为领导者，在从事管理工作的过程中，你除了要做到知人善任，还要挖掘出员工的使命感，从而让员工做到全力以赴，始终保持一种积极的心态，勤奋努力，自动自发，这样才能从根本上提高员工的工作效率。有这样一个故事：

老木匠辛苦了一生，建造了数不清的房子。这一年，他觉得自己老了，便向主人告别，想要回家乡安享晚年。

老板十分舍不得他离去，因为他盖房子的手艺是镇上最好的，没有第二个人能够跟他相比。但是他的去意已决，老板挽留不住，就请他再盖最后一座房子。老木匠答应了。

最好的木料都被拿出来了，老木匠马上开始了工作。但是人们都明显看出，老木匠归心似箭，注意力完全没有集中到盖房子上来。房梁是歪的，木料表面的漆刷得也不如以前光亮。

房子终于如期建成，老板把钥匙交到老木匠的手里，告诉他这是送给他的礼物，以报答他多年来辛苦的工作。

老木匠愣住了，他怎么也没有想到，自己一生建造了无数精美、稳固的房子，最后却让自己获得了一份粗制滥造的礼物。如果他知道这房子是为自己而建的，他无论如何也不会这样心不在焉。

这只是一则故事，然而现实生活中，不少管理者常常为这样的状况而不知所措：许多员工和故事中的这位老木匠一样，因为缺乏使命感，每天带着一脸的茫然和无奈去工作，草率地完成上级交给的任务，茫然地领回工资。因为他们认为，自己不过是为别人打工而已。很明显，这种消极的工作状态无论对于员工个人还是对整个组织而言，都是极为不利的。员工被动地应付工作，自然不可能投入全部的热情和智慧，也就不可能在自己的岗位上有所成就。同时，我们深知，效率是任何管理工作的根本目的，没有积极的工作状态又何谈效率呢？

然而,员工是否有使命感,与领导者的管理工作有着极大的关系,那么,领导者该如何激发员工的使命感呢?

1.以身作则,严格要求自己,作员工的表率

我们再来看下面一则故事:

美国前总统吉米·卡特入主白宫前,当过海军军官、农场主和佐治亚州州长。尽管他执政时的决策并不完全尽如人意,但是,他的个人品格和工作作风还是赢得了美国人民的广泛赞誉。

卡特对那些没有尽最大努力的人常常不能容忍。在他任州长时,有一次,他因公和一位佐治亚州的专员同机外出。早晨7点钟,卡特已在飞机上等候了,只见那位专员正匆匆忙忙地从亚特兰大航空站的跑道上跑来。这时飞机正好滑行到跑道上,卡特虽然看到了那个人,但还是命令驾驶员准时起飞。“他不能按时到达这里,这实在太遗憾了。”他厉声地说。

吉米·卡特总统善于反躬自省,总是乐于面对自己的缺点,并设法自我改正。卡特十分勤奋而又能自律,同时坚信积极思考的力量。“他是个最守纪律的人”,吉米的朋友们众口一词地这样评论他。

他一直是像在就职演说中宣称的那样去做的:“我们知道‘多些’未必就是‘好些’;即使我们这个伟大的国家也有其公认的局限性;我们既不能回答所有的问题,也不能解决所有的问题……总的来说,我们必须为了共同的利益而牺牲个人的精神,去尽我们最大的努力把事情做好。”

卡特之所以能赢得美国人民的好评,获得至高的荣誉,就是因为他能做到严格要求自己,尽量让自己做到最好。同样,如果我们的领导者在工作的过程中,也能起到表率作用,成为下属和员工的榜样,那么,

2.加强教育

日常工作中,一些员工缺乏使命感,没有工作积极性,某种程度上是因为他们对自己的工作或者所在的行业没有信心,为此,领导者要不断地向员工提供关于他们所从事行业的美好前景的相关知识与信息,让他们感觉在该领域,他们就是“专家”,培养他们的从业自豪感。

可见，任何一个领导者，都应该把培养和激发员工使命感作为日常管理工作中必不可少的一项内容，使命感的力量是无穷的。

让你的企业成为人才培养的基地

黄埔军校，这个中国人民乃至世界人民耳熟能详的名字，曾经培养过很多优秀的战将，培养过许多优秀的领导人，推动了当时社会的进步，实现了它的社会价值。从某种意义上说，它代表的就是军事智慧、钢铁意志、责任感、团队意识、适应能力、勇气和荣誉感等个人素质，而这些，也正是企业发展强有力的保障和必要条件。每一个管理者，都希望自己所在的企业能够像黄埔军校一样，有强大的生命力、保持基业常青。而要实现这样的目标，唯一有效的方法就是保持优秀人才的连续性。那么如何做到这点呢？如果你的企业不是一个单纯的企业，而是更像黄埔军校的话，那么做到这一点的可能性就大得多。

海尔总裁张瑞敏，每个月不管有多忙，都要到海尔大学去给他的员工上课。

几年前，七匹狼公司的董事长助理，成立了一家商学院，这家商学院实际上就是为培养七匹狼公司的高管和经销商、代理商而设立的，对于高管和经销商，他们每年需要接受四次的培训。而对于代理商，他还负责食宿，请老师讲课当然也要拿出一定的费用，但是他明显感觉到，培训之后公司在整体上产生了巨大的销售业绩和成果，使自己超越了对手。

世界第一 CEO 杰克·韦尔奇成立过一个领导力训练中心，并亲自领导。他说：“我最开心最快乐的日子，就是在周末的时候，来教育我的员工，把我的智慧传递到他们的身上，为企业创造价值。”

实际上，世界 500 强企业平均要拿出年营业额的 1% 来训练自己的

员工。

对此，为企业承担管理工作的领导者，你是不是也在思考：到底怎样才能让企业更像黄埔军校？

企业的领导者不妨从以下几个方面努力：

1.以身作则，带头学习

身处一个激烈竞争的时代，作为企业的管理者，你要想把企业打造得像黄埔军校一样，首先必须充实好自己。正如世界级管理大师彼得·圣吉曾经说过的一句话：未来21世纪的竞争，是看企业领导人是否比他的竞争对手学得更多、更快和更好。

世界著名的激励大师金克拉，虽然已经80多岁了，但仍坚持每天早上4:30起床看书、阅读，然后不断地听CD，丰富自己。更重要的是他经常去听演讲，特别是去听他学生的演讲。很多人问他："金克拉老师，你是世界顶尖级的激励大师，怎么还经常听你学生的演讲呢？你学生讲的那些内容，不都是你讲过的吗？"他说："我听我学生的演讲，是最好的复习，重复是学习之母。我复习一次，就加深一次印象，让我对自己所拥有的知识印象更加深刻。"

过了一段时间，又有人问他："金克拉老师，你复习一次就可以了嘛，干吗每次都来复习呢？我看你已经复习十几次了。"金克拉老师又说："我每复习一次，不仅能加深一次印象，而且还能观察我的学生，看他哪里教得好，哪里教得不好，我通过他教得好的地方来反思自己，对照自己——我哪里教得好，哪里教得不好，哪里要改进、完善和调整。"

这是一种崇高的学习意境！可以说，金克拉是任何一个领导者都应该学习的榜样。领导者只有以身作则，带领员工和下属学习，才能形成一个良性的学习氛围。

如果你的企业还不具备那么大的规模，为员工提供很大的学习环境，那么，你何不尝试一下把办公室当成教室，把工厂当成训练场，把企业当成学校呢？这样，企业的领导者就是老师，下属和员工就成了你的学生，经验丰

富的你，完全可以不断地去教育、指导他们。下属们必当彼此分享、共同进步。这样的话，企业增值的可能性、业绩增长的可能性都会大得多。

2.了解你的员工，做到查缺补漏

这主要包括：在最近一段时间里，大家要达成什么样的目标？每个人目前离目标还有多远？还需要完成什么？目前每个员工哪里不够令人满意？他们缺乏什么知识？存在哪些方面的问题？需要进行哪些方面的改进？需要得到什么样的帮助？了解这些之后，才能为每个员工量身制订各项学习计划，促使其进步。

3.让员工定期接受技能和知识培训

世华智业集团是国内较早专注从事高端总裁培训的管理咨询公司。这家集团内部一直执行“世华100计划”。何谓“世华100计划”？就是每年要进行100天的培训，培训时间安排在每天晚上。经过培训，公司管理者发现，所有坚持参与“100计划”的同仁，都产生了巨大的改变。

总之，企业的领导者一定要时常倡导：在企业中，领导应该像老师，下属应该像学生，同事应该像同学，办公室应该像教室，工厂应该像训练场，企业应该像学校。如果你真的有这样一个组织、一个团队，那么，你的企业一定会蒸蒸日上！

企业核心价值观是企业凝聚力的前提

关于“企业核心价值观”一词，任何一个领导者都不陌生，所谓企业的核心价值观，通常是指企业必须拥有的终极信念，是企业哲学中起主导性作用的重要组成部分，它是解决企业在发展中如何处理内外矛盾的一系列准则，如企业对市场、对客户、对员工等的看法或态度，它影响与表明企业如何生存的立场。

可以说，企业的核心价值观也就是企业精神，企业精神就是支撑一个企业的核心竞争力，是全体员工智慧的结晶。而从另一个方面说，企业的领导只有先让企业员工认同企业精神和企业文化，才能凝聚人心。而要达到这一目的的前提是，企业需具有一个核心的价值观。

北京普诺德科技有限公司成立于2004年5月18日，目前已经是北京知名的网站建设、网络营销公司，拥有丰富的网站建设、网站策划、网络营销经验。

普诺德的企业价值观是："爱心、正直、创造、奉献。"

爱心：普诺德认为，要建立伟业，必须有爱心，普诺德的企业文化以"爱"为核心。普诺德在自身发展的同时，培养员工懂得感恩，讲孝道，孝顺父母，提倡同事之间互相帮助，相互关心！普诺德人以帮助他人作为自己最大的快乐。

正直：正直就是要不畏强势，维护正义，要敢说敢做，要能够坚持做正确的事情，亦要勇于承认错误。正直意味着有勇气坚持自己的信念。正直的人内心充满快乐。正直的人有道德的影响力，从总经理到经理层，都是正直的人，就可以影响员工的正直，就可以吸引更多正直的人一起创造伟业！

创造：创造是从无到有，从弱到强，从小到大的行动的过程，普诺德人由几个人到五十多个人，从几个客户到一千多个客户，无不证明着创造的力量，普诺德发展的十几年里，不断地创造着！

奉献：普诺德人坚信，人生的最大意义和价值就是奉献！奉献爱心，奉献思想，奉献经验，普诺德发展的过程就是不断奉献的过程，普诺德发展的十几年里，培训和培养了众多有志人才，在普诺德企业文化的影响下，普诺德人更积极，更具远大的理想和目标，更懂得奉献的意义和道理！

普诺德在十几年的迅速发展中，已经为北京许多家企业提供了网站建设、网络营销等服务，目前成为北京网站建设行业中一股强劲的力量。这里，不可否认，普诺德之所以会在如此短的时间里取得如此巨大的成就，与其本身的核心价值观的指引是有巨大关系的，正是这些价值理念，让这一年

轻的团队始终保持活力和朝气！

而如何打造企业核心价值观，也是作为企业领导者的工作之一，对此，领导者需要从以下几个方面努力：

1.对现有企业文化进行审查，进行文化定位

在塑造企业文化前，领导者要做的首要工作是对所在企业进行文化审查和定位，只有这样，才能使塑造出的企业文化更准确、更科学。

比如，如果你为一家体育企业效力，那么，首先，你需要审查的是体育行业最主要的文化特征是什么。体育行业是一个以品牌为驱动的行业。它主要的文化特征是强势的狼性文化，还是温情的羊性文化？是具有活力的文化，还是官僚严重的文化，或者是消沉的文化？这是你在进行文化定位之前要考虑的几个问题。

另外，你需要审查的还有企业的外部环境。包括政治、经济、民族文化、法律等方面，这些因素都会影响企业成员的思想意识和行为。

2.对企业进行深度窥探和调研

对企业的深度窥探和调研包括深入了解客户企业、挖掘企业成功的要素和企业内部所存在的问题。为了把握这些问题的准确性，你需要按照以下几个步骤操作：

第一步，资料收集，收集企业战略、文化、人力资源等与企业文化建设相关的资料；

第二步，深入基层，了解企业的办公环境以及办公氛围，多角度剖析企业；

第三步，深度访谈，全方位了解企业，了解企业员工眼中的企业；

第四步，问卷调研，通过定性定量的结合，对企业进行系统科学的调研分析，准确把握企业的文化特点。

3.勾勒出文化轮廓，最终形成企业价值观

企业核心价值观一方面蕴涵在企业的行为模式中，需要从企业中提炼；另一方面需要借鉴外部企业的核心价值观，这样，它才具有一定的前瞻性。

总之，核心价值观的提炼只有建立在认真分析研究各种相关因素的基础上，才能确定既体现企业特征，又为全体员工和社会所接受的价值观。

另外，在企业进行深入调研的基础上，在执行公司新策略的前提下，应由高阶主管们讨论并制定出公司所期望的企业核心价值观及行事信念；由顾问公司通过专业的工具，勾勒出企业的文化轮廓。经过讨论所达成的共识转换成员工看得到的企业文化。

鲶鱼效应：让竞争为企业注入活力

心理学上有个"鲶鱼效应"。关于这一效应，有这样一个由来：

挪威人喜欢吃沙丁鱼，尤其是活鱼。市场上活鱼的价格要比死鱼高许多。所以渔民总是想方设法让沙丁鱼活着回到渔港。可是，虽然经过种种努力，但绝大部分沙丁鱼还是在中途因窒息而死亡。然而，却有一艘渔船总能让大部分沙丁鱼活着回到渔港。船长严格保守着秘密。直到船长去世，谜底才被揭开。原来是船长在装满沙丁鱼的鱼槽里放进了一条以鱼为主要食物的鲶鱼。鲶鱼进入鱼槽后，由于环境陌生，便四处游动。沙丁鱼见了鲶鱼十分紧张，左冲右突，四处躲避，加速游动。这样沙丁鱼缺氧的问题就迎刃而解了，沙丁鱼自然欢蹦乱跳地回到了渔港。

这就是著名的"鲶鱼效应"。作为领导者，你应该从这个效应中领悟出一则管理经验：领导者应该采取一种手段或措施，在员工的管理中引入竞争机制，从而使员工活跃起来。其实，这就是一种负激励，是激活员工队伍之奥秘。

在员工的管理中引入竞争机制，毫无疑问会大大激发员工的工作热情，并使参与竞争的员工都增长才干，得胜一方固然要前进一大步，另一方也肯定不会原地踏步。因此，竞争总是带来一种热烈的欢乐的场面。在竞争中，

员工可以互相学习许多东西，还能增进了解，加深彼此的友谊。而作为一个管理者，如果能巧妙地组织、指挥竞争，并真心地帮助参与竞争的各方取得胜利，必然会赢得每个参与竞争的下属的拥护和爱戴。

国外有一家工厂，工人没有一点积极性，生产十分糟糕，老板采用了哄骗、责骂、强迫甚至开除等方式，都无济于事。

有一天傍晚，正值日、夜班交接，厂长来到工厂，问日班的工人："今天你们这一班做了几个产品？"

"6个。"

厂长没说一句话，用粉笔在地板上写了一个大大的"6"字就离开了。

夜班工人上班时看到这个"6"字后，问明了它的含义。

第二天厂长来到工厂的时候，夜班工人已经将"6"字换成了"7"字。

日班工人看到这个由"6"字改成的"7"字，不服气，他们决心给夜班工人一点颜色看。在班长的组织下，他们抓紧工作，下班前，将"7"字改成了一个神气十足的"10"字。

很快，这个曾经生产很糟糕的工厂变得蒸蒸日上、很有生气。

这个厂长利用工人的好胜心，激起竞争，取得了预想不到的效果。

的确，好胜心是人的天性。无论是牙牙学语的孩子还是白发苍苍的老人，都有着强烈的好胜心。比如，青年人参加拔河比赛，没有哪个不竭尽全力的。各种各样的体育比赛中，只要是上了场的运动员，不论年龄大小，没有一个不想赢得这场比赛的……人如果没有这种好胜心，人类社会就不可能前进。而在企业中，如果每个员工也有强烈的好胜心，都争做第一，那么，这个企业就会有所发展。当然，怎样让员工具备你追我赶的竞争态势，是每个领导者的本职工作。

那么，每一个领导者，在对员工的管理工作中如何引入竞争机制呢？

1.争做一个"鲶鱼"领导者

所谓领导者，就是影响他人工作、完成任务的个人或组织。如果企业整体如同死气沉沉的沙丁鱼箱，那么，企业内部的员工自然就如同沙丁鱼，他

们工作毫无积极性，效率低下，机构庞大繁杂。而此时，“鲶鱼”领导者的到来，新官上任三把火，他势必会发挥自己的领导管理才能，在纪律上进行整顿，在制度上进行规范，并做到合理配置岗位和人、财、物。经过一段时间的调整，企业的经营势必有一定的起色：企业生产和管理成本降低，机构简化，员工受到激励，这样整个机构就会呈现一派欣欣向荣的景象。在“鲶鱼”领导者的带领下，整个企业的活力都被调动起来了，员工的积极性也被激发出来了。

2.实行奖惩制度

领导者对于那些工作积极、有突出成就的员工可以采取适当的物质和精神上的奖励，也可以采取以贡献论报酬的公平原则。这些都能激发员工的好胜心，那么，竞争无形中也就产生了。

3.引导员工进行良性竞争

每一个管理者都应该明白：即使企业员工都是为了一个共同的目标——提高工作效率，增强企业的市场占有率而奋斗，但在员工之间，竞争也依然是存在的。但竞争分为良性竞争和恶性竞争，此时，管理者就不可避免地履行自己的一个职责——在员工之间产生恶性竞争时，积极引导他们参与到有益的良性竞争中。

总之，任何一个领导者，都应该做到强化员工的忧患意识，对于企业的规章制度和奖惩制度处理除了完善和人性化以外，还应切实加强“竞争力”和“执行力”意识！打破以往的惯性管理，践行“以人为本”，调动员工的积极性和加强员工的竞争意识！

第5章

有效沟通心理学，做企业运作最完美的传动轴

现代社会，很多企业管理者已经认识到，管理者与被管理者之间的有效沟通是所有管理艺术的精髓。而事实上，很多领导者却陷入了不能实现高效管理的旋涡中。由于沟通环节不畅而无法充分发挥作用，一件本来很好的事情由于沟通不畅导致结果适得其反……因此，作为领导者，你在今后的工作中，还需要不断掌握和运用有效的沟通方法，创造工作动力，激发工作潜能，使企业的战略目标早日实现。

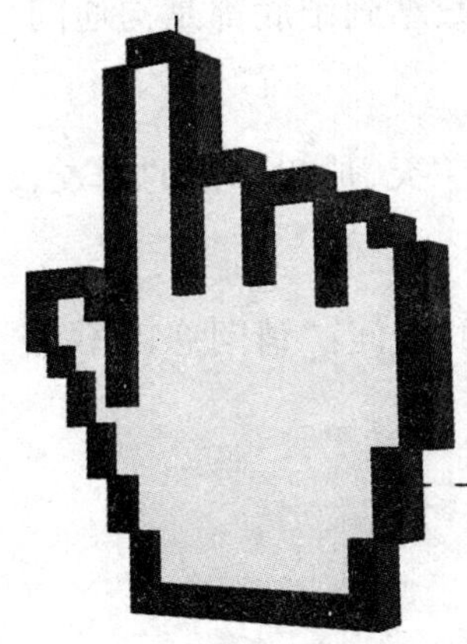

沟通的效果决定管理的成果

生活中，我们随时随地需要与人沟通。同样，在企业管理中，领导者的大部分时间也是用在沟通上。开会、谈判、谈话、作报告是最常见的沟通形式，撰写报告实际上是一种书面沟通的方式，对外的各种拜访、约见也是沟通的表现形式。也就是说，沟通在企业管理中的作用不可小觑，日本经营之神松下幸之助说过："企业管理过去是沟通，现在是沟通，将来还是沟通。"可以说管理人员沟通技巧是否成熟在一定程度上决定了经营的成败。

我们知道，管理说到底是人的管理，就是做人的工作，因为人的因素是企业成功的关键所在，而这中间，观念整合是先导。管理者最重要的任务就在于培养起与员工之间健康的关系。而要实现这一点，就必须要做到高效的沟通，这也是管理的精髓所在，正如美国著名未来学家奈斯比特曾指出："未来竞争是管理的竞争，竞争的焦点在于每个社会组织内部成员之间及其外部组织的有效沟通上。"事实上，所有的管理问题归结到结底都是沟通问题。我们先来看看下面这个故事：

有这样一个小男孩，他的工作就是替人割草。一天，他叫来他的朋友，给了这位朋友 5 美元，希望他能打电话给一位老太太。

电话拨通后，男孩的朋友开始按照男孩教给他的提问："请问您需不需要割草？"

老太太回答说："谢谢，不需要，我已经有了割草工。"

"可是，我会帮您拔除额外那些杂草。"

"我的割草工已经做了。"

此时，男孩的朋友继续说："我会帮您把草与走道的四周割齐。"

老太太回答："我请的那个割草工也已经做了，他做得很好。谢谢你，我

真的不需要新的割草工。”

当听到老太太这样回答后，男孩便暗示朋友可以挂电话了。此时，这位朋友很不解地问男孩：“我不明白，你明明就是老太太的割草工人，为什么还要打这个电话？”

割草男孩说：“我只是想知道老太太对我工作的评价。”

这个故事的寓意是：沟通是必要的，只有勤与客户、老板或上级领导沟通，你才有可能知道自己的长处与短处，才能够了解自己的处境。当然，作为领导与上级，你也应做到与员工高效沟通，通过良好的沟通让员工感觉到企业对自己的尊重和信任，因而产生极大的责任感、认同感和归属感，促使员工以强烈的事业心报效企业。同时，打破等级制度，充分强调家庭般的和谐和温暖；部门之间互通信息，互知甘苦。这就需要沟通，需要高速、有效的沟通。此外，沟通还能化解矛盾、澄清疑虑、消除误会。

现代企业中，很多管理者正是因为认识到这一点，才实现了靠沟通式管理取胜。比如，美国通用电气公司，任何一级领导，上至最高领导，下至每一级负责人，都对员工实行“门户开放”政策，公司上下，并不互相称呼职位，而是直呼其名，无尊卑、贵贱之分。另外，这些领导与负责人鼓励员工们随时进入他们的办公室反映情况。为此，大家相处得十分融洽，像一个大家庭。依靠这种感情沟通式的管理，通用电气公司以惊人的速度发展着。这种沟通式管理给人以深刻的启迪。

再比如，在日本，一些企业内部都设置了一个“出气室”，这个小房间内，放着公司主管及一些领导者的人体塑像，旁边还放着大棒。受到委屈的员工，尽可以到那里向这些塑像发泄，将他们痛打一顿后，怨气也就随之冰释。这种沟通方法实在高明。

其实，任何一个领导者都能认识到，在企业内，大多数问题都可以归结为沟通上的问题，比如企业常见的效率低下的问题，实际上往往是由沟通不畅或不懂得沟通所引起的。另外，企业里执行力差、领导力不高的问题，归根到底，也与沟通能力的欠缺有关。

管理沟通对提高一个组织的绩效至关重要。一个企业中的员工不可能不进行沟通,即使沉默也传达了一种组织的态度。

孙武云:“上下同欲,士可为之死,为之生。”沟通创造和谐,赢得人心,凝聚出一股股冲天士气支撑着企业大厦。人心所向,发展何忧?以沟通管理企业,就是以成功锻造企业丰碑。当然,沟通是一种必需,也是一种艺术。这就需要领导者在管理工作中针对不同的沟通对象、灵活运用各种沟通方法,从而真正做到高效沟通!

威尔德定理:有效沟通从倾听开始

现实生活中,人们在工作和生活之中每时每刻都进行着沟通,从事管理的领导者也是如此。但对于沟通的真正定义,并不是所有的领导者都能领悟,同时,善于运用沟通的技巧,并能够进行有效沟通的领导者可能更少。而这其中一个重要的沟通技巧就是倾听,可以说,倾听是沟通的开始。关于这一点,有个著名的威尔德定理,由英国管理学家L·威尔德提出,他认为,人际沟通始于聆听,终于回答。我们先来看看下面的故事:

一天,一个商人出海游玩,他站在码头,看到一个收获颇丰的渔夫,于是,他开始和渔夫攀谈起来。

“您捕的鱼又大又新鲜,捕这些鱼要花多长时间啊?”

“先生,用不了多长时间,我才驾船出海几小时而已。”渔夫答道。

“看来你的技术不错,那,为什么不多捕一点呢?”商人困惑地说。

渔夫笑着说:“为什么非要那样呢?等我去做的事情还多着呢!”

商人又问:“那多余的时间你用来做什么?”

渔夫说:“很多啊,看我想做什么了,我可以跟孩子玩耍,陪老婆睡午觉,每晚到村里跟朋友喝喝小酒,唱唱歌。我的生活过得美满又充实。”

商人嘲笑道："哦，你实在是目光短浅。"他抛出名片："不过我能帮助你成就一番事业。依我看，你每天应该多花一点时间出海打鱼，然后存钱，再买一条大船，然后你再继续从前的工作，很明显，不久你又可以买几条大船。这样，你肯定要雇人为你打鱼，你的生意只能越做越大了。当然，对于雇佣新的渔夫我能帮助你。"

渔夫此时并没有插话，于是，商人拿出了纸笔，边画图表边说："鱼打得多的时候，你就不需要再卖给那些商贩了，你可以卖给加工厂，用不了多久，你就会拥有自己的加工厂了。接下来，你就能……也许你会搬到更大的城市，在那里你完全可以扩大你的生意。"商人说得眉飞色舞，他稍微停顿一下，等着渔夫对他的意见表示采纳和感激。

渔夫思考了一会儿说："那实现这一目标需要多久呢？"

"哦，大概……十五到二十年吧。"

"先生，然后呢？"

商人笑着说："你会变得很有钱啊！你可以赚上几百万，甚至上千万。"

渔夫疑惑地问道："那么，接下来呢？"

商人说："最后，你就可以变成一个有钱的退休者，你可以尽情享受美好的晚年时光，比如，在海边买个渔村，陪陪老婆孩子，和朋友聊聊天、唱唱歌。"

渔夫歇了一会儿说："先生，谢谢你给我的建议。不过，你没发现，这正是我现在所过的生活吗？"

这里，我们发现，尽管商人费劲唇舌、希望能让渔夫改变观念，但最终还是未能打动渔夫。因为商人与渔夫的出发点大相径庭。由此我们同样得到一个管理学启示，一味地说而不懂得倾听这种死板的沟通方式，起不到任何的沟通效果。

的确，几乎任何交流中，人们忽视的问题都是倾听。因此，领导者无论是与下属还是上级沟通，也无论沟通的场合是严肃还是轻松，在你开口前，请记住一定要多听，只有倾听，才能为你回答问题时提供更多的信息和帮

助。当我们养成了倾听的习惯时，就必然会了解我们的员工的问题、挫折以及需求。同样，只有认真听取下属的意见，领导者才能很快建立一支高效的队伍，并且，这样的高效会很持久。

而事实上，有相当一部分管理者还是持着古板的沟通观念和习惯，他们认为，下属和员工听从自己的意见和指令是理所当然的，于是，他们经常这样说："我说了这么多，你们觉得我的观点怎么样？"此时，可能根本没有人愿意回应你的话，为什么？因为你没有意识到倾听才是沟通的开始。

上帝之所以给我们两只耳朵和一张嘴，就是要我们少说多听。如果我们总是张着嘴说话，我们学到的东西肯定非常有限，了解到的真相也会少得可怜。

因此，一位管理者要想成功，很有必要先听听自己的职员都在说什么，多听听他们的意见和建议，这对你的管理工作非常重要。

那么，具体来说，在管理工作中，作为领导者，你该如何运用倾听这一艺术呢？

1.使用身体语言表达你正在倾听

对此，你需要注意的是：不要忘记点头，这是你正在听的证据；身体面向说话者；与对方的目光进行交流；表情要平和，不要不耐烦。

2.复述

也就是说，倾听的时候，你需要偶尔重复说话者所叙说的内容。这样做的好处在于，不仅表明你曾认真听了对方的话，还获得了一个清楚的理解。

比如，当你的上级告诉你："真可惜，你没参加上昨天的会议，太有趣了。"作为倾听者，你应该反问道："是吗？是什么有趣的会议？"然后继续听他说下去。

3.发问

倾听不仅仅是带着耳朵听，还需要有语言的交流，发问在倾听中实际上就是一种信息的反馈。

比如，当你的下属需要请教你工作上的难题时，你可以先问询他的想

法，此时，你要做的是，看着他的眼睛，以这样的发问方式开始："能告诉我，你是怎么想的吗？"先发问，后再倾听。

当然，在对话过程中，发问的技巧很重要。对不同的人，可提出不同的问题。

当然，在管理中，对于大多数领导者来说，要想发挥好倾听的作用，获得最佳效果，灵活运用上述几个方面已经足够使用了。

特里法则：领导应正视自己的错误并主动认错

我们知道，人无完人，每个人都有自己的缺点，也免不了会犯错误。同样，领导者也是如此，即使管理着大小不一的企业或组织，也无法避免犯错。而面对这些错误，一个领导者能否沉下面子勇于承认，则体现了一个领导者的责任心。对此，美国田纳西银行前总经理特里说：承认错误是一个人最大的力量源泉。这就是著名的"特里法则"，它讲的是正视错误的人将得到错误以外的东西；主动认错也比别人提出批评后再认错更能得到别人的谅解；犯一次错误不会毁掉你今后的路；真正会阻碍人生路的是那不愿承担责任、改正错误的态度。

在美国的新墨西哥州阿布库克市，有个叫布鲁士·哈威的人。一次，由于工作繁忙，他错误地核准并付给了一位请病假的员工全薪。

幸运的是，他很快发现了自己的这一错误，于是，他就打电话告诉这位员工，并解释说问题必须处理，也就是说，他要在这位员工的下一次薪水中扣除这月多支出的部分。然而，这位员工已经动用了这笔工资，为此，他表示，如果这样做，那么，下个月他将面临严重的财务问题，因此请求分期扣回多领的薪水。但这样哈威必须先获得他的上级核准，哈威自己做不了主。

"那好吧，但我必须请示老板，但这肯定会让他大为不满。实际上，这都

是我的错，在没有找到任何的能解决这一问题的更好的方法前，看样子，我必须这么做，我也必须在老版面前承认。”哈威说。

随后，哈威来到老板的办公室，他很详细地跟老板说明了情况，不出所料，老板大发雷霆，先是指责人事部门和会计部门的疏忽，后又责怪办公室的另外两个同事，这期间，哈威则反复解释说这是他的错误，不关别人的事。

最后老板对他说：“好吧，这是你的错误。现在把这个问题解决吧！”这项错误最终改正过来，没有给任何人带来麻烦。自那以后，老板就更加器重哈威了。

因为勇于承认错误，哈威赢得了老板的信任。其实，一个人勇于承认自己的错误，不仅能在最短的时间内将问题的危害降到最低，进而为解决问题争取时间，还能消除一个人内心的某种罪责感，增添满足感。一个领导者的一次错误决策，很可能会给企业和员工带来某种损失，因此，勇于承认错误更有必要性。而相反，面对自己犯下的错误，若企业领导者因顾及面子而不愿承认，有隐瞒错误的想法，往往会因这个错误而影响了企业的全局发展。

然而，现实的工作中，有很大一部分领导，在他们犯错误后，脑子里往往会出现想隐瞒错误的想法，害怕承认之后会失面子。其实，承认错误并不是什么丢脸的事，反之，在某种意义上，它还是一种具有“英雄色彩”的行为。因为错误承认得越及时，就越容易得到改正和补救。而且，由自己主动认错会比别人提出批评后再认错更能得到别人的谅解。更何况一次错误并不会毁掉你今后的道路，真正会阻碍你人生路的是那不愿承担责任、不愿改正错误的态度。

另外，下属对一个领导者的评价，往往取决于他是否有责任感。勇于承担责任不仅使下属有安全感，而且会使下属有所反思，反思过后会发现自己的缺陷，从而在大家面前主动道歉，并承担责任。

再者，领导这样做，表面上看，是自己承担了责任，会受到下属和上级的责怪，但实际上，它会起到很多意想不到的作用。道理很简单，假如你是个中级领导，你主动站出来为下属承担责任，那么，你的上司肯定也会反思，我

是不是也有某些责任呢？一旦企业内部这种互相自省的良好作风盛行，便会杜绝互相推诿，上下不团结的局面出现，使公司有更强的凝聚力，从而更有竞争力。

那么，面对错误，领导者该如何做呢？

1.正视错误

在此基础上，你需要了解错误产生的原因以及找出解决现有错误的方法。

相反，如果你对产生的问题不予以重视，那么，问题只会朝着更恶劣的方向发展，同样，如果你找借口推脱，那么，你会犯更多的错误。

2.无论发现错误的人是谁，你都必须勇敢站出来，并坦白地承认自己的错误，而不是穷于应付。这样会得到大家的理解，并会得到大家的认同。

3.用行动表明你的态度

嘴上承认，不能表明什么，要让别人看到你改正错误的决心，则必须从行动开始，这样，别人会从内心真正支持你。因为对错误给予及时改正，从根本上改变或解决错误的行为或事实，才是最终目标。

位差效应：任何交流都应建立在平等基础上

现实生活中，每个人都渴望获得他人的尊重和认可，这一点，无论是国家元首还是普通人都无一例外。同样，作为现代企业和组织的员工们，也希望通过平等的交流获得上级或领导者的认同。任何交流，只有建立在平等的基础上，才会取得应有的成效。

而事实上，许多企业已经认识到沟通的重要性并予以重视，却往往忽视有效沟通渠道的建立。在企业中，信息的交流主要有三种：上传、下达、平行交流。前两种是非平等交流，第三种是一种平等交流。要想扩大沟通的有

效性，就需要把平等的理念注入前两种交流形式中去。关于这一点，有个著名的“位差效应”。

那么，什么是“位差效应”呢？

这一效应来自于美国加利福尼亚州立大学对企业内部沟通进行研究后得出的重要成果。这一研究结果表明，来自领导层的信息中，被下属真正知道并理解的只有20%~25%，而其中能向上级反馈的信息则不超过10%，而平行交流的效率则可达到90%以上。

后来，经过进一步的研究，他们发现，正是因为平等交流是建立在平等的基础上的，所以它的效率很高。为了验证平等交流在企业内部实施的可行性，这些研究者尝试在企业内部建立一种平等的沟通机制。他们发现，建立这种机制后，企业领导和下属间的沟通能力提高了，他们在价值观、道德观、经营哲学等方面也能很快地达成一致；上下级之间、各个部门之间的信息能形成较为对称的流动。这样，他们得出了一个结论：平等交流是企业有效沟通的保证。

可见，很多企业都存在一个巨大的沟通问题——言路不畅。的确，当管理层次逐步增加，基层的声音就很难传达到高层领导那里。而要解决这些问题，最好的方法就是打破上下级之间的等级壁垒，尽可能地实现平等交流。而在沃尔玛，这一信条得到了完美的体现。

在沃尔玛公司，高层领导们一再强调倾听基层员工意见的重要性，即使现在公司规模不断扩大也是如此。

沃尔玛实行“门户开放”政策，这个政策的含义是，在公司内，即任何时间、地点，任何员工都有机会发言，都可以口头或书面形式与管理人员乃至总裁进行沟通，提出自己的建议和关心的事情，包括投诉受到不公平的待遇。公司保证提供机会讨论员工们的意见，对于可行性建议，公司会积极采纳并用来管理公司。

沃尔玛公司的董事长沃尔顿先生也总是很乐于接见来自各基层的工作人员，他总是很耐心地听对方把话说完，如果情况属实，或者对方的意见正确，那么，他就会认真解决与之有关的问题。同时，他要求公司每一位经理认真贯彻公司的这一思想，并要付诸行动，而不是做表面工作。

沃尔玛重视对员工的精神鼓励，总部和各个商店的橱窗中，都悬挂着先进员工的照片。公司还对特别优秀的管理人员授予"山姆·沃尔顿企业家"的称号。

沃尔顿还强调：员工是"合伙人"。沃尔玛公司拥有全美最大的股东大会，每次开会，沃尔玛都要求有尽可能多的部门经理和员工参加，让他们看到公司的全貌，了解公司的理念、制度、成绩和问题，做到心中有数。每次股东大会结束后，沃尔顿都会邀请所有出席大会的员工约 2500 人到自己家里举办野餐会。

在野餐会上，沃尔顿与众多不同层次的员工聊天，大家畅所欲言，交流对工作的看法，提出对公司的建议，讨论公司的现状和未来。每次股东大会结束后，被邀请的员工和没有参加的员工都会看到会议的录像，而且公司的刊物《沃尔玛世界》也会对股东大会的情况进行详细的报道，让每个员工都能了解到大会的每一个细节，做到对公司确实全面地了解。沃尔顿说："我想通过这样的方式使我们团结得更紧密，使大家亲如一家，并为共同的目标而奋斗！"

正是这种视员工为合伙人的平等精神，造就了沃尔玛员工对公司的强烈认同和主人翁精神。在同行业中，沃尔玛的工资不是最高的，但它的员工却以在沃尔玛工作为快乐，因为他们在沃尔玛是合伙人。

由此，作为现代企业的领导者，也应当看到平等交流在工作中的重要性，那么，领导者如何保证与员工平等交流呢？

(1)较高层次的管理者，应坚持走群众路线，注重实际和调查研究。

(2)要广开沟通和交流的渠道，尤其是要多注意利用非正式渠道。

(3)应增强自己的民主意识，平易近人，谦虚谨慎，不耻下问。

(4)要摒弃虚荣心，勇于承担责任，使企业内部形成浓厚的批评与自我批评的氛围，并且率先垂范，以身作则。

(5)在沟通和交流过程中,管理者应尽最大努力获取原始信息,即第一手材料,因为原始信息往往更真实。

日本管理学家通过实践证实:每经过一个层次,信息失真率约为10%~15%;倘若信息传递的方向是上级向下属,那么,只有20%~25%被正确理解,反过来,下属向上级反映的信息中,能被理解的则不超过10%。我们还必须了解的是,管理者在与下属沟通和交流时,除了要尽力获得原始信息外,还应多了解反面信息,并在沟通和交流中保持信息内容的准确无误。

总之,作为一个领导者,你要有积极的沟通意识,并积极开拓顺畅的沟通渠道,这样,“下恒苦上之难达,上恒苦下之难知”就在最大程度上被避免了。

乔治定理:频繁的互通交流对企业有积极影响

现代社会,随着市场竞争的不断升级,有效的内部沟通已经成为企业成功的关键因素之一。通用电气公司前总裁韦尔奇曾说过:“现代企业必须使公司更团结、更容易与人沟通,并鼓励员工同心协力为越来越挑剔的顾客服务,这样才能成为真正的赢家。”然而,任何沟通都必定涉及交流双方,单方面的意见传达并不能达到任何沟通效果,也就是说,要做到高效沟通,就必须实现意见互通交流。美国管理学家小克劳德·乔治也认为,有效地进行适当的意见交流,对一个组织的气候和生产能力会产生有益的和积极的影响。这就是著名的“乔治定理”。他的话看似平淡无奇,却中肯地揭示了企业在生产经营活动中必须遵循的一条重要原则:那就是把企业的内部沟通或者说“意见交流”制度化、日常化,以此建立一种频繁交流的民主氛围。

的确,在日常工作中,任何一个领导者都会开展意见交流的工作,但也

许因为它的经常性，则容易被人们所忽略。而这样的结果却未能真正做到"意见交流"，花了那么多时间和精力，单单缺少了彼此间平行的意见交流。有的是领导者的长官意志贯穿全会，容不得与会者的探讨与发言；也有的是形式主义和走过场，缺乏真正的民主与意见的互通。

可见，乔治定理的高明之处在于指出了"有效地"进行适当的意见交流。这里"有效"二字意义重大，它从一个侧面道破了沟通的规律：即很多的沟通未必都是有效的，相反，而是效率很低的。

我们先来看摩托罗拉公司是怎么实现领导与员工的意见互通的：

1998 年 4 月，摩托罗拉（中国）电子有限公司推出了"沟通宣传周"活动，内容之一就是向员工介绍公司的 12 种沟通方式。比如，员工可以书面形式提出对公司各方面的改善建议，全面参与公司管理；可以对真实的问题进行评论、建议或投诉；定期召开座谈会，当场答复员工提出的问题，并在 7 日内对有关问题的处理结果予以反馈；在《大家》、《移动之声》等杂志上及时地报道公司的大事动态和员工生活的丰富内容。另外，公司每年都召开高级管理人员与员工沟通对话会，向广大员工代表介绍公司经营状况、重大政策等，并由总裁、人力资源总监等回答员工代表提出的各种问题。

古语云："上下同心，其利断金。"正是通过这一系列的举措，摩托罗拉让员工感到了企业对自己的尊重和信任，从而产生了极大的责任感、认同感和归属感，促使员工以强烈的责任心和奉献精神为企业工作。

要知道，一个沟通顺畅的企业必然是一个工作气氛融洽、工作效率极高的企业，在这样的企业里工作，哪怕再苦再累，也是心甘情愿的，因为心情是愉快的！沟通创造和谐，沟通赢得人心，它能够凝聚一股士气和斗志。这种士气和斗志，就是支撑企业大厦的中坚和脊梁。有了这样的中坚和脊梁，必定人心所向，又何愁企业不发展呢？

显然，任何一个领导者都必须在实现真正的意见互通交流方面付诸努力，为此，领导者需要做的是：

1.建立一个制度化、日常化的沟通规则

即把意见沟通列入正常化的工作章程之中，比如，每个月至少几次或者每周一次开“意见交流会”，并且要求“意见交流会”上，人人平等，领导者不能摆官架子，大家畅所欲言。对于那些在会上勇于发言的下属和员工，应当给予激励，而不是打击报复。这样的“意见交流会”与其他会议是有所区别的，大家可以直奔主题，并对所有人提出的问题进行深入、平等的交流。

2.让员工了解你

联想的企业文化手册中明确写道：放开自我，让别人了解你的需求，让别人了解你的困难，让别人知道你需要帮助。主动了解他人的需求，让他人感到能得到理解和帮助。做到五多三少：多考虑别人的感受，少一点儿不分场合地训人；多把别人往好处想，少盯住别人的缺点不放；多给别人一些赞扬，少在别人背后说风凉话；多问问别人有什么困难，多一些灿烂的微笑。

联想正是通过这样的沟通渠道，唤起了员工对企业宾至如归的感觉，感受到了企业和谐温馨，进而做到上下同心。

因此，领导者在管理的过程中，如果能做到以上两点，意见的有效交流就大大减少了阻碍，自然能获得高效，对公司的组织气候和生产能力都会产生积极的影响，公司内部的民主氛围也将得到明显改善，在不知不觉中，整个企业的生产力必将被牵动、提升！

布朗定律：有针对性地交流，才能解决问题

我们都听过这样一个故事：

一把坚实的大锁挂在铁门上，一根铁杆费了九牛二虎之力，还是无法将它撬开。钥匙来了，它瘦小的身子钻进锁孔，只轻轻一转，那大锁就“啪”地一声打开了。铁杆奇怪地问：“为什么我费了那么大力气也打不开，而你却

轻而易举地就把它打开了呢?”钥匙说:“因为我最了解它的心。”

是的,只有深入内心地了解,有效地进行沟通,才是赢得对方信任的金钥匙。同样,作为企业的领导者,在与员工沟通的过程中,你只有找到员工的那把心锁,才能在交流中做到有的放矢,有针对性地解决交流中的问题。

这就是著名的“布朗定律”,它是指找到心锁就是沟通的良好开端,知道别人最在意什么,别人的意愿就会在你的把握之中。它是美国职业培训专家史蒂文·布朗提出的。

我们再来看下面这样一个故事:

很久以前,有个虔诚的修女,为了拯救受难的人们,她只身来到印度。而在印度本土,她发现当地有很多人因为贫穷而衣衫褴褛甚至光脚走路,为此,她觉得自己有必要和这些受苦受难的人一起感受生活,于是,她决定自己也不穿鞋子。

后来,戴安娜王妃听说此事后,也来印度拜访,当她看到了这位光脚的修女之后,却因为自己穿了一双洁白的高跟鞋而无比惭愧……

再后来,中东发生了战争。这位修女独自来到战场,当作战的双方都发现这位修女时,竟然不约而同地停止了攻击,等她把战区里面的妇女和儿童都解救出来……在这位德高望重的修女去世的时候,印度举国上下都为她而悲痛,她的灵柩经过的地方,没有人愿意自己站得比她还高,而她遗体的双脚仍然是裸露的,向世人宣告她与那些贫苦的人平起平坐。这位高尚的修女就是特里莎。

这个真实的故事也告诉了我们:找到心锁就是沟通的良好开端。知道别人最在意什么,别人的意愿就会在你的把握之中。

现实工作中,很多人也认识到了沟通的必要性,他们知道必须多倾听员工的意见和建议,然而,他们似乎并没有找到沟通中的这把钥匙,因此,他们的交流工作多半是走过场、无效用的。而“布朗定律”对沟通技巧的破解和定义是相当深刻的:“一旦找到了打开某人心锁的钥匙,往往可以反复用这把钥匙去打开他的某些心锁。”——这就是“布朗定律”的高明之处,找到钥

匙不仅可以打开某人的心锁，而且可以反复用这把钥匙去打开他的某些心锁。这句话意味着只要找到那把钥匙，不要打开一次心锁就扔掉，而是可以继续用这把钥匙去第二次、第三次打开他其他的心锁……

从事管理工作的领导者们，应该从这一点中有所感悟，每个员工心中都有一把非同寻常的锁，找到这把锁的钥匙，就要看它的主要特征和本质，不能只看到表象和毛皮，更不能被一些枝节琐碎迷惑。

那么，具体来说，作为领导者，你该如何找到沟通中的心锁呢？

1.细心观察，善于发现

作为一个领导者，除了要在工作中关心员工的工作效率外，众还必须关注员工的情感动向，这是一个需要细心洞察、耐心寻找的发现过程，需要“由表及里”，即根据一些现象逐步分析，最后找到问题的关键所在，也需要“因小见大”，即通过此人的一些细微的言谈举止，顺藤摸瓜，最后发现隐藏的那把“心锁”。

比如，如果与你沟通的这个员工最近闷闷不乐、不爱与人接触，那么，导致这一问题的原因可能有很多种，比如，他本身可能是个不爱说话的人；也可能遇到了爱情、亲情、友情的挫伤；也可能遇到了生活中的难题；甚至有可能是工作本身引起的，比如，这个月的工资被折扣了、奖金少拿了等。这都需要具体分析，这也同样要深入去观察和分析才能作出正确的判断和处理。总之，对于不同的人，领导者要善于根据实际情况找到他具体的那块心病，从而配上适合的钥匙，最后才能打开他的心锁。

2.从对方感兴趣的话题入手

作为领导者，可能一直以来担当的都是说教者的角色，但事实上，你必须牢记一点，那就是你是说给对方听的，不是说给你自己听的。因此，说话不在于仅图自己痛快，还必须顾及对方的兴趣，你要为听者想。要探出对方的兴趣，一般通过几个回合的对答就应该有所知，然后择其感兴趣的谈下去。

当然，任何一个懂得沟通艺术的领导，都能在与员工沟通的过程中做到有的放矢和“具体问题，具体分析”，并能掌握对方的意愿，找到打开对方心

锁的那把钥匙，而且可以反复用“这把钥匙”去打开他的某些心锁！

刺猬效应：与员工保持合适的距离

管理工作中，任何一个领导者，都避免不了要与员工、下属或上级沟通。对于这一点，很多领导者认为，多沟通、保持亲密的距离，自然会拉近双方的心理距离，这必当有利于管理工作的开展。而事实上并非如此。试想，一个原本很受下属敬佩的企业领导者，后来由于与下属“亲密无间”相处，他的缺点便暴露无遗，结果不知不觉地使下属改变原有的看法，甚至令下属失望和讨厌。另外，企业领导者与下属“亲密无间”相处，还容易导致彼此称兄道弟、吃喝不分，并在工作中丧失原则。因此，企业管理心理学专家经过研究认为：企业领导者要做好工作，应该与下属保持亲密关系，但这是“亲密有间”的关系。雾里看花，水中望月，往往给人“距离美”的感觉。事实上，这正是心理学效应——刺猬效应在管理学上的巧妙应用。

“刺猬效应”来源于西方的一则寓言，说的是在寒冷的冬天里，两只刺猬相依取暖，一开始由于距离太近，各自的刺将对方刺得鲜血淋漓，后来它们调整了姿势，相互之间拉开了适当的距离，不但互相之间能够取暖，而且很好地保护了对方。

的确，无论什么情况下、什么形式的人际交往，都需要保持一定的空间和心理上的距离。法国总统戴高乐就是一个很会运用刺猬效应的人，“保持一定的距离”！这深刻地影响了他和顾问、智囊和参谋们的关系。

在戴高乐担任总统的十余年内，他作出了这样的规定，他的秘书处、办公厅和私人参谋部等顾问和智囊机构，工作年限都不能超过两年。曾经，他对新上任的办公厅主任总是这样说：“我使用你两年，正如人们不能以参谋部的工作作为自己的职业，你也不能以办公厅主任作为自己的职业。”

这一规定出于两方面原因:一是在他看来,调动是正常的,而固定是不正常的。这是受部队做法的影响,因为军队是流动的,没有始终固定在一个地方的军队。二是他不想让“这些人”变成他“离不开的人”。

这里,我们发现,戴高乐是个很会依靠自己的思维和决断而生存的领袖,我们也发现他之所以作出这样的决定,就是因为他能看到和下属保持距离的好处:只有保持一定的距离,才能使自己的顾问和智囊团始终保持活力,并随时能注入新的活力;而缺少距离感,领导决策过分依赖秘书或某几个人,容易使智囊人员干政,进而使这些人假借领导名义,谋一己之私利,最后拉领导干部下水,后果是很危险的。可见,戴高乐的做法是令人深思和敬佩的。

现代企业,领导者要想做好管理工作,离不开员工和下属的配合,必须和他们搞好关系,但这种关系并不是“亲密无间”的,而是建立在恰当的合作基础上的。与下属保持一定的心理距离的好处在于:可以避免下属的紧张和防备,可以减少下属对自己的恭维、送礼、奉承,可以减少上下级之间的吃喝不分、称兄道弟等。这样做既可以获得下属的尊重,又能保证在工作中不丧失原则。一个优秀的领导者或管理者,要做到“疏者密之,密者疏之”,这才是成功之道。

通用公司总裁斯通在工作中与员工和下属保持一定距离,尤其在对待中高层管理者上更是如此。

在工作场合和待遇问题上,斯通从不吝啬对下属们的关爱,但在工作之余,他从不邀请管理人员到家做客,也从不接受他们的邀请。正是这种保持适度距离的管理,使得通用的各项业务能够芝麻开花节节高。

的确,作为管理者,与员工保持一定的距离,既不会使你高高在上,也不会使你与员工互相混淆身份。这是管理的一种最佳状态。

那么,具体来说,领导者在管理工作中,该怎样与员工保持一定的距离呢?

对此,领导者需要做到:

1.适当地关心

任何一个员工，都对那些亲切的领导者有好感，并愿意支持他们。为此，为了和下属保持融洽的关系，作为领导者，在日常工作中，当下属有困难时，应主动询问，对力所能及的事应主动帮忙。当然，在工作中，领导者要对不同工作能力的员工给予不同的帮助。

比如，在任务的布置上，不同的对象，应该采取不同的沟通方式，对于那些聪明、善于领会领导意图并有很强的工作能力的下属，管理者不需要对工作进行详细交代，而需要多倾听他们对工作的看法、建议即可，而在工作执行的过程中，在他们遇到困难时，应给予答复，提高他们的主动性和自信心，以提高工作效率。而对于领悟能力和实践能力不强的下属，管理者不能简单行事，交代完任务就不管不顾，甚至期待有好的结果出现，这样往往事与愿违。对于这样的下属，领导者应该传递自己的想法，而不能期望他们在意见和方法上有多创新。

2.物质上的往来应一清二楚

一般情况下，身为领导者，自然有他人求助于自己的时候，也可能会给予物质上的一些好处，基于此，领导者一定要心知肚明，对涉及贿赂问题的物质一定要加以回绝。另外，关于相互借钱、借物或馈赠礼品等物质上的往来，每一项都应记得清楚明白。而在日常工作和生活中，向同事借钱、借物，应明算账，最好打欠条等，这不仅能帮助你避免很多麻烦，还能增加同事间的信任感。在物质利益方面，无论是有意或者无意地占同事的便宜，都会引起不快，从而降低自己在对方心目中的身份。

3.在与下属和员工沟通的过程中，上级管理者要本着一切为了工作的目的

总之，领导者与下属应该保持一个最佳的心理距离：比熟人近，比朋友远。距离的保持靠一定的原则来维持，这种原则要求一视同仁：既可以约束领导者自己，也可以约束员工。掌握了这个原则，也就掌握了成功管理的秘诀。

第6章 人力管理心理学，让每一个人才都能发挥自己的价值

在现代企业中，人才已经成为企业的核心竞争力，因此，在管理模式上，出现了由“以物为中心”向“以人为中心”转变的人本管理，它要求理解人、尊重人、充分发挥人的主动性和积极性。这是每一位企业领导者都应当明白的道理。因此，在人才管理上，领导者必须重视人才，以为企业网罗一流人才为己任，并遵循一定的管理之道，做到人尽其用，让每一个人才都能在自己的岗位上发挥自己的价值！

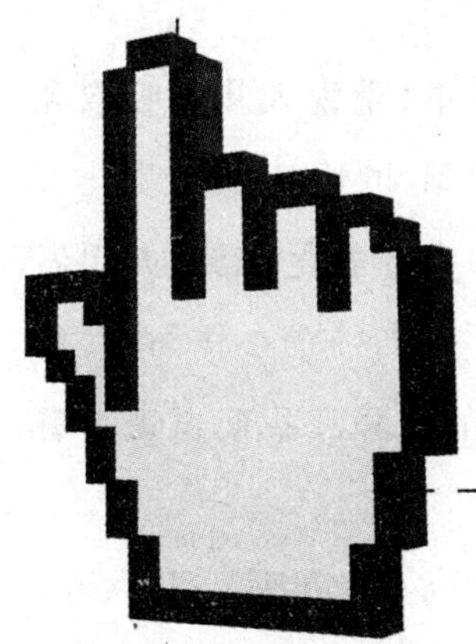

大荣法则:人才是视野良好发展的根本

古今中外,治国也好,治企也好,得人心者得天下,失人心者失天下,这是一个亘古不变的真理。我们常说,21 世纪,各行各业的竞争,实质就是人才的竞争。的确,管理之道,唯在用人。人才就是效率,人才就是财富。在现在这个时代,人才可以说是最重要的,企业要做大,就要重视人才。人才是事业的根本。杰出的领导者应善于识别和运用人才。只有做到唯贤是举、唯才是用,才能在激烈的社会竞争中战无不胜。对此,有个著名的"大荣法则"。

号称日本两大百货公司之一的大荣百货公司创建于 1957 年。初创时的大荣公司只是大阪的一家小百货店,拥有职工 13 人,后来扩展到经营糖果、饼干等食品和百货,大荣公司的经营秘决是重视对人才的培养,由此走上了成功的道路。大荣公司提出的"企业生存的最大课题就是培养人才",被人们称为"大荣法则"。

现代企业的管理者也应该以大荣法则为管理范本,重视人才的吸取和培养。电影《天下无贼》里黎叔有一句经典对白:"21 世纪什么最贵?人才!"的确,如果修长城,人才就是基石;如果建大厦,人才就是栋梁;如果做企业,人才就是成功的保证。如果想把企业做大,不想当一个小作坊主,那就必须重视人才。无论干什么事业,人才都是成功的保障。我们再来看看刘邦关于用人的经典故事:

一统天下之后的刘邦,建立了汉室江山,已经高高在上的他一时兴起,大宴群臣,在宴会上,他乘着酒兴,问群臣:"你们知道为什么我能够夺取天下,而项羽拥有那么强的军队反而失去了天下吗?"

这一问题一直是众大臣谈论的焦点,但似乎没有谁能得出定论,于是,

大家开始七嘴八舌地讨论起来。

此时，有大臣答道："您治军严厉，甚至苛刻；项羽太讲仁义了。"

有的说："您最大的特点是，有功者赏，有罪者罚；而项羽嫉贤妒能，有功者害之，贤能者疑之。这就是您得天下而项羽失天下的原因。"

刘邦笑了笑说："你们只知其一，不知其二。我之所以能夺取天下，主要是因为我善于识人用人。要说运筹于帷幄之中、决胜于千里之外，我不如张良；要说管理国家，安抚百姓，做好军队的后勤保障工作，我不如萧何；要说统率百万之众，战必胜、攻必取，我不如韩信。这三个人是人中之杰，我能大胆地使用他们；而项羽有一个范增却不能用，这就是我能夺取天下，而项羽失去天下的原因啊！"

从刘邦的这一番话中，我们不难理解，他之所以能打败拥有百万雄师的项羽而成为一国之君，是因为他善于用人。作为领导者，实际上，你并不一定要有深厚的专业技能知识，而是要有一定的才能，尤其是识人用人的才能。刘邦与项羽，一个是混于市井之人，一个是出身于官宦之家，一个不爱诗书，一个饱读诗书，表面上看，项羽占有了全部的优势，而刘邦则处于弱势，但最终却是刘邦一统天下，项羽垓下自刎。这其中的主要原因之一，我们归结起来，便是刘邦善于用人，精通识人之术，而项羽不会识人用人，最后只好演出一场《霸王别姬》了事。

同样，纵观当今林立的企业，有的企业曾几何时多么辉煌，可是如今却昙花一现。原因何在？可以说，成功的企业都是一样的，失败的企业各有各的原因，但有一点是共同的，那就是失败的企业在用人上都是失败者。"沉舟侧畔千帆过，病树前头万木春。"在折戟沉沙的企业面前，一批批企业巨轮扬帆远航，追寻这些成功企业的足迹，它们无一不是选人用人的成功者，无一不是聚集了一批雄厚的人才。

因此，在企业的发展中，设备条件的提高远远没有员工素质的提高重要。要提高员工的素质，就要随时随地地开展员工教育与培训工作，启发员工的思想，更新员工的技术。人才建设是任何一个企业生存、发展的重中之

重，没有了人才，一切都无从谈起，因此，对人才的培养事关企业的成败。

那么，具体来说，领导者该如何遵循大荣法则、遵循人才的培养方法呢？

一是创造良好的学习环境。二是建立完善的培训制度。三是与著名高校合作，共同培养人才。

这样能有效提高专业技术人员的业务水平，提高企业开拓国际市场的能力。

总之，“千军易得，一将难求”，人才的培养是决定企业生存和发展的命脉，企业的发达，乃人才的发达；人才的繁荣，即企业的繁荣。人才建设是任何一个企业生存、发展的重中之重，没有了人才，一切都无从谈起，因此，对人才的培养事关企业的成败！

蘑菇管理定律：遵循规律，别把人才揠苗助长

作为领导者，在从事企业管理的工作中，避免不了要与一些新人打交道。管理新人也是企业管理者必须面临的工作。我们发现，职场中的很多新人，常常被置于阴暗的角落，不受重视的部门，只是做一些打杂跑腿的工作，有时还受到无端的批评、指责、代人受过，组织或个人任其自生自灭，初学者得不到必要的指导和提携，这种情况与蘑菇的生长情景极为相似，因此被人们称为蘑菇管理定律，它指的是组织或个人对待新进者的一种管理心态。

据称，“蘑菇管理定律”一词有这样一个来源：20 世纪 70 年代，新兴了一个行业——电脑程序员，当时，人们对于这项职业的态度是怀疑、不理解甚至是轻视的，所以年轻的电脑程序员就经常自嘲“像蘑菇一样地生活”。因为他们的生存环境极为相似。

的确，初学者因为缺少工作经验和能力，工作效率不高，很多管理者认

为，他们并不能为企业带来多少效益，于是对他们不闻不问甚至为其布置无关紧要的工作等，也不给他们提供学习和成长的机会。事实上，这些管理者没有认识到，任何人才的成长都是需要一个过程的，新人也需要一个不断学习的机会。卡莉·费奥丽娜的成功就说明了这一点。

卡莉·费奥丽娜从斯坦福大学法学院毕业后，第一份工作是在一家地产经纪公司做接线员，她每天的工作就是接电话、打字、复印、整理文件。尽管父母和朋友都表示支持她的选择，但很明显，这并不是一个斯坦福毕业生应做的工作。但她毫无怨言，在简单的工作中积极学习。一次偶然的机会，几个经纪人问她是否愿意干点别的工作，于是她得到了一次撰写文稿的机会，就是这一次，她的人生从此改变。卡莉·费奥丽娜就是惠普公司前CEO，被尊称为世界第一女CEO。

的确，新人刚开始加入企业的时候，一定要从最基本的工作做起，就如同卡莉·费奥丽娜一样，但新人同样需要一个发展和表现自己的机会。而能否获得学习和历练的机会，决定权在于管理者。对此，华为董事长任正非就有一套属于自己企业的特殊管理方法。

任正非是著名的通信企业家，他创建的华为公司有着特殊的企业文化。

任正非非常倡导蘑菇管理，他提出“板凳要坐10年冷”，认为进入公司的年轻人需要有蘑菇的精神，有坚韧的精神承受各种考验。在冷僻的环境下，更要“耐得寂寞好读书”，冷僻的环境下，蘑菇容易生长，年轻人也应该有野心有耐心成长起来。所以，刚进公司的新员工，将承担很多繁重而且“表面上”不受重视的工作。

然而，任正非在招聘员工的时候，就注重选拔契合自己企业文化的员工，在新员工的培训方面，也注意开展艰苦教育，并由老员工现身说法。而且任正非提出“绝对不能冷落雷锋”，在制度上和人力配备上，华为十分关注新员工的业绩。

所以，有了人力资源配备和业绩考核两个方向的支撑，蘑菇管理获得了极大的成功。实现了真正的有效激励和逆境教育的相结合。

从任正非的管理经验中,我们不难看出,他不但让员工接受“蘑菇经历”,更注重对员工能力的培养、关注员工的成长。

因此,作为领导者,我们应当从中得到一些管理启示,要遵循人才的成长经历,具体来说,需要做到:

1.认识到“蘑菇经历”对新人的重要性

蘑菇经历对于每个新人来说都是至关重要的,即使这是一个痛苦的过程,但只要经过这个阶段,就能“守得云开见月明”,就会熟练地掌握当前所从事工种的操作技能,提升一些为人处世的能力,以及挑战挫折、失败的意志,这也是最重要的。

因此,作为领导者,无论你为企业吸收到的是多么优秀的人才,你都应该一视同仁。刚开始的时候,你要让他们接受蘑菇经历,从最简单的工作做起,接受各种磨炼和积累各种基层工作经验。

2.不可拔苗助长

任何人的成长都需要一个过程,不是一蹴而就的,作为新人,对于工作的不熟悉、实践经验的缺乏等,都需要向前辈学习,也需要管理者的引导,而如果过早对新人委以重任,等于拔苗助长。因此,作为领导者,应该允许新人在工作中放慢脚步,遵循其成才的规律。

比如,当领导者为新人布置工作时,可以给予适当的指引,可以提供必要的手段,确保能够高效率地实现既定目标。

总之,领导者应该在为企业培养人才这一方面做到遵循蘑菇定律,不打压、不拔苗助长,让新人在不断的磨炼中成长,从而为企业注入新的活力!

苛希纳定律:为员工安排适合的工作岗位和工作量

生活中,我们都有这样一种体会,同样一份工作,如果分工的人多了,就

会产生冗余和互相推卸责任的现象。同样，现代企业中，很多管理者也遇到了类似的问题。对此，有些管理者提出了一个著名的苛希纳定律：如果实际管理人员比最佳人数多两倍，工作时间就要多2倍，工作成本就要多4倍；如果实际管理人员比最佳人数多3倍，工作时间就要多3倍，工作成本就要多6倍。这个定律是西方著名管理学者苛希纳研究发现的，故得其名。

管理大师杜拉克举过一个例子：他说，在小学低年级的算术入门书中有这样一道应用题："两个人挖一条水沟要用2天时间；如果4个人合作，要用多少天完成？"小学生回答是"1天"。而杜拉克说，在实际的管理过程中，可能要"1天完成"，可能要"4天完成"，也可能"永远完不成"。

这道数学题同样证明了苛希纳定律：人多必闲，闲必生事；民少官多，最易腐败。由于实际的人员数目比需要的人员数目多，诸多弊端由此产生，形成恶性循环。

我们再来看下面一个管理故事：

有一家企业，想要提高生产效率，欲淘汰一批落后的设备。

于是，董事会一些高层领导者开会商议。

有人说："我们不能扔掉这批设备，应找个地方存放。"于是专门为这批设备建造了一间仓库。

又有人说："我们不能完全依赖防火栓，万一真的起火了，就麻烦了。"于是找了个看门人看管仓库。

又有人说："看门人没有约束，玩忽职守怎么办？"于是又委派了两个人，成立了计划部，一个人负责下达任务，一个人负责制订计划。

接下来，又出现了一些其他的声音。

"我们应当随时了解工作的绩效。"于是又委派了两个人，成立了监督部，一个人负责绩效考核，一个人负责写总结。

"不能搞平均主义，收入应当拉开差距。"于是又委派了两个人，成立了财务部，一个人负责计算工时，一个人负责发放工资。

……

一年之后，董事会说："去年仓库的管理成本为35万元，这个数字太大了，你们一周内必须想办法解决。"

于是，一周之后，这些人都被解雇了。

这个故事讲的是"苛希纳定律"现象。现代企业，这种现象有很多，企业内部通常都有一种不因事设人而因人设事的倾向，造成了企业机构臃肿、人员繁杂、效率低下、管理不严等情况。其主要表现在：机构设置过多，分工过细；人员过多，严重超出实际需要。这种状况使企业难以摆脱多头管理、办事环节多、手续繁杂的困境，难以随市场需要随时调整经营计划和策略，从而使企业难以培养真正的竞争力。

苛希纳定律告诉所有的管理者：要想杜绝这种人员冗余和工作效率低下的现象，必须精兵简政，寻找最佳的人员规模与组织规模。这样才能构建高效精干、成本合理的经营管理团队。

那么，企业的管理者如何做到人尽其用呢？

1.为你的企业"瘦身"

我们可以从苛希纳定律的现象中得出：要想减少工作时间和成本，就必须精兵简政，减少不必要的管理人员。

汤姆·彼德兹在其最近写的一本书中提到了"五人规则"，指的是营业额在10亿美元的企业配备5名管理人员就可以了。

美国通用汽车公司(GE)总裁约翰·史密斯说，通用汽车在欧洲取得成功，也正是因为他改变了以往的做法，采取了"瘦身"政策。

2.确定责任人的最佳人数

俗话说："鸡多不下蛋，龙多不下雨，人多瞎捣乱。"因此，确定责任人的最佳人数对企业精兵简政计划的实施和提高企业效率至关重要。

例如，对于完成某一件任务，如果是单个人被赋予这项任务，那么，责任感就会很强，并持有积极向上的态度。但如果接受任务的对象是某个群体，那么，一旦出现困难和问题，就可能出现相互推诿或者退缩的现象。之所以会有如此反差，因为前者独立承担责任，后者期望别人多承担责任。"责任

分散”的实质就是人多不负责，责任不落实。

所以，管理者必须克服人多不负责的现象，建立和完善各种科学而严格的责任制。当然，这并不是否认“人多力量大”，不是主张一切工作都只能由一个人负责，也不是主张一切工作的责任人越少越好，而是要以实际情况为出发点，确定责任人的最佳人数。

特雷默定律：人尽其才，领导要能够看到员工的优点

我们都知道，现代社会的竞争，其实质就是人才的竞争。一个国家如此，企业亦然。如何科学、合理、有效地唯才是用，是摆在企业各级领导面前的首要难题。然而，任何一家企业里都没有无用的人才。对此，英国管理学家E·特雷默提出了特雷默定律。

这条定律的内容是，每个人的才华虽然高低不同，但一定是各有长短，因此在选拔人才时要看重的是他的优点而不是缺点，利用个人特有的才能再委以相应责任，使各安其职，这样才会使诸方矛盾趋于平衡。否则，职位与才华不能适合，使应有的能力发挥不出，彼此之间互不信服，势必造成冲突的加剧。在一个团队中，每个人各有所长，但更重要的是领导者能将这些人依其专长安排到最适当的职位，使其能够发挥自己所长，进而让整个企业繁荣强盛。我们先来看这样一则故事：

“哈佛”有句名言：只有无能的管理，没有无用的人才。要实现“人尽其才，才尽其用”，从事管理工作的领导者必须努力成为善于开发人才资源的工程师。但同时，我们都知道，人无完人，每个人都有自己的缺点，也有自己的优势，作为企业领导者，如果你看不到一个人的优点而将其排入“无能者”的行列，这就犯了企业用人中以短掩长之大忌。“一叶障目，不见泰山”，就不可能达到企业人力资源的最优配置，为企业创造新高奠定最为稳固可靠

的基础。只有做到用人之前先识人，从能力、个性、兴趣、经验等几个指标全面考察拟用人才，在此基础上，因人定岗，合理安排人才的岗位。

适才适岗是企业用人的最高原则。所谓"适才适岗"，就是将合适的人才安排到合适的岗位。而实际情况是虽然用人者为企业的一些岗位物色人选时总是竭尽所能、左挑右选，最终却是免不了留下遗憾。其实企业内并非所有的职位都得由优秀人才来担当，应该说企业是为合适的岗位寻找合适的人才，也就是寻找一种适合度。

那么，企业领导者该如何寻找这种合适度呢？

1.了解自己员工的长处和不足

要想使员工在企业中充分发挥效用，就必须先对员工进行一番了解，做到量体裁衣。而领导者若想知道员工有哪些特长、哪些不足，就要通过他们的履历表获得。因此，要想了解员工的特长，领导者应制定一份员工专长表。这样就会了解他手下有哪些可供利用的人力资源。一旦有了新的任务，领导者就很容易决定谁是最合适的人选。

2.要充分发挥员工的优点

在用人时充分发挥员工的优点，有利于提高执行的效率。同时，发挥优点也就意味着要避开劣势。如果从一个人的长处着眼，为使用对象提供和创造良好的条件，让他的长处得以充分发挥，那么这个人日益增长的优势就会抵消不足的影响，或者填补不足的缺陷，或者抑制不足的劣势。

3.要让每位员工都觉得自己很重要

当一个员工感到自己很重要，是企业不可或缺的一部分时，就会增加主人翁感，因为他在这里得到了尊敬和关怀。

在工作中，如果领导者们能使员工处处感受到尊严、被人尊重，那么，他们就会产生这样的温馨感觉：我很重要，对于企业是不可缺少的；领导既然这样尊重我，我就应该为企业努力工作。当然，要让员工感受到自己很重要，还需要每一个领导者研究人际关系学。

4.适时升迁，使有希望的员工更加努力

任何一个员工，如果一直在同一个职位而没有升迁的机会，都会对工作失去积极性，因此，适时地提升员工，最能激舞员工的士气，也将带动其他同仁的努力。提升员工职位，应以员工的才能高低作为主要标准，年资和考绩应列为辅助标准。

总之，世上没有尽善尽美的人，每个人都有不足和优点，领导者选用一个人，主要是使他发挥自己的优点；至于他的不足，只要不影响工作，不影响他人积极性的发挥，就不要过于苛到。领导者的任务是寻找员工的优点，在使用过程中，使员工尽其所长。

光环效应：别被光环遮了眼，一叶障目不识人才

在日常生活中，我们常常会产生这样的错觉，比如，如果我们讨厌某个人身上的某种缺点，那么，我们很可能也否定了这个人；而如果倾慕朋友的某一可爱之处，就会把他看得处处可爱，真所谓“一俊遮百丑”。这种现象就是人们常说的“光环效应”。

“光环效应”最早的提出者是美国著名心理学家桑戴克，他于20世纪20年代提出这一效应。他认为，人们最初对于人和事的判断往往只是从局部出发的，就像日晕一样，是由一个中心点逐步向外扩散的，形成越来越大的圆圈，并由此得出整体印象。这是人们常有的以点代面、以偏概全的评价倾向。

这一效应表现在现实生活中，即如果认为某人具有某个突出优点，这个人就被积极肯定的光环笼罩，并被赋予更多好感；如果认为某人具有某个突出缺点，这个人就被消极否定的光环笼罩，甚至认为他的其他方面都不好。

可以说，管理工作中，晕轮效应的危害是一叶障目、以点代面、以偏概

全，容易影响管理者对人才考核的准确性和对人才评价的可信度。

对此，我们不妨来看下面这个案例：

美国一个大型企业，准备在印度尼西亚建造一间化工厂，也投入了大量的资金。可是，应该由谁来管理这家工厂呢？总部的人考虑，应该找一名熟悉该项目的人负责，于是，他们将该工厂的重担交给了远在巴西另一家工厂的管理者。

此人在巴西业绩不错，并且长期从事技术工作，精通业务，按照常理来说，是可以管理好这家工厂，并把工厂的生意做红火的。但事实上，他是一个只懂得技术而不懂市场经济和公共关系的人，连起码的定价策略都说不出个所以然来。

然而，总部的人实在对此人太放心了，他们认为他来自发展中国家，熟悉这些国家的基本国情，又精于技术，应该能够处理好日常工作，因此就没派人前去主持全面工作。

无谓的“放心”酝酿了不良的后果，工厂迟迟不能开工，等开工后产品已经很难卖出去了，最后总部只好忍痛割爱，将这家工厂转移到了另外一个国家，但这期间的耗资已覆水难收。

从以上案例中，我们看到了一个企业因为对人才缺乏全面的了解而造成了巨大的损失。其中影响这家企业决策的就是光环效应。光环效应是一种认知偏差，不利于领导者全面正确地认识人才。比如，某个人才在技术方面有杰出的表现，未必就表示他在其他领域也有类似的杰出能力，领导者不要轻易地被这类人才的光环所迷惑。

实际上，光环效应是一种以偏概全的主观心理臆测，其错误在于：

第一，事物的内在联系与外貌特征并无多大的联系，但这一效应却把它们联系在一起，并断言有这种特征必然会有另一种特征；

第二，事物的个别特征并不能推己及人，证明有一半特征的存在，但这一效应却习惯以点代面评价这一问题；

第三，它过于绝对，并受主观偏见影响，它说好就全都肯定，它说坏就全

部否定。

当然，我们不能否定光环效应也有一些正面影响，但此时，我们更不能忽略它的负面作用，因为，笼罩在光环之下的人或事物，一旦出现问题，引起的后果就有可能是毁灭性的。

那么，领导者在为企业选用人才的时候，应该如何避免光环效应的负面影响呢？

1.注意“第一印象”

根据首因效应，我们得知，人们往往对某个人的第一印象，都有先入为主的特点。在管理工作中，领导者也会经常凭第一印象来判定对方是否是企业需要的人才，当然，如果第一印象好，就会给以后的交往打下良好的基础。从这个意义上说，注意给人留下良好的第一印象是必要的。但初次接触，你所获得的关于对某个人或者某件事的判断材料往往是有限的，也是外在的，因此存在一定的虚假性。

因此，冷静、客观地对待第一印象，并在思想上具有否定第一印象的意识是非常重要的。

2.不要强加主观印象

事实上，有些领导者认为自己“阅人无数”，于是，他们很认同自己的主观感觉，比如，他可能总是看到人们好的一面，这是因为他本身就是一副菩萨心肠。而如果他总是从恶意的角度来评判一个人，他会认为他人是“别有用心”的，这是因为他本人猜疑心重。因此，要想公正公平地评价一个人、避免各种偏见，从而为企业挑选到合适的人才，领导者必须克服这种主观印象。

3.避免“以貌取人”

前苏联心理学家鲍达列夫曾向 72 个人调查，他们是怎样理解人的外貌的。其中 2 人认为肥厚的嘴唇是憨厚朴实的标志，3 人认为粗硬的头发表示倔犟的性格，9 人回答方方的下巴是意志坚强的标志，宽大的前额是智慧的标志，14 人认为肥胖表示心地善良等。

这个调查结果是有趣的，也具有一定的普遍意义。我们都知道，人们的

这些心理特征是天生的，也是固定不变的，但可以从中判断一个人的性格特征，而这正是这一调查结果的有趣之处。当然，这样的推断是含有很大的偏见成分的。

为此，领导者在识人的时候，只要确立不满足于表象，而注重了解对方心理、行为等深层结构，就能有效地摆脱外貌晕轮效应的影响。

总之，光环效应提醒从事管理工作的领导者们，在真正了解一个人前，切勿太轻信事先得到的信息，更不可凭一时的感觉。只有全面地了解人才、认识人才，才能有效地管好、用好人才。

异性相吸效应：男女搭配会迸发强大的热情和力量

现实生活中，我们发现一些奇怪的现象，男服务员接待女顾客往往比接待男顾客更加热情。一个全部由男性组成的团队如果突然有一个女性加入，会立即活跃起来。其实，这就是异性效应的作用。

异性效应指的是因男女共同做事而引起的对活动起积极影响的微妙作用。就像物理学中，磁场会产生同极相斥、异极相吸的作用。在现实生活中，经常听见有人调侃说："男女搭配，干活不累。"确实是这样，这就是一种异性相吸定律的典型表现。

那么，为什么会产生异性相吸的效应呢？在社会生活中，由于对异性欲求与尊重欲求的本能需要，在与异性接触中，会潜意识地令"自我表现良好"以取悦对方。这样一来，双方不约而同地产生热情、友好的情感。此时的情感是内心体验的一面镜子，谁都愿意在异性面前留下一个美好的形象。这就不知不觉地提高了相互行为的互补性、约束性、激励性，还能给人带来愉悦的情感。与此同时，愉悦的情感还有助于活跃思维，增强记忆力，使人奋发向上，人如果处于满怀激情的状态下，会迸发更大力量，产生非凡的能力。

可见，在工作中，在精神上互悦，智力上互偿，气质上互补，事业上互助，异性效应总能让员工事半功倍，感觉生活轻松愉快。

因此，领导者在为员工安排工作的时候，若能遵循这一效应，那么，便会让员工产生"干活不累"的感觉。

以下的这个例子就是对异性效应最好的说明。

周小姐是一家中型贸易公司的公关部经理。实际上，她来公司的时间不到半年，刚开始也是从公关部职员做起，但在几次拯救公司的行动中，她力挽狂澜，似乎只要她出面，就没有解决不了的问题。

一次，公司仓库突然失火，烧掉了很多原材料，那么，从哪里找原材料呢？工作人员绞尽脑汁也未能解决问题。而周小姐外出联系，没多长时间，难题就得以妥善解决。

还有一次，公司的资金周转出现了困难，急需一笔贷款，老板急得如热锅里的蚂蚁。周小姐再次出面，在银行之间周旋，最后为公司争取到了上百万元的贷款。

因为工作突出，周小姐备受领导器重，工资和奖金连连升级。

很多女同事不明白为什么周小姐能如此成功，讨教之后，她们才得知其成功在很大程度上是因为她头脑清醒，思路敏捷，具有丰富的知识与阅历，待人接物有方，当然还得益于她端庄的容貌和娴雅的仪表。

周小姐成功主要是因为心理学上所谓的"异性效应"起了作用。在现实生活中，其实每个人可能都会有这样的亲身体验，我们和异性在一起工作时总会感到轻松愉快，不知疲倦。这绝对不是说我们都是"好色之徒"，这里边多少包含着科学和心理学方面的道理。

的确，在一个只有男性或女性的工作环境里，不管条件多优越，大家都容易疲劳，工作效率也不高。异性效应是一种普遍存在的心理现象，其表现是有两性共同参加的活动，较之只有同性参加的活动，参加者一般会感到更愉快，干得也更起劲，更出色。这是因为当有异性参加活动时，彼此间心理接近的需要得到了满足，因而会使人获得不同程度的愉悦感，并激起内在的

积极性和创造力。男性和女性一起做事、处理问题会比较顺利。

当然,领导者在利用这一效应为员工安排工作时,也应鼓励员工秉持适度的原则。

归纳一下,具体应当遵循如下五个原则:

1.谈吐优雅、举止大方

在工作中,与异性之间的交往,应该是自然的,这才有助于消除对方的紧张感。

2.不可以过分卖弄

即使你是个见多识广的人,也不可卖弄口舌,说个不停,剥夺他人说话的权利,或在争辩中得理不让人,无理也要争三分,这些都会引起他人的反感。

3.不过分亲热

男女有别,即使是同事,每天在一起相处也要保持一个度,不可太亲密,否则就有轻佻之嫌,还易于造成一些不必要的误会。

毕竟某些亲密的工作和话题只能产生于亲密的人或同性人之间,因此,切忌随便与异性开一些过分的玩笑,切忌与异性拉拉扯扯。

4.不宜太严肃冷淡

男女之间交往时,理智从事和善于把握自己的感情固然必要,可是过于冷淡严肃,就会伤害对方的自尊心,也会让人感觉你高傲无礼,从而对你敬而远之。这对于完成一致的目标和任务是会起到反作用的。

5.别违反习俗

男女之间的交往方式要适应当今的社会心理。比如,我们最好避免男女之间常常独处,这极易引起他人的误会。

“男女搭配,干活不累”,异性相吸定律对个人和组织的启示不言而喻。但是,只有健康的才是有效的,在与异性的合作中,要把握好分寸和原则,使异性交往成为我们工作中的“调味剂”。

乔布斯法则：企业想要大发展，必须拥有一流人才

现今社会，人才对于企业的作用不言而喻，所以企业的领导者无不把“如何用好人”当做头等大事来抓，以期企业的“风和日丽，歌舞升平”。但事实上，企业领导者们都有各自的用人原则和方法。对此，美国苹果电脑公司已故的前往老板史蒂夫·乔布斯有自己的心得，他指出，一名出色的人才能顶 50 名平庸的员工，这就是风靡西方管理界的“乔布斯法则”。

苹果创始人乔布斯说，他花了半辈子时间才充分意识到人才的价值。他在一次讲话中说：“我过去常常认为一名出色的人才能顶 2 名平庸的员工，现在我认为能顶 50 名。”在乔布斯看来，他把四分之一的时间用来招募人才是合理的，因为苹果公司需要有创意的人才。同样，高级管理人员往往能更有效地向人才介绍本公司的远景目标。而对于新成立的富有活力的公司来说，其创建者通常在挑选职员时十分仔细，老板亲临招聘现场。

从乔布斯的话中，我们了解到，任何一家企业都应把网罗一流人才当成企业生存与发展的根本大计。而实际上，由于现今市场是个买方市场，很多领导者认为可以帮助企业做到“用最少的钱雇用最好的员工”，也可以从容地面对员工的离职。毕竟，一个企业的生死存亡不是取决于某一个人的作用。他们认为，你不想干自然有人想干，你离开这个企业之后也并不会那么容易就找到一份理想的工作。而事实上，这种想法致使企业流失了很多人才。

我们再来看看“福特爱才”的故事：

有一次，福特公司的一台马达坏了，公司出动所有的工程技术人员，但是没有一个人能修复，福特公司只得另请高明。几经寻找，找到了坦因曼思，他原是德国工程技术人员，流落到美国后，被一家小工厂的老板看中并

雇用了他。

他到了现场后，在马达旁听了听，要了把梯子，一会儿爬上一会爬下，最后在马达的一个部位用粉笔画一道线，写上几个字："这儿的线圈多了16圈。"把多余的线圈去掉后，马达立即恢复正常。

亨利·福特非常赏识坦因曼思的才华，就邀请他来福特公司工作，但坦因曼思却说："我现在的公司对我很好，我不能忘恩负义。"

福特马上说："我把你供职的公司买下来，你就可以来工作了。"

福特为了得到一个人才不惜买下一个公司。

人才的重要性是不言而喻的。我们再来看看微软公司网罗一流人才的秘诀：微软公司的普力爵提供了网罗一流人才的秘诀：高层主管必须参与招聘流程。直到现在，比尔·盖茨仍会亲自给微软看中的大学毕业生打电话，问对方有无兴趣来工作。普力爵强调，高层主管如果不参与招聘流程，其他人就会认为高层不在乎人才。连高层主管都不在乎人才，还有谁会在乎？

同样，IBM公司在网罗人才方面，也有自己特殊的秘诀——重用"野鸭"：

美国国际商业机器公司(IBM)是世界首屈一指的高科技公司，在这个公司里，具备"野鸭精神"的人才受到青睐和重用。公司总经理沃森把丹麦哲学家歌尔科加德的一段名言作为自己的格言："野鸭或许能被人驯服，但是一旦被驯服，野鸭就失去了它的野性，再无法海阔天空地自由飞翔了。"沃森强调："对于那些我并不喜欢、却有真才的人的提升，我从不犹豫。我所寻找的就是那些个性强烈、不拘小节、有点野性以及直言不讳的人。如果你能在你的周围发掘许多这样的人，并能耐心地听取他们的意见，那你的工作就会处处顺利。"沃森把创新作为"野鸭精神"的化身，他采取种种措施激励员工创造发明，不断地发展新技术和新产品，取得了国内外市场的制胜权。"野鸭精神"成为IBM公司迅猛发展的基石和动力。

这里，我们可以发现，任何一家企业，只有重视人才才能在市场上站稳脚跟，才能谋求发展。实际上，21世纪，任何竞争从本质上讲都是人才的竞

争。企业核心竞争力越来越表现为对作为第一资本的人才的培育、拥有和运用能力。人才是推动企业健康发展的力量源泉，无论从宏观角度还是从微观角度来看，人才是企业发展的决定性因素。因此只有拥有了充足的人才，企业才能实现跨越式发展。

那么，领导者应该如何为企业网罗一流的人才呢？

1.亲临招聘现场，消除求职者的心理障碍

久负盛名的沃顿商学院负责职业开发的安德鲁·亚当斯说："公司不能只是在口头上说引进人才多么重要，却又不采取实际行动。公司的高级主管应当参与人才招聘活动。"

领导者亲临招聘现场，势必使求职者在心理上感到一种满意和欣慰，这对消除他们对老板的心理障碍大有好处。

2.多方面考察员工

领导者不可摆架子，而应该深入求职者和员工当中，与他们进行面对面的交谈，了解他们，这样，便能从专业知识、能力等方面对他们进行全面系统的考核。

很多领导者狭隘地认为，网罗人才的渠道就是招聘，实际上，很多熟识公司业务的底层员工同样可能是公司最紧缺的人才。领导者深入基层的调查，不仅避免了过去招聘过程中的某些失误，同时也简化了筛选过程，节省了人力、物力，特别是节省了宝贵的时间。

总之，任何一个企业的高层领导者，都应该把为企业网罗一流的人才列入自己的工作日程中，并以实际行动重视人才的培养！

给予员工足够的权利和信任

古语有云："用人不疑，疑人不用。"这是管理中的重要原则。意思就是

说，当管理者授权他人办事的时候，必须把足够的权力交付于他人，否则将事倍功半，枉费力气。与这个道理相对应的是美国管理学家艾德·布利斯提出的“当你授权的时候，要把整个的事情托给对方，同时交付足够的权力让他作必要的决定”的观点，这就是“布利斯原则”。

而事实上，在许多企业管理中，当领导者授权了以后，并未完全信任被授权者，没有做到“用人不疑，疑人不用”。作为领导者，他们认为自己有着丰富的经验，做事自然迅速并且周全。自然，他们看到员工做事，总会觉得诸事不妥，于是事事过问、事必躬亲，然而，越不放手，结果就越糟，员工永远也学不会，做不好。而同时，不能做到充分授权，也是对员工能力的一种否定，也是一种不信任，这会严重打击员工的积极性。

可以说，对他人的激励，最好的方法就是肯定他的价值。对于员工来说，你给予他多少信任，他就会回报你多少。关键是你对他的导向。你的沟通、你的行为、你的认识、你的习惯而形成你固有的用人文化。一个对他人总不放心的领导者，最终是孤独、孤立而失望的。有一副调侃人事制度的对联是这样写的：“说你行，你就行，不行也行；说不行，就不行，行也不行。”如果把它看成一副哲理性的对联又何尝不可？“说你行，你就行”，这就给了你信任，有了信任，你自然也就有了信心。工作过程中，即使犯了错误，也会被理解，失败是成功之母。“说不行，就不行”，这就人为地给人下了一个定论，把人给封杀了。现实生活中这种成就人与遏制人的例子比比皆是。

因此，在企业管理当中，“用人不疑，疑人不用”最大的分量不是有效地分配人力资本，而是一种精神激励。每当领导者们对自己的员工宣称自己的用人标准——“用人不疑，疑人不用”时，受重用的员工便会有一种受宠若惊的感觉，他们突然觉得自己受到了信任，继而心甘情愿地为企业效力。

古往今来，无论是一个国家的治理还是一个企业的管理都是一样的。可以说，“用人不疑，疑人不用”的典型故事应该来自于三国，最出色的表现者是刘备。

刘备“弘毅宽厚，知人善任”，从不怀疑忠心耿耿的部下，刘、关、张、赵、

诸葛几乎一起谱写了天下亘古传奇。因而，刘备的家业号称是亲情凝聚的典范。关羽，可以放弃一切厚禄，过五关、斩六将，历尽苦难回到刘备的穷困旗下；张飞，可以腥风血雨地先攻下一块小地盘，等着刘备来做主当家；赵云，可以冒生命危险，抢救刘备的儿子，维护刘备的家人完整；诸葛亮，受刘备临终重托，“鞠躬尽瘁，死而后已”。刘备管理的基石就是信任感重于亲族。

现代社会，对员工来说，工资、职位、福利等个人利益似乎是其最终追逐的。然而，“人才择贤主而归附”，只有为一个好老板工作才会实现自己最大的人生价值。所以，对于企业的领导者来说，无论什么时候，笼络人心都是非常重要的一环。如何能更好地提高员工工作的积极性，关键在于老板们对人心、人性的透彻理解和把握。

所以，从这个角度上来讲，领导者应该宣扬“用人不疑，疑人不用”的用人原则。至于如何更好地坚持这一原则，还需要领导者做到：

1.定好方案，上下同心一致

只有让员工认同、肯定企业的文化，才能上下齐心，把员工凝聚在一起，这也是员工为企业效劳的基础。如果员工“身在曹营心在汉”，或者只是为了每月按时领取的薪水，那么，员工对工作是没有积极性的，也是没有效率的，而对于企业来说，也造成了人员和成本的浪费。

因此，在用人之前，管理者要与员工进行沟通。沟通的内容有：企业与个人的利益共同点是否一致；所用之人的个人价值观问题；是否有帮助企业做大做强的愿望等。

2. 用人不疑，责、权、利先告知

用人不疑是合作的前提。但要做到这一点，必须先做好责、权、利等各方面的约定，这样，才能避免出现很多问题。在明确这一问题的基础上，领导者对下属要大胆放手，相信你的下属，不要有疑心。

3.注意监控，掌握合作底线

当然，用人不疑，充分放权并不等于放任自流，否则，管理就没有意义了，控制本身就是管理的灵魂所在。而企业领导者需要监控的范围是广泛

的，比如，资金流动的异常，效益的突然下滑，对于范围较大的和高层的人事变动，对企业的担保与投资，对非生产资金的流动固定资金的投资等。不要等事情无法弥补时再来监控，此时再区分责任，已为时晚矣。

对此，领导者需要建立一套合理的监督管理制度。没有监督的权力会造成腐败。但过分的怀疑，没有制度上的空间，会造成人人自危，不敢做事的局面。

所以，用人不疑，充分放权，要事先约定好“底线”，一旦突破底线，就要随时纠正了！

第7章

团队合作心理学,把分散的个人汇聚成最强大的力量

团队合作就是竞争力。随着市场竞争的日益激烈,单打独斗的时代已经结束了，取而代之的是团队合作!企业更加强调团队精神,建立群体共识,以达到更高的工作效率。团队的组成不是一个人,如何让每个成员融入团队,和其他成员共同努力、精诚协作,这些看起来很容易,可做起来却大相径庭。对此,卓越的领导者的管理就显得尤为重要,当然,打造一支高效的团队绝非一朝一夕之事，需要领导者在具体工作中实施各种管理方法,从而将团队的力量发挥到最大!

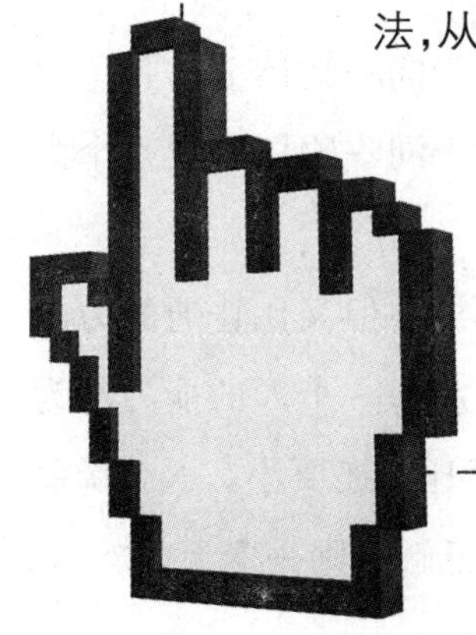

华盛顿合作定律:团队要有合适的协作与沟通方式

现代社会,没有人可以单枪匹马闯天下,合作是每一个人都必须学会的一项技能。而许多企业管理者,也都认识到了团队合作对于企业发展的重要性。俗话说,一个好汉三个帮,集体的智慧是无穷的。但合作的结果不一定是双赢,如果每个人都劲儿往一处使,最后就会产生出大于每个人的力量的结果;反之,如果每个人都敷衍了事,不负责任,互相推诿,就会导致一事无成,甚至造成一些不必要的损失。这就像装在篓里的螃蟹一样,这些螃蟹之所以没有一只能够逃脱,就是因为它们总是窝里斗,看不得他人出头。这就是华盛顿合作定律。

华盛顿合作规律告诉参与团队管理的领导者们:缺乏团队协作只会使得团队进度缓慢、甚至使整个项目失败。但团队一定要有合适的团队协助方式。团队只有建立明确的管理制度,明确个人的职责和分工,并且团队之间增强沟通与协调,才能使得效率提升、事半功倍。

我们都知道,初中物理中有个这样的定律:作用于同一物体上的几个力的方向相同时,其合力就是这几个力的相加;若作用于同一物体上的几个力方向不同,其合力就会总比这几个力的和少。

事实上,人与人之间的合作也与力的作用极为类似,但又比普通的力的简单相加复杂和微妙得多:假定合作的人有五个,假定每一个人的能力都为1,那么五个人的合作结果有时比5大得多,有时甚至比1还要小。人就像那些方向不同的力,相互推动时自然会事半功倍,相互抵触时则一事无成。

我们来看看被人津津乐道的“有人落水事件”:

有人落水了,有个旁观者,他本想下去救人,但此时,他居然犹豫了,因为他看到其他的旁观者都在场,于是,他转念一想:“很多人都看到有人落水

了，又不是我一个人看到，总会有人下水救人的，我还是等等看。”

犹豫之间，落水的人被水吞没了。仍然没人下水，这个旁观者很内疚，但此时，他转念又一想，安慰自己道：“要责怪，要内疚，要负责任，我也应该和其他旁观者一同分担，没什么大不了的。”于是他坦荡荡地走开了。

就这样，一桩桩“见死不救”的事件发生了。这类事件发生的原因之一，正是“旁观者效应”，与人们通常理解的世态炎凉、人心不古或社会冷漠等没有太大的关系。

这里，如果把下水救人当成旁观者的一次合作，那么合作的失败导致了华盛顿合作定律的产生，而这里的关键原因是“旁观者效应”。因为旁观者多，分散了每个人应该负有的责任。

对此，我们不难想到，要想避免悲剧发生，避免合作失败，最关键的一点就在于明确责任，让每个人都有责任感，这样才会产生行动的推动力，才会把该做的事情做好，而不是推卸责任、自我宽慰。

事实上，在企业的任何一个团队中也是如此，任何一个团体都免不了存在钩心斗角的情况，即“办公室政治”。甲今天说了几句不该说的话让乙很没面子，下次乙找个机会打甲的小报告，却被甲的朋友丙听见了，丙在工作中就故意使绊子，这样又无意中损害了丁的利益——这个打结的线团会越缠越大。“办公室政治”是引起内耗的主要原因，也是华盛顿合作定律的最直接表现。

那么，作为领导者，在管理团队的过程中，你该如何克服这一定律带来的不利影响呢？

1.设定目标，明确分工

分工明确的好处在于：可以让团队中的每一个人都知道自己该做什么、要达到什么效果、完成任务的限定日期是何时等，同样，还能避免工作过程中可能出现的人员闲置和资源浪费的问题。而作为领导者的你，如果不知道如何分工才公平公正的话，你可以尝试为每一个任务都指定一个负责人，这是最简单的方法了。

2.说话时多使用“我们”

作为领导者,你是团队的核心,你说话、做事的方式如何,都关系到团队成员的工作情绪。因此,为了增强团队的凝聚力,你可以在说话的时候,多使用“我们”这个代词,不要使用我、你、他或者直呼姓名,同时,要鼓励你的团队成员也这样做。

3.鼓励团队成员多交流

作为领导者,你需要加强团队成员的交流,这种交流可以扩大到除了工作以外的时间,比如,你可以不时地安排一些聚会或者组织素质拓展训练;此外,一起吃饭,打打球,都是很好的加强团队成员间交流的方法。

千万不可小看这一点,团队成员日常生活中交流得如何,直接关系到他们在工作中的默契程度,如果他们之间平时就有默契的话,在工作时的表现就更容易提高。

4.让每个人都感觉到自己很重要

一个人一旦觉得自己不重要,往往会非常沮丧,从而失去激情,这会导致工作效率和创造力显著下降。因此,领导者要让你团队中的每一个人都感到自己很重要,这样他们做起事来更有成就感,也更有紧迫感。

总之,华盛顿合作定律揭示了合作中的冲突、无效,但我们同样可以看到当众人齐心协力完成某件事情的时候,每一个参与者都会感到自豪,找到了合作的乐趣甚至长期的伙伴。而领导者是团队的核心,是从全局把握整个团队方向的人,只有领导者为团队营造出和谐的氛围,才能真正发挥团队合作的优势作用!

米格-25效应:众人合作的力量是惊人的

古人云:“三个臭皮匠,赛过诸葛亮。”这句话是说,一个人的力量是有限

的，而众人的合力可能就是惊人的。当然，要发挥众人合力的作用，团队成员必须做到人心所向，必须保证团队内部结构合理。同样，在现代企业中，管理团队的领导者们，在管理团队成员的时候，也要优化团队结构，从而集众人之力量发挥团队的最大力量。关于这一管理经验，有个著名的“米格-25 效应”。

“米格-25 效应”是指，事物的内部结构是否合理，对其整体功能的发挥关系很大。结构合理，会产生“整体大于部分之和”的功效；结构不合理，整体功能就会小于结构各部分功能相加之和，甚至出现负值。这一效应来源于这样一个真实的事件：

前苏联研制生产的米格-25 喷气式战斗机，以其优越的性能而广受世界各国的青睐，然而，众多飞机制造专家却惊奇地发现：米格-25 战斗机所使用的许多零部件与美国战斗机相比要落后得多，而其整体作战性能却已达到甚至超过了美国等其他国家同期生产的战斗机。

造成这种现象的原因是，米格公司在设计时从整体考虑，对各零部件进行了更为协调的组合设计，使该机在升降、速度、应激反应等诸方面反超美机而成为当时世界一流。这一因组合协调而产生的意想不到的效果，被后人称之为“米格-25 效应”。

恩格斯讲过一个法国骑兵与马木留克骑兵作战的例子：骑术不精但纪律很强的法国兵，与善与格斗但纪律涣散的马木留克兵作战，若分散而战，3 个“法兵”战不过 2 个“马兵”；若百人相对，则势均力敌；而千名法兵必能击败一千五百名马兵。这说明法兵在大规模协同作战时，发挥了协调作战的整体功能，说明系统的要素和结构状况，对系统的整体功能起着决定性作用。

成功学大师拿破仑·希尔曾认为，“集思广益”是人类最了不起的能耐，不但可以创造奇迹，开辟前所未有的新天地，还能激发人类的最大的潜能。常见的情况是，人们在思想的交流与碰撞中，一次就有可能产生一人 10 次才能完成的思考和联想。这方面成功的例子是绿茵场上的德国队：

德国球员就像军人，纪律严明，谨慎细致，不管是在落后、领先还是僵持

的各种情况下，总是保持着统一的基调，按部就班地寻找机会，不到最后一刻绝对不放弃比赛。英格兰前著名先锋莱因克尔曾说过："足球就是 11 人对 11 人的运动，最后取得胜利的总是德国人。"荷兰教父克鲁依夫也这么说过："都说荷兰是飞人，但是真正能跑的是德国人，他们简直可以不停地以一个频率奔跑。"这两位都曾经是德国队的有力对手。靠团队协调，德国队屡屡创造骄人战绩。

在一个出色的足球队中，每个球员不一定是最优秀的，但这个足球队的搭配和组合一定最优秀的。管理企业也是同样的道理。如果不能保证每个员工的能力是最优秀的，但至少要保证所有的员工都是齐心协力的，企业这个有机体是协调的、顺畅的，而不是部门之间存在内耗，因为员工的不团结常常会抵消大部分人的功劳。最成功的管理者，不一定是最优秀的行业专家，但一定是最优秀的团队带头人和协调员。

因此，我们可以发现，米格-25 效应在实际应用中是 1+1>2 还是 1+1<2，取决于一个组织结构能否充分发挥团队效能，能否让团队中每个成员的力量所产生的合力远远大于个体简单的相加。

人与人的合作不是人力的简单相加，而是复杂和微妙得多，人与人很像方向各异的能量，相互推动时事半功倍，相互抵触时则一事无成。而团队很容易患上五种机能障碍：缺乏信任、惧怕冲突、欠缺投入、逃避责任、无视结果。它们并不是相互独立的，实际上它们会产生连锁反应，共同形成一个模式，这使得它们每一种都可能成为团队的致命杀手。

对此，团队领导者需要做到以下几个方面，以凝聚团队成员：

1.激励

合理、恰当地应用激励方式可以增强团队凝聚力，为此，领导者可以搞一些团队拓展培训，使成员在团队活动中体会到团队的重要性和团队凝聚力；多开展一些积极的团队竞赛活动，通过参与竞争来增强团队凝聚力。

2.领导方式民主化

作为领导者，你应该鼓励团队成员多发表自己的意见和看法，在团队决

策上应共商共议，力求最大限度反映民意，切忌独断专行，做到领导方式上的民主化，这对于增强团队成员与领导者间的情感是极为有利的。

3.沟通

任何时候，领导者都不能忘记沟通对于团队凝聚力建设的重要性，所以领导者一定要保证在团队内部有足够的沟通时间、适宜的空间或渠道、良好的沟通氛围。

4.规范

在管理团队上，有无一定的规范，也会影响到团队凝聚力的形成与发展，如果制定有效合宜的团队规范，会在一定程度上约束成员的行为，使成员行为最大限度地指向团队任务。

总之，团队领导者应明确自己的角色，逐步加强与团队成员的关系，善于激励别人，建立友好关系，要用不同的方式和不同的人打交道；要明确团队目标，协调人际冲突，增强团队成员间的信任关系；团队领导者还要认真规划未来，培养下属，让新成员快速融入团队。

大雁法则：团队要合作也要有精确分工

每年的秋天，我们都会看到这样一幅绮丽、壮观的画面：一群大雁结队往南飞，它们一会儿排成“人”字，一会排成“一”字，这阵容着实可与空军演习相媲美。于是，人们常常感到疑惑：为什么大雁南飞会有如此阵容呢？于是，学者们从社会学的角度对大雁展开了研究，研究结果发现，大雁群体具有很强的团队意识：

（1）它们在飞行时，不是“各自为政”的，而是都愿意接受团队的安排，无论是哪种飞行队伍，它们都会自觉协助调整队形的建立。此时，假若有一只大雁因为飞行缓慢而掉队，那么，它会自觉并且努力赶上队伍。

(2)即使处于飞行优势,也就是不需要用力飞行时,大雁们仍会本能地拍打翅膀,这样做是为了为随其后的同伴创造有利的上升气流。别小看这小小的拍打,如果每只大雁都拍动翅膀,那么可使整个队形的飞行效率提高75%。

(3)任何一只大雁都必须有很强的补位意识,而且,这一工作并不是由某些大雁完成的,而是由全体共同分担的。也就是说,如果头雁飞累了,疲倦了,那么,它会自动退到大雁队伍中,然后在几乎很难察觉的情况下,另一只大雁就会填补它的空缺,继续带领其他大雁飞行。

(4)可能你不明白的是:为什么队形后面的大雁会不断发出鸣叫?原来其目的是给前方的伙伴加油打气。

(5)大雁队伍中的每个成员都有患难与共的意识,不管队伍遇到什么不测,它们总是会互相帮忙。如果有一只大雁不幸受伤或者生病了,就会有两三只大雁脱离队形,靠近这只不幸的同伴,协助它降落到地面,无论这只大雁是死亡还是重回队伍,不到最后一秒,它们绝不离开。

这就是著名的大雁法则。大雁的精神就是团队的精神:相同的目标,明确的分工,协调的合作,有序的竞争,恰当的组合,宽阔的胸怀,无私的奉献。人们常问:"一滴水怎样才能不干涸?"答案是"把它放到大海里去"。一个人再完美,也只是一滴水,而一个团队,一个优秀的、完美的团队才是大海。

团结就有力量,合作产生效益,分享有互补,团体是个体的归宿,个体是团体的基础,优秀的团体有利于个体的成长,优秀的个体有利于团体的壮大,这就是团队的精神。

古人云:人心齐,泰山移。"团结就是力量",在面向市场经济转轨和国际竞争的大背景下,弘扬团队精神对于建设一个企业具有重要意义。唯有建立健全的团队,企业才能立于不败之地。

诚然,大雁的团队意识不能不说是出于动物的本能,但是这种本能否给组织、给企业的领导者以启发呢?

1.建立内心一致的团队

南飞的大雁，它们的共同目标就是要飞到温暖的南国，所有的大雁都会朝着这个目标飞翔。

同样，团队领导者建立愿望或共同愿景，使所有成员取得价值观的认同就很有必要。这是提高团队凝聚力的最佳途径。

我们很难想象，如果一个团队内部的成员都"各怀鬼胎"，真正的凝聚力何以形成？

2.提高组织（企业）的执行能力

南飞的大雁，它们的任务就是不断往南飞，即使飞行遇到困难，它们也会不折不扣地完成这一任务。

同样，团队里，并不需要每个人都是天才，但需要每个人都有强烈的责任心，都能对领导者布置的任务坚决、按质按量地完成，并做到细节的完善。

当然，确保任务完成的关键也是保证团队执行力的关键，还要在执行过程中明确为实现目标分哪几个阶段，并确定具体工作指标。

3.放手让员工有更大的发挥空间

团队协作中，我们经常会看到这样一些"保姆型"领导：他们看到员工能力不如自己，总是忍不住事事横加指点甚至事事代劳。殊不知，这种指点在团队成员看来或许是一种干涉。要知道，每个人都有自己的想法和做事的方法，如果领导者将自己的意志强加给员工，员工有可能变得消极怠惰、唯命是从，失去主观能动性，团队也不会有战斗力可言。

因此，领导者不妨把更多的精力用于拓展员工的发挥空间，激发他们的创造性，赋予他们充分的职权，同时创造出每一个人都能充分发挥自我的环境。虽然不能像大雁一样由群体来自觉承担领导工作，但充分的授权会增强员工的责任意识和为团队前赴后继的精神。

可见，团队成员在才能上是互补的。大雁的团队意识虽然出于本能，却能使人类得到启发：团队的力量是伟大的，如何打造一支足以让企业立于不败之地的团队应该成为企业领导人的战略目标之一。

破窗效应:别让千里之堤,毁于小小蚁穴

我们在日常生活中,可能有这样的体会:在无人的情况下,敞开的大门或者桌上的财物,会使得人们心生贪念;对于某些违反规定的行为,在有关组织没有进行处理的情况下,必定会再次出现;员工工作懒散,没有积极性,领导没有加以重视,那么,员工的消极怠工行为就得不到制止,等等。在干净的街道,人们不会扔垃圾;在安静的图书馆,人们不会大声喧哗;洁白的墙壁,人们不会去涂鸦;修剪整齐的草坪,人们不会随意踩踏;进别入一尘不染的客厅,你会自动套上鞋套或脱下鞋子……这就是美国的政治学家威尔逊和犯罪学家凯林提出的“破窗效应”。

所谓“破窗效应”,是关于环境对人们心理造成暗示性或诱导性影响的一种认识。

美国心理学家詹巴斗曾经做过一个实验室:有 A、B 两辆完全相同的汽你,但对它们进行了不同的处理,A 车完好无损地被他停放在秩序井然的中产阶级社区,而 B 车则被他摘掉车牌、打开顶棚,停放在相对杂乱的街区,然后观察这两辆车会有什么变化。

结果发现,一周后,A 车仍完好无损,而 B 车不到一天就被偷走。随后,他将 A 车敲碎一块玻璃,仅仅过了几个小时,它也消失不见了。

基于这一实验,美国学者威尔逊和凯林提出了“破窗效应”:

一栋建筑物上,如果有一个破窗,并没有及时得到修补,那么,看到它的人可能会得到某种暗示性的纵容,去打碎更多的玻璃,并且,人们对于这一行为并没有多少负罪感,这种心里感觉甚至会诱导犯罪行为的滋生和蔓延,使社会秩序遭到破坏。

实际上,“破窗效应”不仅适用于社会犯罪心理和行为上的研究与思考,

其道理对于社会各行各业的情况也同样成立。某种不良环境因素一旦出现，就会对人们形成一种错误的暗示，因此，如果这个破窗不及时加以维修的话，可能打碎"窗户"的人会越来越多，甚至引发严重的危机。事实上，现实社会中出现的很多问题，往往存在着一定的从众心理，所谓"谎话重复一千遍就是真理"、"墙倒众人推"等俗语，在一定意义上也表现出了与"破窗效应"相似的意思。

同样，在管理工作中，领导者对于那些看似个别的、轻微的违反管理规定的团队成员，必须采取严格的管理办法。俗话说，"千里之堤，溃于蚁穴"。如果不及时修好第一扇被打碎玻璃的窗户，就可能带来无法弥补的损失。我们来看看下面的案例：

美国有一家规模不大的公司，但在管理上极其严格。在这家公司的车间，有个比较资深的员工叫汤姆。一直以来，他的工作效率都很高，也深受老板的赏识。

这天，他和往常一样，来到车间，开始在切割台上工作，一会儿，他就把切割刀前的防护挡板卸下放在一旁。没有防护挡板，会使他取零件时更加方便，因此，工作效率也就高了很多，但也埋下了安全隐患。

当汤姆正在为这一聪明的举动而高兴时，车间主任走了进来，将汤姆逮个正着。主任雷霆大怒，令他立即将防护挡板装上，然后又训斥了半天，并声称要作废汤姆一整天的工作。

第二天一上班，老板就叫人通知汤姆去他办公室一趟，老板说："身为老员工，你应该比任何人都明白安全对于公司意味着什么。你今天少完成了零件，少实现了利润，公司可以换个人换个时间把它们补起来，可一旦发生事故，你将失去健康乃至生命，那是公司永远都补偿不起的……"

这天下班后，汤姆就辞职了，他悔不当初。

由此，我们可以说，汤姆老板的处置方法虽然有些严厉，但对于企业员工来说，却是一次很好的教育。因此，如果你是企业的领导者，第一个迟到的人一定要被处罚，否则别人会认为迟到不重要；浪费资源的第一次行为不

制止，你的员工就会形成浪费的习惯；第一个上班玩游戏的人一定要批评，不然大家会比着玩；违反公司流程的第一次行为必须严肃处理，类似的行为才不会重复发生……

也许你还不太习惯，因为人们会说你“小题大做”，但“千里之堤，溃于蚁穴”，从这个意义上说，“从我做起，从身边做起”已不再是一句空洞的口号。

对于企业来说，“破窗效应”的隐患无时无刻不存在，因而“破窗效应”对企业形象的塑造、危机管理、企业文化建设、市场营销等多方面都有着重要、积极的启示和意义。

请记住：如果你是管理者，请及时修好“第一块被打碎的窗户玻璃”。小心你的玻璃被打得精光！制度化建设在企业管理中已经是老生常谈了。但是，现实的情况往往是制度多，有效执行的少。长此以往，企业的发展会很尴尬。对公司员工中发生的“小奸小恶”行为，要引起管理者充分的重视，适当的时候要小题大做，这样才能防止有人效仿，积重难返。

木桶定律：补齐最短板，企业才能更快发展

生活中，我们都有这样的体会，倘若有一个木桶，沿口不齐，那么，这个木桶盛水的多少，不在于木桶上最长的那块木板，而在于最短的那块木板。而要想提高水桶的整体容量，不是去加长最长的那块木板，而是要下功夫依次补齐最短的木板；此外，一只木桶能够装多少水，不仅取决于每一块木板的长度，还取决于木板间的结合是否紧密。如果木板间存在缝隙，或者缝隙很大，同样无法装满水，甚至一滴水都没有。这就是著名的木桶定律。

这是个简单得不能再简单的自然界现象，然而往往越简单的道理总是饱含更深层的道理。

同样，在团队中，每个成员正如这个沿口不齐的木桶，任何个人都在不同程度上存在着缺点和不足，他们在专业知识、技能方面的水平是参差不齐的，任何一个区域都有“最短的木板”。他们各司其职，一旦某个环节出现问题，整个团队必然会受到影响。而作为管理团队的领导者，你在察觉到这一问题后，若听之任之，那么，就会导致整个团队原地踏步甚至每况愈下。与木桶定律具有相同含义的，还有这样一个故事：

在古希腊神话中，有一位著名英雄——战神阿喀琉斯，传说他有刀枪不入之身，全身唯一致命的弱点是他的脚后跟。阿喀琉斯长大后，在特洛伊战争中屡建功勋，所向无敌。后来特洛伊王子知道了他这个弱点后，就从远处向他发射暗箭，这一箭正好射中阿喀琉斯的脚后跟，这位大英雄瞬间毙命。

这位大英雄的死，缘于自身的唯一不足，但正是这一点点的不足导致了悲剧的发生。

同样，作为一个团队，团队的每一个成员都应该精诚团结，齐心协力，相互学习，取长补短。只有这样，个人才能在团队中发挥更好的效用，团队才能均衡发展并为个人提供更大的发展空间。而要做到这一点，团队领导者起着很重要的作用。

而实际上，很多领导者在管理团队的时候，往往更注重对那些“长木板型”员工的利用和开发。这样做，只能打击整个团队的士气，尤其是那些短木板型员工，他们会丧失信心，同时，整个团队会显得越发不平衡。而且实践证明，那些长木板型员工，很难服从团队的决定。因为他们觉得自己和其他人的起点不同，他们需要的是不断提高标准，挑战自己。所以，虽然“长木板型”员工的光芒很容易看见，但占公司人数绝大多数的其他员工也需要鼓励。

我们再来看看下面这管理案例：

华讯公司，有一个员工，他与他的顶头上司——一个部门主管关系不太好。他在工作时的一些想法总被否定，为此，他失去了工作兴致。

刚好此时，摩托罗拉公司要从华讯借走一名员工开展市场服务工作。于是，华讯的总经理考虑到这位员工和主管的关系只会影响到工作，便派这位员工去了。能换一个环境工作、又能大展自己的拳脚，这位员工很高兴。离开华讯之前，总经理对那位员工只简单交代了几句："出去工作，既代表公司，也代表个人。怎样做，不用我教。如果觉得顶不住了，打个电话回来。"

一个月后，摩托罗拉公司打来电话："你派出的兵还真棒！""我还有更好的呢！"华讯的总经理在不忘推销公司的同时，着实松了一口气。这位员工回来后，部门主管也对他刮目相看了，他自己也增添了自信。后来，这位员工对华讯的发展作出了不小的贡献。

这个案例说明，注意对"短木板"的激励，可以使"短木板"慢慢变长，从而提高企业的总体实力。可见，团队管理中，领导者不能把眼光局限于个体的能力和水平，更应把所有的人融合在团队里，科学配置，好钢才能够用在刀刃上。木板的长短有时候不是个人问题，而是组织的问题。

那么，作为领导者，该如何让整个团队和谐发展呢？

1."取长补短"

这需要你加强对全体员工的教育和培训，取长和补短必须同步进行，否则，是很难提高工作整体效率的。只有让员工的专业和技能"均衡发展"，才能提高团队的整体战斗力，才能在竞争中不被淘汰。

2.想方设法提高所有板子的长度

这一点，是在对员工实行"取长补短"的基础上进行的，因此，只有让所有的板子都维持"足够高"的高度，才能充分体现团队精神，完全发挥团队作用。

当今社会竞争之激烈，各行各业的领导者已经意识到，任何一个企业或团队，只要有一个人的能力不足，那么，就可能导致整体目标无法实现。而若想每个员工都更高、更强，同样需要提高所有成员的竞争力，然后将他们的力量有效地凝聚起来，最好的办法就是对员工进行教育和培训。企业培

训是一项有意义而又实实在在的工作,许多著名企业都很重视对员工的培训。

总之,任何一个团队的领导者,都必须重视团队中的任何一个成员,并努力帮助团队成员提高自身实力,从而更好地为团队服务!

蚁圈效应:别让团体成为成员发展的阻碍

在我们的生活中,有很多特殊的生物,蚂蚁便是其中一种。我们不妨做这样一个实验:一根光秃的秸秆围织成一个圈,你随手抓一只蚂蚁放在圆形的秸秆上,让它在上面自由地爬行,当蚂蚁要爬越你手所在的位置时,即可把手移至蚂蚁的后方,稳稳地把持住整个秸秆圈。慢慢地,你就会发现,蚂蚁总是朝着前方行进,长时间地在秸秆圈上爬行,从未脱离过秸秆圈。

我们称这种现象为蚁圈效应,在这个现象中蚂蚁不是分不清方向,而是被蚂蚁的物种属性所束缚。我们知道蚂蚁是凭借气味找路的,由于它在秸秆圈上留下了自己分泌的物质,所以它才会在行进中遵循这种分泌物的行径前行。在蚂蚁看来的前行,实则是在不断重复之前的道路。它告诉我们在特定的时空和环境下,某些事物本身的属性优势也会转变为属性缺失。

作为最高等级的灵长类物种,人类总能够从其他物种的属性中汲取独特之处,弥补自身的不足乃至促进自身的发展。而"蚁圈效应"对于团队的领导者,也应该所有启示,团队中的任何一个成员,都有自己的优势,但如果过于依赖集体的话,那么,团体就会成为其发展的阻碍。为此,领导者必须帮助团体中的每一个成员完善自身优势,进而更好地进行团队合作。

美国南北战争期间,林肯所率领的军队是北军。这支队伍,所拥有的人

力、物力资源占有绝对的优势，但令林肯奇怪的是，这支精悍的队伍却一直打不了胜仗。

后来，就这一问题，林肯作了一番检讨，他发现，曾经他甄选指挥大军的将军时，各个的条件都是严格遵守“所用的人必须是无重大缺点”。而反观南军李将军，他的用人之道却是充分了解每个人的长处，不去在意他们的缺点，善用他们的长处，使他们的长处可以充分发挥。

后来，林肯打听到北军中有一位格兰特将军是位很好的作战人才，就任命他为总司令。这时有人密告林肯总统格兰特将军嗜酒贪杯，很难担当总司令，林肯总统听了之后，立刻问道：“他喜欢喝哪一种酒，我要送他几桶酒，让大家一起来享用。”后来北军终于打败南军。

林肯总统绝对知道酗酒会误事，但他更知道在北军诸将军中，只有格兰特将军能够运筹帷幄，决胜千里，这正是南北战争的转折点。

可见，领导者要有效领导团队，其首要工作之一，就是要认识及了解每个人的长处，借由每个人专长的发挥来提升团队的综合绩效。好的领导者用人之前必先识人，其用人的原则是先看这个人的能力可以做什么。他会用心地了解成员的长处，专注他可以对组织有何贡献，会用他们的长处于可以发挥的职位上。用人的长处是领导者的责任，因为领导者掌有同仁前途发展的权力，必须尽力协助同仁可以发挥所长并在组织中成长。

事实上，团队中的任何成员，都有其优势属性，都在某些方面显示其特长，但有时候，他们的这些优势却不易被人们发现，这是为什么呢？很简单，他们为了让自己的行为更符合组织与团体的目标，也为了体现出与其他成员的一致性，久而久之，他们的优势属性就被隐藏起来了，也就变得和蚂蚁一样，总是重复简单而一致的爬行动作。

因此，作为团队的领导者，要想让团队发挥最大的力量，你必须充分挖掘每个成员的优势并加以充分利用。而这一点，正是蚁圈效应带给领导者的一些管理启示：

(1)鼓励员工形成并发扬自己的个性，而不是过分依赖组织的某种属

性，因为一旦情况有变，其他属性可以发挥替代作用；

（2）扩展自己的管理视角，不要局限自己的眼界；

（3）战略和基础管理不但要朝前望，还要往后看，不断回顾以往走过的道路，不断在比较中发现问题，总结经验；

（4）当久久未能成功时，就应该有反省意识，反思团队组织的属性是否适合当下的环境。

第8章

效率管理心理学，高效的管理创造高标的效益

英国著名作家萧伯纳曾说过：世界上只有两种物质：高效率和低效率；世界上只有两种人：高效率的人和低效率的人。效率是领导者做好管理工作的灵魂。事实证明，一个工作效率高的公司一定是一个充满活力、快速成长的公司；一个工作效率高的领导者也势必能为企业带来更多的效益。而如何做到效率管理，依然需要领导者关注人的因素、有效管理时间、把握工作重点等。当然，在实际的操作过程中，还需要领导者依据具体情况而定。

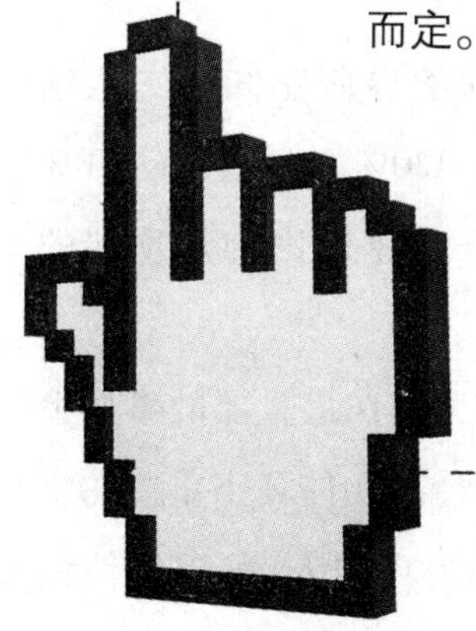

20/80 法则:做事不盲目,有重点才能有进展

在日常的工作中,很多从事管理工作的领导者发现,一些员工经常抱怨工作太忙,而事实上,他们一直在忙于做一些毫无成效的事情,比如,在办公室看电视、上班时间长时间打电话等。如果你也是这样的领导者的话,那么,你必须调整自己的工作状态,因为完成了那些不值得做的事情是不会给你的生活带来什么成功的。只有集中精力完成那些值得做的事情,才能高效地完成工作。无论何时,如果你为一些错误的事情而工作,那么无论你做了多少都是毫无价值的。如果说有某种必须遵循的法则能帮助你把生活调整到一个平衡的状态,那么它就是一百多年以前由意大利经济学家帕累托发现的 20/80 法则。

维尔弗雷多·帕累托提出:在任何特定群体中,重要的因子通常只占少数,而不重要的因子则占多数,因此只要能控制具有重要性的少数因子即能控制全局。

这个原理经过一百多年的演变,成为当今管理学界所熟知的二八法则——即企业主要抓好 20%的骨干力量的管理,再以 20%的少数带动 80%的多数员工,以提高企业效率。当然,习惯上,二八定律讨论的是顶端的 20%,而非底部的 80%。

因此,你要在可以利用的时间里尽最大努力去工作,在最重要的事情上竭尽全力,而不要在不重要的事情上浪费精力。“学会在几件真正重要的事情上力争上游,而不是在每件事情上都争取有上乘表现的人,可以使他们自己的生活发生根本的变化。”同样,在管理员工时,领导者也应当尽量管理好企业的小部分骨干,什么工作都要抓,往往可能什么也做不好。实际上,每个人都至少可以消除一些低成果活动。没有人用最高的效率做事,

从主观上看，消除低成果的活动是困难的，但如果你下定了决心，它就是有可能的。

事实上，许多世界著名的大公司也非常注重二八法则。

通用电气公司永远把奖励放在第一，它的薪金和奖励制度使员工们工作得更快、也更出色，但只奖励那些完成了高难度工作指标的员工。摩托罗拉公司认为，在100名员工中，前面25名是好的，后面25名差一些，应该做好两头人的工作。对于后面25名，要给他们提供发展的机会；对于表现好的，要设法保持他们的激情。诺基亚公司也信奉二八法则，为最优秀的20%的员工设计出一条梯形的奖励曲线。

威廉·穆尔是美国著名的企业家，他曾经在为格利登公司销售油漆时，头一个月仅挣了160美元。

之后的一段时间，他仔细研究了犹太人在从商上经常用到的“二八法则”，然后再将这一法则运用到自己的销售中，并分析了自己的销售图表，他发现自己80%的收益来自20%的客户，但是他过去却对所有的客户花费了同样多的时间——这就是他过去失败的主要原因。

于是，他要求把他最不活跃的36个客户重新分派给其他销售人员，而自己则把精力集中到最有希望的客户上。不久，他一个月就赚到了1000美元。穆尔学会了犹太人经商的二八法则，连续九年从不放弃这一法则，这使他最终成为凯利-穆尔油漆公司的董事长。

从这里，我们发现，运用20%的时间和精力就能得到令人瞩目的回报。20/80法则不仅在经济学领域应用广泛，它对领导者的管理工作也有重要启示，让领导者们学会避免将时间和精力花在琐事上，学会抓主要矛盾。一个人的时间和精力都是非常有限的，要想真正“做好每一件事情”几乎是不可能的，要学会合理分配我们的时间和精力。要想面面俱到还不如重点突破。把80%的资源花在能出关键效益的20%的方面，这20%的方面又能带动其余80%的发展。

按照事务的类型来安排时间。大致来说，事务可以分为四种类型，管理

者应该根据每种事物类型来安排工作的先后顺序。

1.紧急且重要

这类事指的是火烧眉毛之事,并且,关乎企业的直接生产和收益,对于这类事,一般都不可马虎,在众多事中,必须首先集中精力处理。

一般来说,与客户洽谈业务、未按时交货、设备出故障、产品质量出现问题等都属于这一事务的范畴。

2.紧急但不重要

对于接打电话、批阅文件、日常会议等事务,也需要管理者尽快处理,但不宜花费过多的时间。

3.重要但不紧急

有些事务,诸如产品创新、人才培养、组织协调、远景规划等,看起来并不紧急,可以从容地做,却是管理者要下苦工夫、花大精力去做的事,是管理者的第一要务。

4.不紧急也不重要

包括无意义的会议和应酬等。对于这类事务,管理者可先想一想:“这件事如果根本不去理会它,会出现什么情况呢?”如果答案是“什么事都没发生”,那你就应该放慢脚步甚至停止了。

当然,管理是一门科学,但它更是一门艺术,20/80 法则运用到核心员工管理中还有许多值得探讨的问题,只有海纳百川敢于创新,才能在管理的实践中找到最佳的方案。在人力资源管理实践中,需要针对不同类型的员工实行分类管理,特别是对企业的核心员工,要结合 20/80 法则,从岗位安排,薪资设计以及离职管理等方面做好核心员工的各项人力资源管理工作!

简化管理，让管理形成自然秩序

人们对于管理的定义，可以说是百家争鸣，但无论是科学管理，还是目标管理，任何一个学派揭示的都是管理学的一个方面的属性，这都不能否定管理的最终根本目的——提高效率。的确，任何一个企业的管理者都熟识这些管理理论，但事实上，并不是所有的管理者都能做到高效管理。曾经有这样一句话：“经营好的企业意味着赢利，管理好的企业意味着健康，文化好的企业意味着快乐。”那么，什么才是健康的管理呢？

一个健康的管理便是企业员工人尽其才的管理。这就如同一个交响乐团，其中的任何一个人，都知道自己在什么时候做什么事情，那么乐队指挥就会得心应手。同样的道理，只要我们的员工在工作的链条上不需要提醒和监督就能默契配合，知道该在何时做何事，那么，我们企业内部的自然秩序也就形成了，工作就变得像呼吸一样自然，管理也就变得简单了。

事实上，很多企业领导者为了搞好管理工作，为了尽力提高管理水平，都希望通过建立一套完备的管理体系，都会制定大量的规章制度、工作目标、操作准则和行为标准，而事实上，这些规章条例似乎总是在约束员工。为此，很多被管理者提出了这样的疑问：领导者到底是希望我们提高工作效率呢，还是希望我们搞好内部团结呢？到底是在搞管理呢，还是创花样、赶时髦呢？领导者将管理变得如此品种繁多、复杂，事实上，也确有跟风、盲从的嫌疑。对此，我们先来看看下面这个故事：

有这样一个有奖征答活动，题目是：一次，三个人一起坐热气球旅行，这三个人都是关系人类命运的科学家。第一位是核子专家，他有能力防止全球性的核子战争，使地球免于遭受灭亡。第二位是环保专家，他可以拯救人类免于环境污染。第三位是粮食专家，他能在不毛之地种植粮食，使几千万

人脱离饥荒。到一半旅程时，却发现热气球充气不足。就在那一刻，热气球即将坠毁，必须丢出一个人以减轻载重，使其余的两人得以存活，请问该丢下哪一位科学家？

因为奖金数额庞大，征答的回信如雪片飞来。每个人都竭尽所能地阐述他们认为必须丢下哪位科学家的见解。最后，结果揭晓，巨额奖金的得主是一个小男孩。他的答案是：将最重的那位丢出去。

我们在赞叹小男孩的机智灵活时，也不难得出这样一个结论：任何复杂的现象，其复杂的也只是表面，其实都有它一般性的规律，都可以找到简单的分析、处理方式。这就是化繁为简的过程，这个过程就是找寻规律，把握关键。同样，管理工作也需要化繁为简，当然，简单管理不是粗糙管理，而是找到规律，形成自然秩序。

我们都知道，读书是一个先繁后简的过程，也就是人们常说的“先把书读厚，再把书读薄”，其实，管理工作也像读书。管理之道，其本质就在于如何化繁为简和化简为繁，领导者如何平衡这二者，就是管理的度的问题了。将复杂问题简单化、简单问题复杂化，其实都是实现管理过程找寻规律和实现管理策略的具体过程，是协调统一的。宏观问题简单化、微观问题体系化，这就是成熟企业之美，也是大多数企业所追求的至高境界。

然而，实现管理的简单化却绝非易事，需要企业上下进行一次彻底的心理革命，尤其是企业领导团队必须具有将复杂问题简单化的能力，也就是一针见血地指出问题实质的能力，从而较快地寻找到管理的本质和规律，掌握化繁为简、以简驭繁的思想和技巧，深刻认识管理的核心要义。

那么，领导者如何使纷繁复杂的管理变得简单而又有效率呢？

1.把握关键

这需要管理者有发现规律的眼光，找到事物的本质，然后以战略的眼光去感知、把握和运用规律，这样，就能运筹帷幄，致力于培养企业的核心优势。

2.集约高效

真正高效的、简单的运作才是有意义的，因此，你需要把复杂的问题简

单化，在多类矛盾中驾驭主要矛盾提高效率。

3.简中求变

企业领导者必须不断变革创新，适应环境变化，这里，你需要遵从“自然法则大于人为法则”的处事原则，把企业的运行基于“价值驱动”而非“权力驱动”。

4.以人为本

尊重人的作用和价值，遵循“价值本位”，而不是“人情本位”和“权力本位”。

因此，“简化管理”并不是“不”管理或“懒”管理，而是一种追求系统化、规范化、细节化、流程化的管理思维和实践，在复杂精细和简单实用之间找到一个有机的结合点，跳出“为管理而管理”的怪圈，实现由“管人做好工作”到提高管理贡献率的转变。

合理配置资源，岗位责任落实到个人

中国人常说：“一个和尚挑水喝，两个和尚抬水喝，三个和尚没水喝。”其寓意是：办一件事，如果没制度作保证，责任不落实，人多反而办不成事。三个和尚为什么没水喝？因为三个和尚属同一种心态，同一种思想境界，都不想出力，想依赖别人，在取水的问题上互相推诿，结果谁也不去取水，以致大家都没水喝。其实，三个和尚也可以有水喝，只要稍加组织，订立轮流取水的制度，责任落实到人，违者重罚，这样就有水喝了。在现代企业中，如果领导者在管理工作中不实行责任到人，同样会导致这种资源配置不合理、资源过剩的现象。

我们先来看看这样一个管理案例：

刘主任是一家食品公司的车间主任。从事这个行业以来，他一直兢兢

业业,也深受上级领导的赏识和信任,但刘主任也有自己的苦恼:身为车间主任,原本他的工作是管理工人,但实际上,面对工人们的懒惰,他实在无法管理。

比如,上个星期一,他要去外地出差,临走之前,他交代员工要将客户催紧的一批货赶出来,并且要严把质量关。

刘主任心想,在他回来之前这批货应该出厂了。但情况再一次出乎他的意料,当他回到公司以后,发现这些工人不但没有赶工,反倒去忙自己的事情了。气急了的刘主任问员工小王:“我交代你的事情你做好了吗?怎么有时间玩手机?”

“是吗?这批食品不一直都是A组负责吗?”小王很诧异地回答道。

刘主任又找A组的小秦,没想到小秦的回答是:“您出门之前不是找B组的人谈话了吗?”

此时的刘主任已经什么都不想说了,现在他能做的,就是拖着疲惫的身体替员工干活。

刘主任的管理方法中,哪些地方出现了问题?首先,他是一个管理者。什么叫管理者?通俗的说法是:“管理者就是自己不干事,让别人拼命干事的人。”管理者要通过别人来开展工作,因为一个人的时间、知识和精力都是有限的。即使管理者自己可以更好、更快地完成工作,但问题在于你不可能亲自去做每一件事情。其次,他在授权的时候,没有将责任明确化。这也是导致员工工作效率低下的主要原因。员工责任不明确是信息不畅通的根本原因。如果刘主任在出差前能将具体的工作任务安排到每个人身上,比如,某位员工负责生产,某位员工负责质检等,那么,很多问题就可以避免了。

为此,作为企业领导者,如果想提高员工的工作效率,避免出现责任推诿的现象,你就应该从明确责任开始,光停留在口头上不行,还必须要做到:

1.建立规范,细化责任

领导者布置的任务,有时候,并不是由一个下属来完成,此时,一定要责任明确,不能有重叠的部分。

要做到这一点，领导者可以通过订立严格的管理制度，以规范员工的行为。这样，每个岗位上的员工都清楚自己的任务，该干什么，该怎样干，该向谁汇报工作等。

建立合理的规范，员工就会在规定的范围内行事。

2.不应干涉员工完成任务的方法

作为领导者，你的工作就是分配任务，然后关注员工完成的结果，而不是干涉员工完成任务的方法。简单地说，你只需要上员工明白他应该做什么和达到怎样的结果，而员工采用何种方法则由他们自己来决定。

真正的授权便是着眼于目标，并给员工完全的自由。实际上，员工对于如何达到工作目标是有自己的想法的，让他们自己作出选择，才可以增进领导者与员工之间的信任和相互依赖。

3.允许员工参与授权的决策

在授予每一项权力的时候，都应该与限制相伴而生，领导者对员工下放权力时，应该把权力范围限制在这一项任务上，而不是无限制的。

那么，员工完成这项工作需要多大的权力呢？该如何衡量呢？最明智的举措便是让员工参与到这项决策中来，让员工自己提出意见。但你还必须注意：人们都是希望自己的权力越大越好，但实际上，这会降低授权的有效性，此时，管理者把好关就显得更为重要了。

4.使其他人知道责任已经明确、授权已经进行

管理者对员工下放权力，不应当是私密的，而应该让其他人知道，因为授权的目的是完成任务，要完成任务，就一定会涉及其他人。不通知其他人很可能会造成冲突，并且会降低员工完成任务的可能性。

5.允许失败

任何人的成长、成功都离不开挫折与失败，员工只有在失败中，才能得到锻炼的机会。因此，作为领导者，不要因为员工失败就处罚他们。作为当事人，员工此时已经深感愧疚和难过了，你应该更多地强调积极的方面，鼓励他们继续努力。同时，帮助他们在失败中学会学习，和他们一起寻找失败

的原因，探讨解决的办法。批评或惩罚有益的尝试，便是扼杀创新，结果是员工不愿再作新的尝试。

增加积极性，让员工主动提高效率

作为领导者，在日常工作中，你是否发现，你安排许多工作任务，有的员工会立马做好、汇报，然而有些则要有人在后面催，才能着手去做，甚至拖好长时间也不能把交代的工作处理好。可以说，员工工作效率低的主要原因之一就是工作积极性不高，这也一直是很多领导者头疼的问题。一个企业的兴衰成败因素固然很多，但归根结底无非"人"的因素。提高员工的工作积极性，有利于员工发挥聪明才智，能有效地增强企业的凝聚力和向心力，从而有效地提高企业的管理水平，进一步提高企业在市场经济中的竞争力。我们先来看看下面这个管理故事：

杨弘是一家上市企业的主管，在员工眼里，他就是个"魔鬼"，因为他总是压制员工，甚至希望员工们24小时为企业工作。但事实上，这些员工的工作效率并不高。

有一次，公司高层领导为杨弘所在的部门下达了一个任务，要求他们在五一节前策划出一个活动方案。对此，杨弘心想，这是一次在领导面前表现自己实力的大好机会。于是，他召集员工们开会，让大家在三天内交出策划稿。大家都知道，他们又要几个昼夜不眠不休了。

三天后，策划稿做好了，但质量实在让杨弘不能接受。他百思不得其解，这么强势的管理下，怎么工作效率还是如此低下呢？

杨弘的管理出了什么问题错误？很简单，强势的管理虽然让员工们听命于他，却压制了员工们的工作主动性和积极性，这种工作状态下，员工们又怎么会高效率地工作呢？实际上，被尊重、被理解、被关心是人的一种基本

需要，无论做什么工作，一旦离开了对人的尊重、理解和关心，都不能取得好的效果。同样，我们的员工也是如此，只有当他们感受到被尊重、被理解，才会对企业、对管理者充满感激，也才会主动、积极地工作。我们再来看摩托罗拉公司在提高员工积极性上的经验：

摩托罗拉公司非凡的总裁乔治·菲希尔 1994 年辞职去了柯达公司，引起了极大的震动，大家都为摩托罗拉担心。然而，事实上，人们所担心的事情在摩托罗拉并没有发生，它仍是那样的出色。大学商学院教授肖纳·佐伯夫解释说："这家公司是职权分散的公司，由几个相对独立自主的单位组成，公司并不要大家等候乔治总裁，大家都尽量做自己认为是正确的工作。""每个职工每年必须至少在摩托罗拉自己的大学里花上 40 小时，以提高他们分析、解决问题的能力。"70 年代被日本同行排挤得气喘吁吁的摩托罗拉，现在已令日本人自叹不如了。

可见，如何有效地管理员工，有效地激发员工的积极性，使员工更加忠诚于企业，尽心尽力地完成工作，这是每一个企业领导者迫切解决的问题。而在具体操作中，又该如何去做呢？

1.重视人的因素，尊重员工

企业领导者应该把员工当成企业的合作者，而不是制造利润、创造效益的工具，他们也应该受到尊重。

而尊重员工多半体现在对员工需求的满足程度上。领导者有必要合理地设计和实行新的员工管理体制，并将这种尊重员工的观念落实在企业的制度、领导方式、员工的报酬等具体管理工作中。

2.宽容对待犯错误的员工

一般来说，没有员工是故意犯错而希望得到上级的批评的，因此，对待犯错误的员工，不要一味地责备，而应该给予他们解释的机会，只有了解具体情况后，才能对症下药，妥善处理。

3.经常与员工交流，聆听员工的心声

有些领导者有强势作风，这对于果断、迅速地解决问题是有帮助的，但

也会使管理人员听不进去他人的意见而导致一意孤行甚至决策失误。

在管理工作中,领导者能否倾听员工的心声也关系到员工积极性能否被激发。可想而知,若一个人的思想出了问题,还怎么能卓越地完成任务呢?因此,作为管理者,我们要经常与员工沟通,一旦发现问题,就应耐心地听取他们的心声,找出问题的症结,解决他们的问题或耐心开导,这样才能有助于管理目标的实现。

4.信守每一个对员工许下的诺言

作为领导者,你可能日理万机,可能已经不记得曾经答应过某个员工某件事,或者你觉得这件事对于你来说根本不重要,但员工会记住领导者答应他们的每一件事。身为领导者,你的一言一行都会对他人产生或轻或重的影响,只要许下了诺言,就应该对之负责。如果你不能实现这一诺言,那么必须向员工解释清楚。如果没有或者不明确地表达变化的原因,员工会认为领导者食言,如果这种情况经常发生的话,员工就会对你失去信任。

5.给员工发表意见的机会

实际上,这也是领导者尊重员工的一种体现。你要把员工当成企业的一分子,在企业决策上,也应该征询他们的意见,倾听员工的疑问,并针对这些意见和疑问说出自己的看法。什么是可以接受的?什么是不能接受的?为什么?如果你遇到了困难,那么,你应该告诉员工,你需要他的帮助。

6.表彰奖励

这是员工工作态度、能力的一种显现。奖励员工能激发他们更大的工作热情。但需要注意的是,表彰奖励员工,必须是公开的,否则,很容易引起其他员工的猜忌,也不能达到预期的效果。除了奖励标准需要公开外,你的态度也应该是诚恳的,不要做得太过火,也不要巧言令色。奖励的时效也很重要,要多奖励刚刚发生的事情,而不是已经被遗忘的事情,否则会大大减弱奖励的影响力。

总之,要有效地调动员工的积极性和创造性,必须综合发挥以上几个方面的作用,才能取得良好的效果。

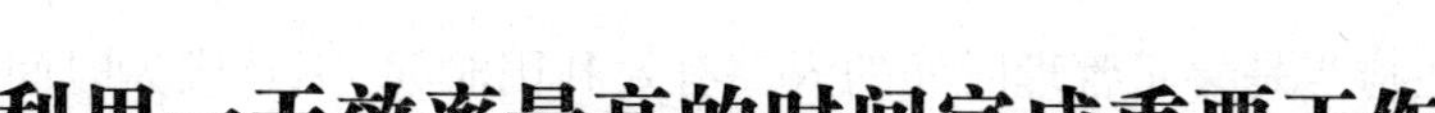

利用一天效率最高的时间完成重要工作

作为企业的领导者，你是否发现，你的工作越来越忙了？你出席的会议更多了？你是否在办公桌上吃午饭？你甚至连假期都被占用了？当其他人提起“事半功倍”这一词时，你是否由衷地感到厌恶？“难以为继”这个词是不是形容了你目前的状态？的确，任何一个领导者，都希望自己能高效地工作。那么，怎样才能高效工作呢？对此，有个著名的黄金三小时法则：

黄金三小时法则认为：一天之计在于晨，对于每个人来说，早晨5~8点是人一天中效率最高的三小时。因为早晨人们刚刚起来，头脑最清醒，注意力也最集中，周围的环境是最安静的，因此，如果在这段时间工作和学习，那么，一个小时就可能完成三小时的任务。如果你能早早起床开始工作，你甚至能在正常的工作时间来临前完成一天的工作，这样即将开始的一天就是你多赚出来的。

黄金三小时法则告诉所有的人，我们应该掌握提高工作和学习效率的方法，那就是利用一天中效率最高的时间段来完成一天的工作，这样，你就会做到事半功倍。

当然，由于个体存在差异性，每个人的生物钟是不同的，因此，你的黄金三小时对于美国人来说，也都是不同的。但这并不影响此法则作用的发挥。我们应该在生活中多体会，以便找出自己的黄金三小时并利用好它，达到三小时等于一天的效果。

同样，黄金三小时法则还可以进一步扩展，我们可以把每星期的第一天作为黄金时段，处理完一星期最重要的工作，把每个月的第一星期作为黄金时段，处理完一个月最重要的工作。如果你做到了这一点，你就抢占了时间争夺战中的每一个制高点，并获得了一支强大的时间预备队，无论将其使用

到哪一个方向，都会在那里取得压倒性的优势。

企业领导者应当从这一法则中有所领悟，一个善于管理企业和员工的领导者也应当是善于管理时间的人。有效利用时间，不是成为时间的奴隶，而是实现自己的人生目标。一切完全取决于我们能否成功管理自己的时间。而善于管理时间的领导者，并不是事必躬亲、眉毛胡子一把抓，而是懂得择优处理的原则，正如这一法则提醒我们的，在最佳的时间内完成最重要的工作。可能所有的领导者都羡慕这样的管理生活：

有这样一位陆军中校，他叫蓝迪。他所在的管理咨询公司中，除了创立者以外，他是唯一一个不是工作狂的人。后来他来到一个遥远的国家，创办了自己的公司，这家公司成长很快。这家公司的员工也都来自家乡，他们工作起来很努力、认真。作为他的员工，他们都很羡慕蓝迪，因为蓝迪每天除了参加重要客户的会议外，其他事务则授权给年轻合伙人处理。

蓝迪虽是公司领导者，却不管任何行政事务。他把所有精力拿来思考如何在与重要客户的交易中增加获利，然后再用最少人力达到此目的。蓝迪的手上从不曾同时有三件以上的急事，通常一次只有一件，其他的则暂时摆在一旁。为蓝迪工作的人在时间效率上充满挫折感，因为同蓝迪比起来，他们的效率实在是太低。

可以说，蓝迪就是个工作效率高的领导者。和蓝迪不同的是，很多企业领导者每天不得不面对繁忙的工作，还有来自公司、同事及下属的压力。各方面的压力使他们穷于应付，却抽不出时间做真正该做的事：解决根源性问题、统筹布局、培养下属。压力还使他们心力交瘁，持续处在焦虑状态之中，在工作中难以发挥最大成效。

其实，早在1968年，美国麻省理工学院一位研究人员就对时间的利用问题进行了一次大规模的调查研究。他先后调查了美国的3000名职业经理人，从中发现，凡是成功的经理人都能做到这样两点：一是限定自己的工作范围，不把手伸得过长，把职责内的工作尽量做好；二是合理安排时间，使时间的浪费降到最低限度。

那么，根据黄金三小时法则，企业领导者该如何在最好的时间段将工作效率发挥到极致呢？

1.在最优的时间段处理最重要的事情

很多人都习惯眉毛胡子一把抓，他们认为，所有的事都比较重要，有时候会为了一件小事不停地演算、求证等，但最后才发现，这件事情对他今天的工作是无关紧要的，根本不值得花很多时间去处理。因此，在日常生活中，我们应该分清主次，在最优时间段内处理最重要的事。

2.审视自己，找到适合自己的"黄金三小时"

一般来说，企业总是设定时间卡、工作时数、时间钟点如早九晚五等，就等于说花在办公室的时间比工作更重要，而这样则是降低了的工作效率，而不是真实的工作效率。对此，微软公司实行的"工作任意小时"是让员工在状态最佳的时候工作，提高了工作效率。

同样，很多企业管理者在取得事业成功的过程中都付出了大量的汗水，对时间的珍惜和利用程度都比一般人要高出许多，因此他们认为自己就是一个有着很强时间观念的人。而实际上，他们并不知晓真正属于自己的"黄金三小时"——工作效率最高的时间段，而如果他们能找出这一时间段，那么，便能让自己手中流逝的每一分钟更加充满高效能。

总之，企业领导者应提升自己管理时间的意识和增加自己的有效时间，让自己和企业都形成注重细节的好习惯，从而让企业的时间资源得到更为高效的开发和利用，让企业抢占到市场先机，获得大量的市场份额，实现企业的赢利目标！

聚光法则：把时间聚焦到重要目标上

俗话说："一心不能二用。"专注与执著是成事的关键。而工作中，有这

样一些领导者，他们在管理中，总是谨小慎微、忙忙碌碌，他们以抄写发布的文书为重责，自尊自大，亲自去做那些微小琐碎的事情，干涉员工的工作，并不辞辛苦地去做员工的工作，以此显示自己的才能，却忽视了那些重大的、长远的事情。实际上，这些人就是不懂得管理之道的人，这样的工作方式多半也是效率低下或者无效率的。在时间的管理上，有个著名的聚光法则：只有把阳光聚集到一点，才能产生足够的热量把火炬点燃。

聚光法则认为，只有把有限的时间聚焦到重要的目标上，才能保证事业上的成功。目标过于分散等于没有目标，把有限的时间分散到众多的目标上，就像把有限的资金在众多的项目上撒胡椒面，最终只能导致每一个项目都虎头蛇尾、半途而废。如果把宝贵的时间投资都用来建设烂尾楼和半截子工程，最终将使你的时间账户彻底破产，导致你一事无成。

聚光法则对所有的领导者的启示是：成功不允许你三心二意，你应该养成专注于执著的习惯，工作中，你要做到聚精会神、排除外界干扰，并且一次只瞄准一个目标。一项工作一旦启动，就要坚持不懈地坚持，直到获得令人满意的成绩为止。因为能否完成最后的工作，决定了一件事情最终是成功还是失败。很多人之所以没有成功，就是因为在完成了大部分工作后以为大功告成而转移了视线，最终导致工作的半途而废，也使宝贵的时间被白白浪费。

那么，根据聚光法则，领导者该如何从事管理工作呢？

1.要专注于任务，也就是说“一次仅做一项任务”

在中国大多数公司，人们越来越忙碌。尤其是那些高层领导者其忙碌的情况，简直不可思议！除了众多的出差外，就是数不清的会议，工作负担越来越重，但结果却都是毫无贡献的居多。当然真正有生产力的也有，只是寥寥无几而已。其实，仔细分析原因，我们发现，他们同时专注的事情太多了，什么都想做，什么都想管，结果什么都做不好。因此，领导者自身要想提高工作效率，就应该从本质上消除“兼顾”的想法，一次仅做一项任务。

2.懂得放权

每一个领导者都要问自己一个问题：“我的主要任务是什么？”曾经有人

这样回答这个问题，“我的工作是把最好的人才放在最好的位置上，将资金在最正确的地方上作最佳的分配。我想大概就是这样：传递理念，分配资源，然后就可以撒手不管了。我的工作就是选出最棒的人，付给他们薪酬……”因此，公司管理层要学会授权，适当放权，一个优秀的管理者，如果能做到人尽其才，有效利用企业的人力资源，那么，这不仅仅能提升企业的竞争力，还能提高员工的工作效率。

马歇尔将军是一位伟大的领导者，在第二次世界大战时，他任美国陆军的参谋总长，在知人善任方面，堪称翘楚。他总共提拔了约有600人出任将官，其中几乎找不着一位庸碌之辈，而大多数人过去都没有带兵打仗的经验。每当在讨论人事任命时，他的幕僚都会说：“琼斯上校是我们最棒的教官，可是他的脾气粗鲁，也跟上司处不来。如果国会要找他前去听证，一定会弄得一塌糊涂。”但马歇尔会说：“任务内容是什么？是分区军团的训练？假如他最擅长的是培训官兵方面，就给他去做，其余的事就让我来处理好了。”

这里，我们发现，马歇尔在授权上的精明之处在于将任务布置得简洁明了。所以，不要每一项决策都由领导者作出，完全可以授权的事不要自己去做，领导者要担当的角色是支持者和监督者。

总之，“凡事预则立，不预则废。”领导者在从事管理工作中，无论对于自己还是被管理者，都应该明确工作方向及工作目标，一定要清楚：工作的目的是什么？工作重点有哪些？要做什么？怎么做？希望达到什么样的效果？这样做之后是不是真的能达到想要的结果？俗话说“马壮车好不如方向对”，方向错误，再怎么努力都枉然。

帕金森法则：限定做事时间，不拖延拖沓

不少管理者都有这样的感慨：“忙了一天，也不知道忙了什么，时间还不

够用。”其实，只要有效地运用时间，就可以提高工作效率。那么，怎样才能在相同的时间里做更多的事，而且做得更好，成为一名出色的管理者呢？这一点，帕金森法则会告诉我们。

帕金森法则认为，工作在最终期限到来前是不可能被完成的。

之所以有这样的论断，是根据人们的惰性和对最后期限的依赖而总结出来的。很简单的道理，如果我们发现距离最后期限的时间尚早，那么，我们也不会有紧张程度，而随着时间的临近，我们的紧张程度就会增加；而到了最后期限，我们完成任务的积极性、关注度就会完全被激发出来。

帕金森法则对我们的启示是：为克服惰性，避免拖拉的现象，我们应该为工作设置一个尽可能短的完成时限，通过给自己压力而产生动力，这样，所有的工作便能尽快地完成；而对于那些对未来起重要作用的长远目标和长远规划，则应进行合理分解，并为这些分解后的目标也设置一个严格的时限，这样做的好处是防止我们在日常工作中将这些小目标忽视和遗忘。

苏联生物学家柳比歇夫，一生严格统计自己的时间，创造了独特的“时间统计法”，实际上就是一种时间规划。他从 26 岁开始，直到 82 岁逝世，56 年如一日，天天一丝不苟地记录当天时间的支出状况。他每晚统计时间消耗，月度有小结，年底有总结，使时间的浪费降到最低。有一年，他计划完成中心工作（写作、研究）和例行工作（看参考书、做笔记、写信）一共用 570 小时，实行结果用去了 564.5 小时，误差仅为 1%，可见，他的时间规划、时间管理已达到何等精确、科学的水平。

柳比歇夫的时间统计法虽然不复杂，但对于领导者提高时间的利用率、杜绝时间的浪费却有很好的借鉴意义。

我们都知道，管理者每天必当处理很多事务，除了要管事外，还需要管人，面对工作拖沓的员工，他们常常束手无策；对于自己，也常常因为惰性而不能做到高效工作。因此，我们发现，帕金森法则无论对于管理者自身还是被管理者，都比较适用。

那么，具体来说，领导者该如何处理这两种问题呢？

1.面对拖沓的员工

这类员工最显著的特点就是“光说不干”，他们有能力完成工作，但是没有工作意愿。每个人都有惰性，但是天生的光说不干，即“懒骨头”比较少。大多数员工的惰性是在公司里养成的，公司不合理的规章制度是滋生惰性的温床。管理者应对自身的管理进行审视，检查公司的激励政策是否有效。针对这样的员工，领导者可以采取以下几种管理方法：

（1）激发其自我表现的欲望。让这类员工了解到完成某项工作之后有什么好处，这样可以有效地激发他们的表现欲，使其努力工作；也可以让其当内训师，因为这类员工的一个典型特征就是好为人师。比如，管理者可以让他们去做公司内部的培训师，在此过程中，鞭策自己不断提高。

（2）善于为员工明确他们的工作目标。在限定时间的同时，领导者还要善于为员工制定目标。员工心中有了目标，了解达不到目标的后果，往往就会有主动性了。在管理者给员工明确工作目标时，应以SMART为要求。S-specific（特定）、M-measurable（可衡量）、A-agree（双方同意）、R-realistic（现实）、T-time（时间限制）。SMART目标就是指这个目标一定要特定，要可衡量，要双方都同意，要现实可以完成以及要有时间限制。将工作目标明确到了这个程度，推诿、拖拉的现象也就不容易发生了。

2.对于领导者自身

（1）克服畏难情绪，规定自己首先处理一些重要事务。任何一个领导者，每天都要处理很多事务，可对此，很多人认为，先处理那些不紧要的事务，会起到激励自己的作用，实际上，这种想法是错误的，把最紧要的事情拖到最后来干，你会发现，经过一天疲惫的工作后，你已经没有精力和时间来完成它了。

而领导者之所以有这样的想法，实际上是因为有畏难情绪，是有意识地回避那些重要的、难度大的工作。因此，作为一名出色的领导者，一定要克服这样的心理倾向，首先着手最重要的工作，用足够的时间和精力来处理它，并把它做好。

(2)制订工作计划。当然,在实际工作中,任何一个领导者都不可能每天像柳比歇夫那样进行时间核算。但在开展工作时,可以要求下属部门制订一个详细的关于每月或者每周的工作计划,并养成一种良好的工作习惯,避免工作时紧时松的情况,使工作时间得到合理的安排。

报酬递减法则:劳逸结合,合理搭配工作

作为领导者,在管理工作中,常常发现这样的问题:无论是自己还是某些员工,刚开始开展某件工作的时候斗志昂扬,可随着时间的推进,积极性越来越低,甚至觉得工作枯燥无味而不愿继续。而这种情绪,会很快感染团队的其他成员,严重影响团队的士气,降低管理者的干劲和热情。针对这一点,领导者应当从报酬递减法则中有所领悟。

与学习曲线法则相反,报酬递减法则是指从事某项创新型的工作超过一定时限以后,单位时间内取得的工作成果会逐渐降低。

而造成这一现象的原因是多方面的:工作的单调性;从事时间太长,员工兴趣会降低;大脑中某个特殊区域使用时间过长,也会导致神经紧张、脑供血不足,思维迟钝,从而导致工作效率降低。

这一法则告诉我们,要避免这种情况的出现,就应该寻找解决的方法,而注意时间的调整和工作任务的合理搭配就是有效的方法之一。

具体来说,这一法则可以帮助我们做到工作上的三个调整:

(1)一旦你发现自己在此项工作上的效率开始降低,就要及时切换到另一项工作上,这样,就能避免大脑的同一区域被不停使用,同时又能使工作始终保持在时间报酬递增的区间内,从而提高工作效率。

(2)我们应该注意劳逸结合,每工作一小时,就应该休息十分钟,这样才能保证大脑供氧充足。

(3)应采取工作丰富化设计或通过工作人员的定期交流、轮岗等方式，以保持员工的工作热情，提高员工的工作效率。因为长期从事单调的工作会导致员工绩效不断降低。

时间在现代社会里已成为一种有限的资源，对于领导者而言，就应该像对待土地、矿产、资金、人才一样作好时间的使用规划。

丽萨是某公司的人力资源部的经理，长时间以来，她都将人力资源部管理得井井有条。无论是刚进公司的新人，还是众多人力资源部的老员工，他们似乎都充满干劲。这些员工，每天都要与形形色色的人打交道，也都需要处理很多杂务，但他们毫无怨言。

很多高层管理者向丽萨取经，想知道她是如何管理的。丽萨的回答是："其实，任何一个人，每天面对同样一件工作都会枯燥的。所以，我在给大家分配任务的时候，并不会规定固定时间，也不会每天把大家都关在办公室内，所以，您经常看到我的工作区域内只是一部分员工。另外，我还鼓励大家交换工作，这样也有利于互相勉励。"

从丽萨的管理经验中，很多领导者应该体会到报酬递减法则的含义。管理人员要让其员工在制定的轨道上运行，就要仔细观察、经常调整，以防其出现偏误。在稳定的大企业中，管理者要多注意员工的各种变化，在基本管理框架内灵活地运用各种技巧管理下属。而对于活跃的中小企业管理者而言，他们的责任更加繁重。他们不仅不能墨守成规地管理下属，也不能用固定的模式去设计企业的蓝图。

那么，具体来说，领导该如何根据这一法则安排工作呢？

1.对工作统筹兼顾、合理安排

你应该合理分配单位工作、学习、休息的时间，做到劳逸结合，把握好工作节奏。

2.善于使用零星的时间

你应该通过安排工作时间来充分收集一些零碎时间。事实上，很多领导者认为自己的工作时间不够用，主要是因为他们缺少集中的时间完成一

件事。其实,如果你学会把零碎的时间集中起来,如一个下午可以先后安排两个会,这样就会节约出另外半天的时间。人们在工作中最容易浪费的就是零星时间,而作好时间规划,把零星时间凑整使用或作好工作安排,你会发现,这中间有很多可挖掘的宝贵的时间资源。

3.每天留些"机动时间"

很多领导者认为,忙碌的一天才是充实的一天,以至于他们经常把一天的日程安排得满满的,一旦遇到突发事件,就手忙脚乱了,其实,你应该每天腾出一点"机动时间"来。如果出现意外情况,你就能做到处之泰然;而即使没有出现这些突发事件,你也能给自己一个放松和休息的机会,或与员工联络一下感情、考虑一天工作中的得失等。这样,管理者就可紧张而又不失轻松地完成一天的工作,从容地面对明天。当然,留出机动时间的前提依然是领导者缩短做事时间,提高做事效率。

总之,领导者在管理工作中,为使时间有效运用,每天的计划不可安排得过分紧密,必须有一些富裕时间作为自己的回转空间,以增加工作效率。

第9章

制度管理心理学，完善的规章制度既保障员工也保护企业

随着时代的发展和周围环境的改变，现代社会，任何企业都开始意识到完善的制度在企业管理中的作用。而事实上，从我国企业的实践来看，对员工的管理激励与约束机制还没有很好地建立起来。如在一些企业中，不仅缺乏有效的培育人才、利用人才、吸引人才的机制，还缺乏合理的劳动用工制度、工资制度、福利制度和对员工有效的管理激励与约束措施。在这里，作为企业的领导者，你应该认识到完善的企业管理制度已经是一项刻不容缓的工作！

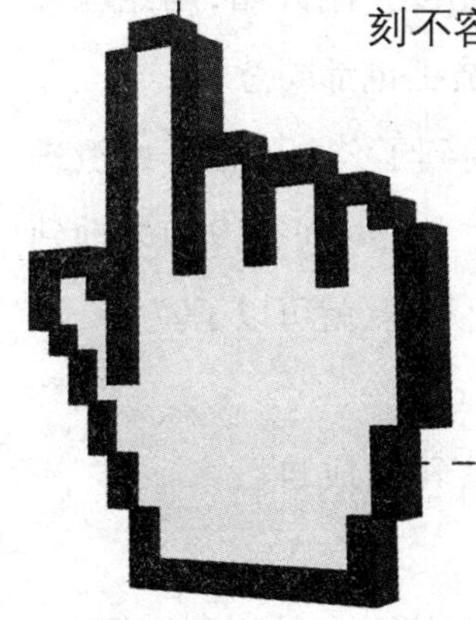

高效管理需要完善的制度作为保障

现在很多企业的领导者，因为管理不力，企业员工缺少凝聚力、执行力、战斗力，工作效率不高，对企业的忠诚度也比较低，就如一盘散沙。对此，很多领导者不明就里，不知道管理的哪个环节出了问题。其实，这是由于制度管理上的缺失。

俗话说："没有规矩，不成方圆"。规矩也就是制度，是指在一个社会组织中要求其成员共同遵守并按一定程序办事的规程。一个组织推行制度的诱因在于这个组织或团体期望获得最大的潜在效益，而最直接的原因则在于提高组织的协调性和管理的有效性，协调组织内各部门之间协作效率和组织与外部衔接的有效性，规范组织内员工的行为准则。我们先来看下面一个管理故事：

刘经理是一家小公司的经理，在他手下，有几十个员工。

由于公司刚刚成立不久，公司没有基本的管理制度。刚开始，刘经理告诉所有的员工，上班时间是 8：30—18：00。对此，员工也都同意了。

员工小杨是个很有时间观念的人，第二天就提前到了公司。但令她沮丧的是，到了上班时间，门还没有开。后来同事对她说："上班时间么，9 点之前到就可以了，经理不会说你什么的，特别是女孩子。不要早退，就可以了。"

后来，小杨发现，刘经理每天都是 9 点之后到的。

再后来，让刘经理诧异的是，公司员工好像把公司当成自己家一样，一个个都出入随便，也没有了章法。

这里，刘经理的管理出了什么问题？问题就在于他没有做好制度管理。任何一家企业，如果员工在做事上毫无章法，那么，一切就将陷入混乱。管理学上常讲，工作中经常出现的问题要从规律上找原因，反复出现的问题要

从制度上找原因。因此，制度建设是组织正规化建设的最基础的保障。健全、完善的制度既是对组织自身利益的保护，也是对每一个员工的爱护。

那么，制度在管理中到底具有什么作用呢？

一是制度具有明确性和导向性。制度内容具体，形式统一，对于可以做什么、禁止做什么都有明确的规定，通过制度的奖励机制，就可以引导组织中员工向有利于组织需求的方向发展。

二是制度具有强制性和稳定性。制度一经制定，任何组织或个人都必须自觉遵守，不能因人因事而随意更改，不能超越其外、凌驾其上；任何违规行为都将受到应有的惩处，并长期规范指导组织及员工的行为，这样才可以将员工最初强制性的遵守逐步转变为员工遵守制度的习惯，最终转化为员工的自觉行为并长期贯彻执行。正如管理学中所讲，企业的竞争最初表现在技术、资金等方面，而最终的竞争是企业制度、文化的竞争。

因此，作为领导者，你必须为企业建立人力资源开发与管理体系，从制度上来支持团队的形成，否则就等于在一盘散沙上建大厦。对此，领导者需要做到：

1.制定相关文件

（1）组织机构图，可以明确指挥系统，上下级关系，与其他部门的关系；

（2）岗位说明书，清楚自己的工作内容、责任和权限；

2.做好一些制度建设

（1）目标与计划管理办法：有利于清楚团队目标，团队共同对目标作出承诺，提高思考能力；

（2）沟通协调会议制度：为团队坦诚沟通建立平台；

（3）绩效管理、奖惩制度：有利于客观公正评价各部门、人员的业绩和作用，并给予精神和物质的奖惩；

（4）培训制度：可以树立团队成员正确的价值观，提高能力、技术、知识，加强合作精神，提升自我管理意识；

（5）晋升规划：每个员工看到希望，不断提升自己；

(6)授权制度:有利于提高团队工作效率;

(7)创新管理制度:加强团队认同感,提高思考能力;

(8)标准作业流程:提高工作指导性,提供团队内部合作方法。

总之,制度建设有利于保证生产和经营的安全有效。制定制度的主要目的是规范内部的生产经营和劳动管理,使组织的生产经营和各项活动规范化,提高生产效率,促进生产经营的发展。

扇贝效应:明确奖惩制度,让员工有据可依

我们发现,任何一家企业,无论是成功还是失败,都有其原因,并且有其共性的原因:成功的共性是企业员工工作积极性高涨;失败的企业也有共性,那就是企业大部分员工积极性低。由此可以看出,员工工作积极性是企业成功的关键因素之一,而影响员工积极性的原因有很多,奖罚分明无疑是其中的一个重要因素。奖励和惩罚都是激励实施中不可或缺的手段,对员工的成长和发展都有积极的作用。

奖励是正面强化的手段,是对某种行为给予肯定,使之得到巩固和保持;而惩罚则属于反面强化,是对某种行为给予否定,使之逐渐减除。这两种方法,都是管理者驾驭员工不可或缺的手段。对此,有个著名的扇贝效应,它来源于这样一个故事:

美国心理学家斯金纳在他的白鼠实验中发现,如果每隔 20 秒就对白鼠强化一次,在强化后,白鼠的反应就会停顿,然后反应速度增加,在下次强化到来之前反应率达到高峰,说明它学会了根据强化的时间作出反应。白鼠的行为效率趋势就如扇贝一样,因此,我们称之为扇贝效应。

的确,现代企业中,任何组织、任何部门,为了调动员工的积极性,为了规范员工的行为,必须同时制定奖励和惩罚条例,并保证严格实行,不得轻

视或取消任何一方。

员工都怀有被他人褒奖或认可的心理，所以会产生勇往直前的精神。褒奖与斥责可以指导他们不断做出回馈褒奖的行为，或是不再犯错误。

可见，适当的奖励对于员工树立自信心、不断追求上进可能带来奇妙的功效。小功不赏，则大功不立。奖励某一种行为，这一行为就频繁出现，这就叫做强化。强化分为多种方式。其中一种方式就是固定时间的强化，即每隔一定的时间，就提供强化物，强化做出的行为。

但是现实中的很多公司却不明白这个道理。比如，很多公司的奖惩制度上写着："所有员工应按时上班，迟到一次扣50元，如果迟到60分钟以上，则按旷工处理，扣100元。"因为有弹性工作制，即不强求准时，但是每天都必须有效地完成当天工作。但很多情况是，即使有人迟到、早退、被扣除工资，可在实际工作中很有可能并不是努力工作，其因扣除工资而产生的逆反心理导致的隐性罢工成本反而有可能高于所扣除的工资。从表面上来看，管理者似乎赚得了所扣的工资，实际上损失更多。所以说，这并不是一个有效的奖罚激励制度。

领导者要赏罚严明，善于通过奖励和惩罚这两种正、负强化激励手段，来达到鼓励先进、鞭策后进，提高绩效的目的。爱护员工并不是溺爱他们，而是有必要地进行褒扬和处罚，恩威并施。赏罚的关键是：要严明、公正；"赏不可不平，罚不可不均"；不分人的贵贱，谁有功就赏谁，谁违纪，哪怕是"皇亲国戚"也要严格惩罚；"设而不犯，犯而必诛"。

那么，领导者如何做到奖罚分明呢？

建立企业标准化管理体系和绩效考核机制无疑是最好的途径。

也就是说，每份文件都要详细规定事情"该怎么做"、"谁检查"、"做好了如何奖"、"做不好如何处罚"等，真正做到有法可依、有据可查，并在此基础上建立绩效考核机制。由于制度是公开的，标准是公平的，奖罚用数据说话是公正的，所以员工积极性很高，如果你想奖得多、处罚得少，很简单，你按照流程制度把工作业绩提高就可以了。当然，前期部分员工会有所怀疑

或观望,但通过两到三个月的严格执行,员工尝到了甜头,老板看到了效益,企业充满了活力,此举无疑让企业向成功迈进了一大步!

总之,懂得奖罚分明的管理者才是一个好领导,正如兵法所言,“用赏贵信,用刑贵正。”一个良好的奖惩制度首先要选择好对象,其次要能够给予建立在员工相对表现基础之上的回报,简而言之,就是实际的业绩越好,奖励越高。只有制定了一个合适的奖罚分明的制度才能够对员工创造出合适的激励。所以说,一个优秀的管理者应建立好一个管理激励与约束机制员工的制度。

公平原则:制度管理必须秉承公平公正的原则

人最怕没有未来,未来是一种激励,也是一种安慰。任何一个领导者,要让员工对未来有信心,就必须实现制度上的管理公正。赏罚、绩效若都能依制度而行,那么,员工的所有行为也都实现了公平考核,他们在工作时才能找到动力,做出成绩之后才会有成就感。

事实上,随着后工业社会和以此为依托的人性化管理时代的到来,实现管理公正已成为现代管理实践的一个重要目标。管理公正不仅表现为管理结果的公正,同时也表现为管理制度、管理行为公正。因此,保证管理公正的实现不仅要考虑我们所要求的公正的内容,即管理中的组织资源应如何进行公平合理的分配,还要考虑其实施的保障和前提。这就是制度管理中的公平原则。

我们先来看下面这样一个管理故事:

杰西卡是某外企人力资源部经理。最近,出现了一个令她烦恼的问题:公司来了一批新人,这些新人都是经杰西卡之手挑选的,可以说,这是一批精英,按常理,他们应该感谢杰西卡和公司给他们这样一个机会。但事实

上，令杰西卡不解的是，他们好像和面试时候的状态完全不一致，一个个都好像霜打的茄子似的，无精打采，也没有工作热情。

后来，杰西卡在茶水间听到了新人们的对话："哎，我们努力也没用，玛丽已经被内定为未来主管了。""就是，太不公平了，凭什么？难道就因为她是杰西卡的表妹……"听到这段对话，杰西卡终于明白是怎么回事了。

的确，任何一个员工，如果被一个不公平的制度约束着，都不可能对自己的未来充满信心，也不可能产生高涨的工作热情。因此，任何一个领导者，在制度管理上，都要遵循公平原则。

从管理的角度说，公正、公平的实现依赖于制度。制度是管理的保证，从某种意义来说，制度就是组织资源分配的一种总体的安排，管理公正的实现必须以组织的制度作为基础。然而，并不是所有的制度都有利于管理公正的实现，其功效和作用取决于制度的基础。换言之，制度作为手段，也有"善"有"恶"，正如雨果说："世界上先有了法律，然后有坏人。"制度是被人执行的，也是被人破坏的。只有"善"的制度在管理公正的实现中才会发挥功效。"善"的制度是那种有助于组织整体利益的增进和个体利益的普遍获得、能在各种利益的分配上以公正、公平为原则的制度。

而要做到制度公正，领导者应该注意制定管理制度的依据和过程。具体来说，领导者需要保证以下三个方面的公正：

1.制定管理制度的依据必须是公正的

一个组织制定管理制度的依据包括理念依据和实践依据。其理念依据一是管理公正的各项原则，包括平等、人本原则、整体利益原则以及人性化、机会均等、调剂的原则等；二是管理组织所处的法律制度环境。其实践依据是组织管理的各项活动环节的基本要求，包括具体的计划决策、组织、人事、指挥、协调、控制等各个方面。

2.管理制度的制定过程也必须是公正的

管理制度的制定，首先要求主体的合法性。具体地说，根据组织的权责分配，管理制度的制定一定是具有"立法权"的机构在一定的职责范围内进

行的。其次是管理制度制定过程的民主化。最后是建立起管理制度制定的科学程序,把民主参与用程序和制度的方式确定下来,以组织的强制力来保证实施,以效率来促进公正。

3.管理制度的内容更必须是公正的

从组织管理活动来看,管理制度包括组织的决策、组织制度、人事制度、分配制度、领导制度、监控制度等多个方面,每个方面对公正的具体要求都各有侧重。决策制度的公正主要是要求民主决策;在组织分工的过程中要求分工均衡、权责对等;在人事方面则要求用人公正、公平竞争、机会均等;在经济利益的分配上,要求按照贡献进行分配;在领导制度上要求采用民主管理,注重公平与效率;在控制制度上要求标准统一、一视同仁、奖惩分明。

作为领导者,我们是各级管理的主体,是保证制度管理得以公正、公平的执行者,从某种意义上甚至可以说,管理者公正的实现过程就是管理公正的实现过程。

热炉法则:制度的执行要严厉严格

任何企业,为了约束员工的行为、让员工都能按章按纪办事,通常会制定出一套制度,任何人触犯规章制度都要受到惩处。关于这一点,热炉法则能指导领导者。这一法则是因触摸热炉与实行训导之间有许多相似之处而得名。二者相似之处在于:

首先,当你触摸热炉时,你得到即时的反应。你在瞬间感受到灼痛,使大脑毫无疑问地在原因与结果之间形成联系。

其次,你得到了充分的警告,使你知道一旦接触热炉会发生什么。

再次,其结果具有一致性。每一次接触热炉,都会得到同样的结果——

你被烫伤。

最后，其结果不针对某个具体人。无论你是谁，只要接触热炉，都会被烫伤。

显而易见，由热炉效应带来的启示，领导者在管理工作中，可以提炼出训导下属的四个核心原则。

1.尽可能迅速反应

如果事件发生与领导者处理措施之间的时间间隔太长，那么，就会减弱领导者处理措施的效果。在过失之后领导者越迅速地进行批评指导，下属越容易认识到自己的错误，而不是将领导的批评与自己联系在一起。因此，一旦发现违规，应尽可能迅速地开展批评指导工作。

2.事先警告

作为领导者，我们有义务让企业的每一个成员了解到企业的规章制度并接受组织的行为准则。如果下属得到了明确的警告，哪些行为会招致惩罚，并且知道会有什么样的惩罚时，他们更有可能认为你的批评乃至惩罚是公正的。

3.行使权力的一致性

公平地对待下属，要求训导活动具有一致性。如果你以不一致的方式处理违规行为，则会丧规章制度的效力，降低下属的工作士气，下属对你的工作能力也会产生怀疑。另外，下属的不安全感也会使生产力受到影响。每个下属都知道许可行为和不许可行为之间的界线，并会以你的行为举止作为指南。同时，一致性并不是说对待每一个人完全相同，这忽略了环境因素的影响。但是，当训导活动对不同下属显得不一致时，你有责任给你的训导活动提供清晰的解释。

在中国文化中，人情重于原则，作为领导者的你可能觉得实在难以拿经理妻“开刀”；但如果不处罚，以后员工就不会服从——员工本来就觉得这种铁面无私的规章是摆门面的，如果真的实施起来，会得罪人的。

而烫火炉是不讲情面的，谁碰它，就烫谁，一视同仁，对谁都一样，和谁

都没有私交，对谁都不讲私人感情，所以它能真正做到对事不对人。当然，人毕竟不是火炉，不可能在感情上和所有人都等距离。不过，作为领导者，要做到公正，你就必须根据规章制度而不是根据个人感情、个人意识和人情关系来行使手中的奖罚大权。

4.对事不对人

热炉规则的最后一项是应使惩罚不针对个人。处罚应该与特定的过错相联系，而不应与违犯者的人格特征联系在一起。也就是说，训导应该指向下属所做的行为而不是下属自身。比如，一名下属上班多次迟到，应指出这一行为如何增加了其他人的工作负担，或影响了整个部门的工作士气，而不应该责怪此人自私自利或不负责任。记住，你所处罚的是违反规章制度的行为而不是个体。一旦实施了处罚，你必须尽一切努力忘记这次事件，并像违规之前那样对待该下属。

另外，批评教育下属时应该是具体的而不是泛泛的。你应该避免这样的评论，如“你的态度太糟糕了”。这样的评论太含糊了，没有给下属提供足够的信息去纠正“糟糕的态度”。

另外，领导者在批评指导下属工作时，即使在教育前情绪再怎么不好，也应该只针对工作，而不要针对个人。批评下属“蠢”、“不够资格”等只能起反作用。这样的训导会刺伤下属的感情，以至于下属忽略了绩效的问题。你也许会忍不住责骂下属“粗鲁”、“迟钝”（也许这是事实），但这非常接近人身攻击，是要完全避免的。

最后一点是，如果领导者批评指正下属的工作，要确保这种行为是下属可以控制的。如果下属无能为力，那么，即使你长篇大论地加以批评，也起不到什么作用。因此，训导要针对下属可以改善的行为。如果一个下属忘了上闹钟，所以迟到了，你就可以批评他；但迟到的原因若是乘坐的地铁突然故障，他在地下被困了半个小时，这时批评他是没有意义的，因为下属无法控制这类事情的发生。

海潮效应：调节对人才的待遇，以加大对人才的吸引

随着社会经济的快速发展，许多员工对自身的权益更加关注，对公平的企业规则也更加崇尚，表现在工作上，就是对涉及个人切身利益——薪酬待遇问题更加关注。领导者在从事企业管理的工作中，如果模糊对待这一问题，势必会引起员工对企业的不满，进而导致员工把不满发泄到自己的工作中，或消极怠工或得过且过，最终影响企业的生产效益。关于这一点，领导者可以从海潮效应中获得启示。

海潮效应：海水因天体的引力而涌起，引力大则出现大潮，引力小则出现小潮，引力过弱则无潮，此乃海潮效应。人才与社会时代的关系也是这样。社会需要人才，时代呼唤人才，人才便应运而生。

依据这一效应，对于一个企业来说，重要的是通过调节对人才的待遇，以达到人才的合理配置，从而加大本单位对人才的吸引力。现在很多知名企业都提出这样的人力资源管理理念：以待遇吸引人，以感情凝聚人，以事业激励人。实际上，“重金聘才”在远古时代已为帝王所重视。

公元前 314 年，燕国发生了内乱。此时，临近的齐国乘机出兵，占领了燕国的一部分领土。新继任的燕昭王是个胸怀大志的人，他立志振兴燕国，收复失地。为此，他专门向一个叫郭隗的人请教，向其讨教招贤纳士的妙计。

在谈到这一问题之前，郭隗给燕昭王讲了一个故事：

从前有一位国君很爱马，为此，他向大臣们许诺自己愿意用千金买一匹千里马。但一匹好马真的很难寻到，三年过去了，杳无音信。此时，国君手下有一名默默无闻的人，自告奋勇请求去买千里马，国君同意了。接下来，此人开始致力于买马的工作，三个月后，他打听到某处人家有一匹良马。可是，等他赶到时，马已经死了。于是，他就用 500 金买了马的骨头，回去献给

国君。国君看用很贵的价钱买的竟是一堆马骨头，很不高兴。买马骨的人却说，我这样做，是为了让天下人都知道，大王您是真心实意地想出高价钱买马，并不是欺骗别人。果然，不到一年时间，就有人送来了3匹千里马。

郭隗讲完这个故事，转而对燕昭王说："大王要是真心想求得人才，也要像买千里马的国君那样，让天下人知道你是真心求贤。你可以先从我开始，人们看到像我这样的人都能得到重用，比我更有才能的人就会来投奔你。"

一句惊醒梦中人，燕昭王认为有理，就拜郭隗为师，还给他优厚的俸禄，并让他修筑了"黄金台"，作为招纳天下贤士的场所。消息传出去不久，乐毅、邹衍和剧辛等一大批贤士纷纷从各自的国家来到燕国。经过20多年的努力，燕国逐渐强盛起来，终于打败了齐国，夺回了被占领的土地。

用买马骨的方法来买得千里马，用修筑黄金台的方法来吸引天下的人才，所运用的都是海潮效应。人才乃强国之本。求贤纳士，选人用才，贵在诚心实意。燕昭王采纳郭隗建议，不以"才"小而不敬，敢向天下人昭示自己尊重人才、招募人才的诚心，所以四方贤士纷至沓来，燕国由此日渐强盛，给后人留下了深刻的启示。

同样，对于一个企业来说，必须通过调节对人才的待遇，以达到人才的合理配置，从而加大本单位对人才的吸引力，同时加大对人才的宣传力度，形成尊重知识、尊重人才的组织文化，吸引外来人才加入。

那么，作为领导者，你该如何完善企业的薪酬制度呢？

1.以物质激励为主要模式。

任何一名员工，都不可能对薪酬待遇熟视无睹，毕竟物质需要是人类的第一需要，也是基本需求，因此，物质激励是激励的主要模式。

物质激励主要是改善薪酬福利分配制度使其具有激励功能。

一是用拉开档次的方法。

二是对合理化建议和技术革新者提供报酬。

三是可实行薪酬沉淀制度，留住人才。

四是完善多种分配机制。对不同类型人员，不同工作性质的单位或部

门应该制定不同的薪酬方案，使之能发挥激励作用。

五是管理阶层应把握企业创新的原动力，采取国际上通行的技术入股、利润提成等措施，通过公平的分配体制，实现个人利益与企业利益的高度一致，使员工感觉到：有创造力就有回报。

2.重视非物质激励

非物质激励包括职位的迁升、权力的扩大、地位的提高，这些使他们在精神上产生满足感，同时也包括如进修、学习等提高其自身素质和生存能力的培训。如果这种需求长期得不到满足，必然会严重挫伤其工作的积极性。所以必须对员工的这种需求予以考虑，并通过适时的激励，提高其工作绩效。

提高绩效考核的有效性与合理性

考核制度在企业管理中起着很独特的作用。不断完善企业考核机制，有助于提高员工的工作积极性，促进员工成长。留住核心技术人才，在激烈的市场竞争中抢占人才先机，有助于实现企业的战略目标，使企业得以持续稳定发展。而事实情况是，在很多企业中，往往制度出台前不觉得复杂，可是一旦进入实际施行阶段，则变得复杂起来，且越来越复杂和烦琐，很令领导者“头疼”。

××公司是国内一家知名的建筑材料公司。每年，这家公司都会从各大高校招聘一些新人，但对于新人的考核制度，一直是公司领导头疼的问题。“作为一个要求众人按照统一标准来打分评议被评议者的考核制度，如果过分强化，就会束缚人的个性、创造力，理论上存在导致人人都成为八面玲珑的谦谦君子的价值导向。”公司领导这样说。

为进一步规范新进员工考核管理，客观公正地评价新进员工的工作能力和工作业绩，这家公司后来调整了考核办法。

公司首先成立了由用工部门负责人、企管办负责人及公司分管领导组成的考核组，以相应的岗位人员录用条件为依据，通过理论考查、实践考核和民主评议的方式，重点考查了新进员工的学习能力、劳动态度、工作质量、发展潜力、对企业忠诚度等方面，同时对新进人员所承担的岗位工作完成情况进行了考查，较全面地检验了新进人员的业绩、态度和技能。

很明显，这家公司调整后的考核制度更加全面、人性、公开化，这将对新进人员快速成长、加强公司队伍建设起到很大的促进作用；同时也为公司防范用工风险、提高后备人才素质起到有益的推动作用。

的确，在现代企业的制度管理过程中，绩效考核已成为管理的一个重要方面，但如何提高绩效考核的有效性却是令很多领导头疼的一个问题。在他们看来，在工作说明书与工作手册存在的前提下，绩效考核是考查组织机构与组织机制的有效性、提高员工积极性的一种手段，但在实际工作中，绩效考核总是存在种种困难：

一是绩效考核的内容偏重于形式；二是绩效考核中的人情味；三是绩效考核的结果对员工激励的滞后性。

因此，绩效考核往往只注重表面的形式与内容，导致绩效考核对于人力资源部门、其他部门和员工没有实际意义。

那么，作为领导者，该如何完善这一制度呢？

1.业绩与考评必须先分后合

业绩是短线考察项目，素质是长线考察项目，应该明确分工、先分后合。每月察业绩，年终评素质，最后按照一定比例综合形成干部员工的全年得分。这样可以使业绩评价在一定程度上克服评分者年终笼统凭印象评分所造成的主观性。

2.公正评议

工作中较少发生关系的部门之间不搞互评，互相之间有工作关系的部门之间互评时，要针对“关键接口指标”进行评议，而不搞泛泛之评；工作上无接触的部门不参加对公司领导的评议；工作上无接触的领导不参加下级

干部的评议；允许评议者在对被评议者或被评议者不了解的情况下注明“不了解”等。这些都可以撇去评分中的一些水分和泡沫，增加评分的严谨性和客观性。

3.建立涵盖全面、要求准确的岗位责任制，使考核有标准可循

同时尽量使评分标准变得易于把握。前面说过，评分中的主观性有客观原因，即评分标准难以把握，特别是素质评判和业绩质量评判。设计中可以努力使它们变得比较具体、量化、易把握。

4.提高评议人员素质

这里就包括了对各部门主管、公司领导乃至全体参与评议人员在品德、能力和见识方面的要求，在培训、选拔、任用、考核等方面都要注意提高其在考核工作中的品德和水平。这一条实施起来很费工夫，而且难见成效，但仍是不得不认真做的事。

总之，领导者完善企业的考核制度，有利于推动企业的技术进步，降低消耗，提高经济效益、社会效益和环境效益，改善劳动条件，提高经营管理水平，增强企业活力。

金鱼缸效应：企业管理增加透明度有利于相互监督

生活中，很多人喜欢养鱼，也就少不了金鱼缸，金鱼缸是玻璃做的，透明度很高，不论从哪个角度观察，都可以一目了然地观察到缸内金鱼的活动情况。另外，如果你养过金鱼，你会发现，一大缸鱼反而比一小缸鱼要好养。这一结论可能会让人觉得意外，但实际上确是真理。养一小缸鱼的话，如果出现什么问题，可能很快就会恶化而无法收拾。而养一大缸鱼的话，出现问题后有一个缓冲期，不会迅速恶化。在此期间，养鱼者可能会发现问题并及时处理。这就被称作“金鱼缸效应”。

“金鱼缸效应”也可以说是“透明效应”。它是一种比喻,也就是极高透明度的民主管理模式。

“金鱼缸效应”是由日本最佳电器株式会社社长北田光男先生始创的。北田光男先生强调,把增强透明度的重点放在各级经营管理者的经济收入上,要求企业各级领导者的经济收入和费用报销要如实地向企业利益相关者公开,接受企业利益相关者的批评建议,并根据员工们的意见,对经营管理进行改进。

这一效应运用到企业管理中,就是要求企业领导增加企业各项工作的透明度。企业的各项工作有了透明度,企业领导的行为就会置于全体下属的监督之下,就能有效地防止企业领导享受特权、滥用权力,从而强化企业领导的自我约束机制。员工在履行监督义务的同时,自身的主人翁意识和责任感将得到极大的提升,而敬业、爱岗和创新的精神也将得到升华。

目前,企业界常采用“开诚布公管理法”,其哲学基础与“金鱼缸法则”一样,就是“开诚布公”。

史塔克是业界施行“开诚布公管理法”的先驱之一,他因道德表现杰出,堪为众人表率,而获得“企业信用奖”。史塔克接掌“春田重整公司”(SRC)时,SRC 刚从母公司“国际丰收公司”脱离出来,整个公司的经营状况可以说是摇摇欲坠。史塔克认为,唯一能使公司长久维持正常经营的方法,就是以真相为基础。他决定让公司里的每一位员工都了解公司整体的经营状况。他亲自教员工看懂、了解公司的财务报表,而且定期公布公司的账册与各项财务资料,让公司上上下下都知道公司目前的状况及未来的目标。

的确,增加规章制度和各项工作的透明度是企业一项任重而道远的任务,不是一朝一夕就可以做到的。

那么,作为现代企业的领导者,我们应怎样为企业的制度管理实现透明化而努力呢?

1.不断提高自身的综合素质和职业道德

我们都知道,鱼缸透明的前提是鱼缸缸体采用的透明材料,此外就是要

有清澈、通透的水质，所以，企业的管理者要不断提升自身的综合素质和职业道德，为管理工作的公开透明提供“透明的鱼缸和清澈的水质”。

2.始终遵循和执行“公平、公正、公开”的原则去开展各项工作

做到了公平、公正，我们就不怕公开，而企业管理的公开、透明又会对企业管理本身起到巨大的推动作用，使企业得到持续、良性的发展。最后，我们要记住：管理制度和各项工作的透明、公开是提升管理水平、防止不正之风的法宝之一。

3.努力做到信息公开

把信息对称作为制度管理的追求之一非常必要。因为在缺乏充分信息的情况下，企业与员工之间容易形成对立局面，那么，制度管理也就成了领导的管理，从而很难实现员工的自觉管理。

4.建立完善的监控体系

领导者在利益的选择中有时可能会把个人利益置于组织利益和其他组织成员的利益之上，甚至会利用手中的权力谋取私人利益，以致对组织利益或他人利益造成损害。在这种情况下，如果没有外部监控和相应的制约措施，不公正的行为就得不到纠正和惩罚，这本身就是不公正的。

总之，作为一个组织的领导者，在制度管理上，我们不但要管好他人，也要管好自己，这其实是一门领导艺术，需要我们在工作实践中不断去探索、去总结。

皮尔斯定律：后继有人，才能保持长久生命力

在当前这个变化纷繁的年代，任何一家企业的领导者，都承担着为企业注入新活力的任务。这其中便包括为企业完善接班人制度。选择和培养好企业的接班人，这不仅凸显管理者的管理智慧，同时也将成为企业家应尽的

一种财富责任，是企业可持续稳定发展的关键所在。事实上，当企业接班问题成为一种“危机”在中国企业管理界内蔓延甚至渐成趋势的时候，一个很严肃的问题便摆在了当今企业管理者的面前：接班问题如何解决？怎样才能使中小型企业更加健康、有序地发展？对此，我们先来看这样一条定律：

英国宇宙航行组织总裁奥斯汀·皮尔斯提出要追寻有效的企业经营发展前途，企业的未来后继接任人选实在是相当重要的。公司执行主管应该将此提到与企业财务收支同样重要的层面上。后继有人，才能保持长久的生命力。这就是皮尔斯定律。

在知识经济时代，人力资本已经超出其他一切资源，成为决定企业经营成败的关键因素。对于一个健康、持续发展的企业来说，关键是要建立一套完善的组织机构和体系；而建立完善的组织机构和体系，其中的一个核心要素就是完善培养接班人制度。

通用公司 CEO 杰克·韦尔奇说过：“高效的领导者都意识到，对领导能力最后的考验就看能否获得持久的成功，而这需要不断地培养接班人才能完成。”

韦尔奇是这么说的，也是这么做的。在他 65 岁也就是在通用任职 20 年之后，他选好了伊梅尔特作为自己的继承人，很平静地完成了职位交接仪式。韦尔奇认为，他作为一个 CEO，为企业选择自己的接班人是职责所在，他必须为企业的未来进行投资。只有这样，通用才能走得更远、更久。对于自己的退休，他说：“我并不是觉得自己老了或是累了才决定退休的，而是我认为我在这个位置上已经待了 20 年了，这个时间太久，公司应该来一个新人给它一个重新的开始。我的成功，要是确实有的话，要由我的继任者在未来的日子里来决定。”

在通用公司，一向注重接班人的培养和挑选，公司有一套严格的选择接班人的制度，这被人们称为“采用系统方式选拔接班人”。这种制度在实行上大体是先提前几年拟出一个候选人名单，这个名单是保密的，甚至连候选人自身都不知道自己被纳入了候选名单。这以后，公司会密切注意候选人的一切动向，所有董事都会对候选人员进行考察和打分。正是通过这种方式，韦尔奇最终选择了伊梅尔特作为自己的接班人，而这个选择过程早在1994年就开始了。

韦尔奇经常不无自豪地说：“这是一家由众多杰出人物管理的公司，而我的功劳，就是为公司物色到了这些杰出人士。”由于通用坚持一种系统的选人方式，公司内部人才云集。

同样，现代社会，任何一家企业的领导人，都要认识到企业的每个高层管理人员的管理生涯都是有限的，企业必须在关键领导岗位、在任者管理生涯结束之前的相当一段时间里，制订企业接班人计划，连续地准备后继领导人才，这样企业才能真正实现可持续发展。

当然，企业接班人的计划要从长计议，要用制度进行规范，不可临时抱佛脚，企业应有长期的人才培养计划——如何让接班人不断地经受锻炼？如何评价他们的成绩？如何让他们得到大家的认同？管理者要在这方面作精心的规划，要端正自己的心态，不要等到自己体力精力都透支时，才匆匆忙忙地考虑接班的事情。

总之，培养接班人对一个企业的发展作用重大，它能保证企业拥有源源不断的后备人力资源，使企业的正常经营不至于因人员短缺而发生断裂；它能有效地降低甚至消除员工辞职或离职对企业经营造成的损失。同时，一个完善的培养接班人的制度可以让公司的员工感到自己享有公平提拔、升迁的机会，这对提高员工士气、激励员工努力工作、增加企业的凝聚力和向心力都具有明显的作用，从而为企业长远的、健康的发展提供人才。

下篇

策略执行有秘籍

第10章 统筹管理心理学，运用战略策略赢得更大市场

现代企业，如何才能在激烈的市场竞争中适应市场导向？这可能是所有企业领导者面临的问题。而反过来说，企业领导者是否能用战略的眼光发现企业管理中的各种问题，也关乎企业的兴衰荣辱。然而，战略统筹管理不是经营战略，而是更高一层的整体战略，需要领导者在不断完善自身的同时，在管理上做到统筹兼顾、大胆创新，从而使企业在内外部都呈现和谐、繁荣的景象！

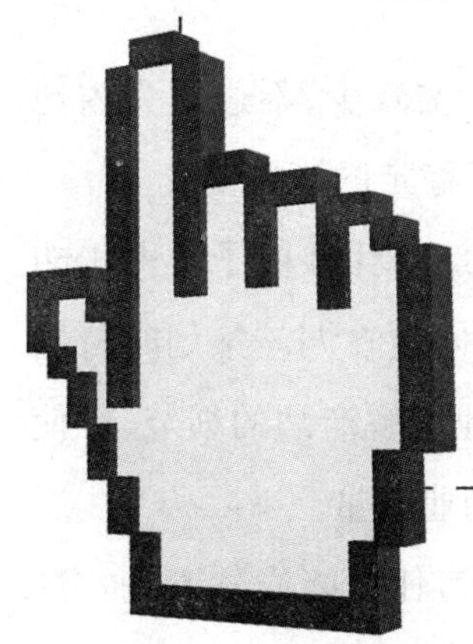

领导要有战略性眼光，纵观全局作出规划

企业的领导者，无疑是企业的带头人，企业领导者的素质如何，如何看待市场运营、销售等各方面的问题，都关系到企业的生死存亡。我们不难发现，一家企业，无论成败，都和领导者是否能纵观全局有一定的关系。人们常说，一个人要想成功，必须要有自己的人生战略。实际上，这句话也同样适用于企业，领导者在为企业作出战略性规划时，一定要有长远的眼光，正所谓"真正的赢家必定是笑到最后的"。请看下面这个真实的管理故事：

胡先生是深圳一家小公司的总经理。金融危机期间，他的小公司不但没有倒闭，反而业务量骤升。这一点，让很多同行产生了巨大疑问。

一次和朋友聚会时，席间一个同行经销商谈到他们的业务主要在深圳和珠江三角洲一带，金融危机对他们企业的影响很大。

"您的公司企业如何？"

胡先生说："受到美国金融风暴影响海外订单确实减少，不过因为内地客户受金融风暴影响小，反而通过网站为企业带来了稳定的订单。"

这位经销商豁然开朗，要求看看胡先生的网站是个什么样子。由于胡先生的公司是生产连接件产品，该产品比较细小，他们便在网站策划时特别增加了产品放大镜功能，以便帮助访问者更加详细地了解产品的细节，在使用恰当的推广方法后，为胡先生的公司带来了理想的业务量。

在人人自危的金融危机期间，胡先生的小公司为什么能岿然不动？这得益于他利用企业网站和网络营销手段，避免遭到金融风暴影响。可以说，胡先生就是一个懂得在大形势下总揽全局的人，可以说，他的做法值得其他企业借鉴和学习。

可见，作为企业的领导者，我们只有用战略的眼光看问题，树立战略观念，才能对社会经济的发展起到积极推动的作用。

所谓战略，就是指重大的带有全局性或决定性的谋略。战略观念的核心问题就是如何处理长远利益和眼前利益、局部利益和全局利益的关系问题。正确的战略观念来自实践，事物是不断发展的，所以战略观念离不开发展。战略观念和“因循守旧”、“不求进取”是相互对立的。

企业领导者要提高战略思维能力，树立全局观，应注重抓住以下几个问题：

1.注重理论武装，以丰富的理论修养与知识素养作支撑

我们很难想象一个没有理论思维的领导者如何总揽和驾驭全局，而提高理论思维能力的根本途径就是学习，要通过学习强化知识。

2.注重信息扩展，开阔想问题、作决策的眼界和空间

在当今知识、信息大爆炸的时代，信息已成为最重要的战略资源，它可以被提炼成知识和智慧，因而在战略问题的研究中越来越凸显作用。企业领导者要对事关全局的重大问题进行战略思维，必须以了解和掌握大量的信息为前提，这样方可开阔眼界，启发思路，作出具有远见卓识的行动决策。

事实证明，一个领导了解、掌握的信息量越大，知识面越广，思辨鉴别能力就越强，工作就越来越得心应手、应对自如，从而真正做到讲政治、谋大局、抓大事。

3.强化全局观念，培养凡事谋全局的思维习惯

树立全局观必须一事当前想着全局，思考问题、筹划工作，应依据全局的方针、政策、原则指导局部，切实吃透上头的，摸清下头的，形成自己的，创造性地抓好落实。坚持局部服从全局，在培养凡事谋全局思维习惯的同时，要注重谋略的锻炼。

4.强化求真务实，在实践中确立全局观

“没有调查研究就没有发言权”、“没有调查研究就没有决策权”这两句

话，充分说明了一个领导者如果不知道、不重视实践就会在战略上丧失政治主动权。鉴于此，领导者必须通过各种途径和手段力争了解和掌握多方面的信息。

总之，企业领导者提高战略思维能力，不是为了独善其身，孤芳自赏，而是为了解决领导工作中的实际问题。战略思维能力是否提高和提高之大小，必须以具体领导工作的实践成效之好坏作为检验标准。而为了取得好的实践效果，又必须善于以求实的精神开拓进取。

协调各方，妥善处理各方面关系

现代企业都为实现科学发展而努力，而实现科学发展的根本方法是统筹兼顾。所谓统筹兼顾，就是要求领导者在工作中做到总揽全局、协调各方、统筹规划、兼顾全面，充分调动一切积极因素，妥善处理各方面关系。

当前的情况是，很多企业都面临着正确处理国内市场与国际市场、企业与政府、企业与公众、企业与媒体以及国家利益、企业利益和个人利益的关系等。而作为企业的领导者，很明显，他们担当着解决这一问题的重任。因此，他们必须自觉地运用统筹兼顾的根本方法，努力解决企业发展不够平衡、不够协调、不够全面的问题，进一步转变发展观念，创新发展模式，提高发展质量。

也就是说，一个领导者是否具有统筹兼顾的管理能力，事关企业各项机制能否和谐有序地运行。我们先来看看下面这个管理故事：

李主任是一个小领导，一直以来从事运营管理工作。但最近，公司有提拔他的意向，于是，公司希望他能同时兼顾店铺员工销售技能、产品知识以及提高员工士气等方面的培训。事实上，李主任也一直对培训方面比较感兴趣，但如何兼顾二者，李主任实在头疼。后来，李主任不得不求助于从事

培训工作的朋友。

朋友对他说："公司能够重视培训是很好的事情。一线员工是销售业绩的创造者，而培训是先行兵。

"在培训实施方面，首先要调整员工的心态和士气，这些可以从企业文化宣导和团队建设活动入手。与销售管理者进行沟通，了解员工的实际需求后，针对所显现出的问题制定有针对性的培训解决方案，建立长期的销售培训机制。

"而在培训员工前，你先和基层员工开个研讨会，让他们反映工作中遇到哪些问题，例如对产品功能特性有哪些不清楚的，客户有什么异议，与对手的产品相比有哪些优劣，怎样实施奖励提高员工士气等，大家畅所欲言，千万不要自己闭门造车。你收集好资料后写一份培训大纲，让领导批示后就开课。"

通过朋友的指导，李主任豁然开朗。

现实的管理工作中，可能很多领导者和李主任一样，需要管理的并不仅仅是某个方面的工作。一个领导者领导的组织越大，管理层级越多，越要懂得领导和管理的艺术。处于高层的领导者不仅要集中精力把握战略性问题，还要做好用人工作和对工作进程的督查，除此之外，还要做好深入基层了解情况这一不定期的非经常性的工作。

可见，一个领导只有做好各方面的工作，才能履行好自己的职责，抓好本职工作，给下属树立表率作用。

具体来说，需要领导者做到：

1.正确处理管理层与员工、生产层的关系

企业管理的目的并不是"管"，而是达到资源合理配置、提高员工工作积极性，从而提高企业效益、促进企业持续平稳发展。

2.做好成本控制工作

要以生产为中心，以质量为核心，全面认真履行生产组织、质量保障、成本费用控制、安全维稳、队伍建设五大主要职能，全力支撑公司的发展。

3.把握好集权与分权的尺度,保护和调动员工的积极性

一个善于领导的人,在工作中知道应该抓什么,不应该抓什么。例如,在推进一项工作时,领导应该抓的是方向、是目标、是结果的考核。即干什么、要达到什么样的结果,要做到心中有数。至于怎么干,用什么方法去干则应该交给下属。如果一项工作由多人合作完成,则用什么人,怎样分工也应该交给具体负责这一工作的人,不要插手下属的本职工作。

4.正确处理规范经营与运行效率的关系,使企业更加充满活力

当然,企业管理工作是一个系统工程,不可能一蹴而就,因此领导者在兼顾各方面工作时,也需要循序渐进。如果一味追求速度或者什么都要抓,那么,很可能会使你的工作陷入混乱。

处理好内部关系,使员工看到自己的价值

在信息经济时代,企业内外部环境的变化日益复杂,处理好企业内部和外部各方面关系、增强企业内部凝聚力、提高工作效率,以及利用内外部力量来增强企业竞争力,是企业领导者必须面临的问题。然而,在我国一些企业的管理实践中,管理沟通存在着很多问题,严重影响了企业的发展,之所以会造成这样的局面,是因为企业没有做好各方面资源的协调工作。这其中包括企业与员工、企业与企业、企业自身的规划问题、企业与政府和社会之间的关系,只有协调发展才能达成各方面的共识。事实上,找出产生这些问题的根源并寻求解决办法至关重要。我们先来看看通用公司是如何让员工和企业达成共识的:

通用公司经常召开不定期的员工大会。全球的 CEO 或 13 个业务集团的 CEO 以及其他高层领导到中国访问时,公司都会特别安排员工与他们进行面对面的交流,这是一种很难得的沟通机会,员工可以把自己的想法直接

告诉公司的高层。CEO 的电子邮件，得益于电子商务的便捷，通用的 CEO，过去是杰克·韦尔奇，现在是杰夫·伊梅尔特，都会经常给全球员工发电子邮件，告诉大家公司业务的变化等情况，与员工分享他们的体验。

在杰克·韦尔奇在任期间，他几乎每个月都要去克劳顿村 1~2 次，21 年里，他得以与通用的 18000 名经理进行了面对面的沟通。杰克·韦尔奇不喜欢发表演讲，而更愿意公开、广泛地与员工进行交流。与参加培训的员工交流之前，杰克习惯提前将一份手写的便笺交给学员，上面写着准备讨论的一些问题。

人们曾经一遍又一遍地问过韦尔奇：你是如何把通用的价值观移到别处的？杰克·韦尔奇说："我们之所以能做到这一点，是因为它们本身就是极简单的价值观，那就是人的尊严和发言权。"

在通用，这种尊严包含了被重视、被关注、被在乎，而这一切来自他们的 CEO。正是这种平等的沟通，使员工看到了自己的价值，进而实现了员工与企业关系的协调。

当然，任何一家企业的领导者，要想使整个企业都能协调发展，还必须努力做到以下几点：

1.企业内部各项机构、职能之间的协调

作为企业的领导者，我们只有做到先管理好内部，让一切运行有序，才能协调外部管理工作。

企业内部管理，如团队管理、学习型组织、企业文化、目标管理、标准化管理、人性化管理、无边界行为等管理思想和理念，其实质是团队沟通、学习沟通、文化沟通、制度沟通、情感沟通等一些管理沟通内容。

2.企业外部管理

企业外部管理，如供应链管理、客户关系管理、公共关系管理、企业形象系统、无边界行为、企业战略联盟等，其实质是供应商沟通、客户沟通、公众沟通、政府沟通、社会沟通，这也是管理沟通的重要内容。

因此，如何解决企业内外部所有的这些业务与人文分歧，是现代企业管

理的根本任务。而通过卓有成效的管理沟通,实现企业全体人员对于企业各项业务运作要求达成共识,并协调企业内外部人际关系,实现企业内外部人文环境的融合统一,则是现代企业管理沟通的根本目标。

3.为企业制定合理、和谐的发展目标

这包括三个方面的目标:

(1)短期目标。①建立统一集中的人力资源管理信息平台(即员工关系、薪酬福利管理、绩效考核等);②实现准确、快捷的人力资源数据统计;③建立完善的人力资源管理体系。

(2)中期目标。①实现统一规范的人力资源管理流程;②提升总体人力资源管理水平;③建立职业生涯规划体系;④实现人力资源无纸化管理。

(3)长期目标。①建立并推广能力模型;②大规模提升员工的技能及素质,为企业长远发展奠定坚实的人员基础。

总之,在现代企业管理中,企业内部与企业外部,即企业与供应商之间,与顾客之间,与政府、社会公众之间,与竞争对手之间均存在着各种各样的意见、立场、利益分歧。而管理沟通的根本任务,正是缩小和消除这些分歧。

用科技手段推动管理工作的精确性和清晰性

现代社会,随着信息技术的不断发展,很多企业都认识到自己在管理水平、效益水平上的不足。事实上,它们也都尝试过许多先进的管理理论和方法,但效果却不佳。这是为什么呢?主要原因是管理基础不好。技术可以超越,但管理阶段是不能跨越的。很多领导者通过管理实践证明,仅靠一种管理理论很难让我们的企业有实质性收获,必须要有组合式的、便于每一个员工的可操作、可复制的管理模式。

的确,管理过程是一个复杂系统,自始至终贯穿着两股巨大的流向:人

力、物力、财力形成的"物流"；大量数据、资料、指标、报表等形成的"信息流"。"物流"作为管理活动的主体，其畅通与否决定着管理质量的高低。而"信息流"的畅通则是"物流"畅通的前提条件。想要提高管理的效率与质量，必须围绕信息收集、处理、传递和反馈开展管理工作，着力建立适合信息时代的管理结构和运行方式，实现管理的标准化、数字化、可视化、实时化，用科技手段推动管理工作由粗放走向精确，由模糊走向清晰。竞争莫过于精确，成功更在于精确和细节。

我们先来看下面这个领导者的管理教训：

刘洋归国后，在北京创建了一家自己的网络公司，生意一直红红火火。但年终进行账目审理后，刘洋发现，这一年来，居然根本没有赢利。到底是哪里出了问题?

他找来财务人员才得知一直以来，他忽视了一个问题，网络公司在网站维护上的成本投入太多。而造成这一问题的又在于公司这方面人员繁冗，很多工作，由一个员工就可以解决，却安置了太多的闲余人员。

之后，刘洋还针对公司的其他问题进行了更细致的考虑，比如，公司员工的奖金制度应该加以调整并细化；员工的考勤制度也应该明确化……

经过一系列的调整后，第二年的第一个月，刘洋就发现公司已呈现出一片大好的发展趋势。

的确，现代企业，无论大小，都不能实行"粗放式管理"，更不能"个人说了算"，企业要做到降低成本和增长效益，领导者就必须在管理上使每个步骤都精确化。

精确管理，顾名思义，就是工作要精细、做深、做透、做到位、做出高水平。它需要领导者在管理中做到：

1.精确的战略管理

战略管理不仅要提出企业发展方向，更重要的是要有战略实施的举措和行动方案。企业必须按照精确的战略管理思路狠抓落实，即结合企业的内外部环境，明确具体行动方案以及精确到每年的具体思路、举措和行动

方案。

2.精确的财务管理

核心是“控制每一分钱，掌握每个环节”。

企业实行精确的财务管理必须加强三点：一是全面预算坚持刚性原则，落实到具体环节和每个人；二是加强企业的审计工作，将事后审计变成事前审计，将惩罚变成指导与惩罚相结合；三是实行作业成本法，真正掌控企业的成本，将“糊涂账”变成“明白账”。

3.精确的人力资源管理

精确的人力资源管理要在招聘、使用、考核、培训和开发几方面进行具体化：

（1）在招聘方面，要结合企业实际需求，关注企业员工和管理干部的年龄结构、性别比例、文化层次等，并建立轮岗交流锻炼制度；

（2）在考核上，要不断完善绩效考核的管理办法，将日常考评和年终的绩效考核工作结合起来，同时更注重员工的职业发展规划；

（3）在培训上，注重课程设计，将岗位培训和学位培训结合起来，充分做好培训前的员工个性化学习需求的调查工作，满足员工职业学习的需要，提升员工职业技能，提高员工的企业忠诚度；

（4）在开发上，注重员工的工作倦怠和职业枯竭问题，释放员工的工作压力，创建相互信任的工作氛围和人际工作环境。

4.精确的市场营销管理

精确的市场营销管理是指按照市场细分的方法进行有效的客户定位，特别强调业务的市场调查工作和消费者心理研究，寻找企业中的大客户、高价值的商业客户和忠诚度高的公众客户，制订有效的市场营销策略，提升客户价值，提高企业效益。

另外，领导者实施精确管理，要学会找出企业发展的优势和劣势，并在此基础上识别差异，创新目标，确定企业改革和发展的方向，从而不断提高企业的核心竞争力和绩效！

弹性管理，做到“管”与“放”相结合

任何领导者都知道，企业管理是一个动态的过程，它是领导者根据一定的目的要求，采用一定的手段措施，带领员工对企业中的各种资源进行计划、组织、协调、控制，以实现企业发展目标的过程。而现实的管理工作中，有些领导满腔热情，事必躬亲，无所不管；也有一些领导就是个空架子，对企业问题置之不理。这两种管理方式都是值得商榷的。一个优秀的领导者，在管理中往往收放自如，做到“管”与“放”的结合，这就是企业管理的弹性策略。我们先来看看下面这个管理故事：

王刚是某公司财务部主管，承担着这家公司所有的收账入账问题，每天需要面对的是大大小小的数目，工作极为烦琐，即使如此，面对上级和下属们的各种问题，他都能做到小心应付。

一次，他正被公司的账目弄得焦头烂额时，会计小刘敲门进来，对他说：“有些外债需要清偿，对方催得很紧，你看怎么办?”

王刚调整了下心情，对小刘说：“我们应尽快增加收入。每个人都应负起还债的责任，债要尽快给人家清偿。你觉得还有什么办法?”听到主管这么说，小刘知道，考验自己的时刻到了。

案例中，王刚对下属说的话就是弹性语言。领导者这样说话，不仅为自己思考决策争取了时间，同时，也为部下留下了解决问题的余地。

当然，在企业管理的过程中，弹性策略涉及的不仅仅是弹性语言，还需要领导者应该结合自己的工作实际，从优化企业管理、提高管理艺术的角度，针对具体情况加以运用，具体来说包括：

1.弹性语言

“弹性语言”是指领导在做具体事的时候，运用灵活的语言，可将所说的

话，所做的事，尽量留有余地。即使用可进可退的语言，但又别于模棱两可。

比如，在面对某些非答不可的问题时，你可以回答“考虑考虑”、“研究研究”（再作答复），以便为自己争取迂回的时间。

当然，高明的弹性语言，正是高超政治艺术的一部分，不是轻易就能掌握的。弹性语言奇就奇在可以回旋。

领导者学习弹性语言，必须坚守适中纯正的规则，不可失之偏颇。领导者运用弹性语言，可免遭部下怨恨，也免遭政治失利的境地。

2.弹性人事

管理的对象是人，领导者在管理中自然免不了要与人打交道。高明的领导者懂得：弹性最能予己以主动，对人对事弹性处之，回旋余地自然很大。

例如，在和下属相处时，既不可太亲密，也不能太生疏；而对待自己的竞争者，既不要把他看作敌人，也不要把他看得太亲密。亲而不可太近，疏而不宜过远。取其弹性中段较宜。

对于做一件事，从理论上讲，要做就一定要做好，做的过程中可能会遇到麻烦，但从不定死哪件事不可做，叫做不见老底不回头。这就是对人对事弹性为本的策略。这个策略起码留有余地，保存实力，达到时时主动的功效。

3.弹性政策

政府的弹性政策可给人以长期稳定的假印象，也可为执政者集中权力作好宏观调控提供手段。政策，可按治国的需要随时添加些新的政策色彩。因此，大到国家的统治者，小到一个部门的高明领导者都青睐“弹性政策”。

综观起来，弹性政策并不是不明确，但它却如春夏秋冬一般，虽生于地球但能交替变化，无论如何都能为执政者灵活运用。

领导者制定弹性政策的目的在于从原则上相对保证政策的连续性与稳定性。从精神实质上为执政者赢得一个大的回旋余地。就像武侠小说中的回旋镖，击中目标就击中了，击不中，镖还回到自己手上，绝不至于陷入

被动。

而制定弹性政策的原则是，增强方针政策在文字语言方面的笼统性和大原则性，减少它的具体性，以便随时按照政策需要修改政策内容。

把握变革的时机，适时调整应对发展变化

现代社会，企业管理已经进入到文化、组织、战略多维管理时代，也就是人们常说的“三维管理沟通阶段”。因此，过去那一套简单的管理方法已经无法适应多变的市场了。在改革创新的大环境下，作为企业的领导者，我们若不能把握变革的需要，就会为公司带来毁灭性的后果。对此，很多领导者提出在企业管理上也应该与时俱进，从而适时调整、迎接挑战。但在一个大型组织中，说服管理团队或一线员工投身到一个重要的变革中并非易事。我们先来看看通用公司在管理创新上的经验。

杰克·韦尔奇提出的“无边界行为”，打破了 GE13 大业务集团的界限，像“小公司”一样灵活，已经成为通用非常重要的管理价值观。通用所有部门的员工都已接受了这种工作方式，相互之间有非常好的沟通环境和团队合作的氛围。“无边界行为”不但不会和有序的组织管理发生冲突，反而为通用创造了一种自由、轻松、平等的沟通环境。

通用电气公司开始谈论“绿色创想”时，解决了这一问题。首席执行官杰夫·伊梅尔特说：“寻找可持续性更高的经营方式，这种社会发展趋势显而易见，如果能乘此东风，我们就会为将来的发展而占得先机。”通用电气公司开展了一次绿色审核，找出他们已有的在业内一流的绿色产品，并开始对雇员突出强调这些现成的绿色产品的领域。LED3 照明系统（可以发出很亮的光，但所耗电力仅为其他系统耗电量的 10%）就是这样的领域。然后，通用电气公司就说：“我们就是那种能在日益注重可持续性的新业务环境中获

得成功的人。”

通用的变革成功了！这一成功得益于无边界行为的提出，杰夫·伊梅尔特说：“我要把我的思想、公司的战略告诉通用全球的员工，员工的想法也与我沟通，建立相互理解、为了共同目标携手努力的氛围。当企业面临变革或危机时，最重要的事情就是与员工进行沟通。”

而事实上，许多企业却并没有将创新与调整管理办法落到实处。比如，有关变革计划的图表演示文稿中会有35张幻灯片用于分析变革的理由，但演示文稿中却没有任何内容来阐述如何帮助雇员相信“我们就是能成功实现这项变革的那种人”。

没有企业的领导者希望自己的企业面临落后和被市场淘汰的危机，那么，从现在起，领导者就要大胆尝试，敢于“开刀”，至于采用什么方式进行企业管理变革，你需要找准企业管理机制上存在的问题，对症下药，而要做到这一点，你必须首先做到：

1.更新观念，强化意识

当前，新学科、新知识层出不穷，对许多新事物的了解和掌握没有知识的基础是不行的。如果领导者不注意加强对新知识的学习，孤陋寡闻，学识浅薄，战略思维就沦为空谈，且不谈充当领导社会主义现代化建设的战略家，就连自己的本职工作都难以胜任。因此，现代领导者必须以高度的历史责任感和时代紧迫感，抓紧学习新知识。要把当代各个领域的新知识作为学习的重点内容，学经济、学科技、学管理、学法律，学习一切需要学的东西，努力使自己成为某一方面的行家、专家。

2.以人为本，提高素质

实施管理创新的当务之急是提高领导者的素质，特别是提高他们的科技素质。企业必须采取多种形式，加强干部培训，让企业在管理素质上有一个飞跃。

在进行管理创新的同时，也会带来新的问题，管理者必须养成严谨细致、雷厉风行、精益求精、求真务实的工作作风，解决精确管理“如何自觉”、

“如何贴近”、“如何深入”的问题。

3.与时俱进，创新模式

人既是管理活动的主体，又是管理活动诸要素中最活跃、最积极、最具有能动性和影响力的客体。要提高新型管理模式的整体效能，必须在抓好以贯彻落实各项规章制度为主要内容的“硬管理”的同时，抓好以思想教育为主要内容的“软管理”，运用心理学、社会学、伦理学、美学等人文科学知识引导广大员工树立坚定的信念，充分激发和调动作为管理客体的人的主动性、能动性、创造性，推动精确管理取得最大效益。

总之，领导者只有认识到管理创新的重要性，并做好各方面的沟通工作，才能让企业摒弃过去几年甚至几十年延续的管理方法！

第11章

归属感管理心理学，让员工有家的感觉

随着社会文化的提高，人们的自我意识和生活品质得以提升，人们不再只为生活而工作，而是把工作看作良好生活的一部分，因此，更喜欢选择他们自我感觉良好的公司。因此，作为企业的领导者，只要你始终爱护人、尊重人，承认员工的劳动和做出的成绩，构建企业上下左右良好的沟通系统，并让人才了解和参与企业的决策与管理，切实为他们提供各种必要的保障，营造一个“企业为我家”的软环境，就能很好地将人才凝聚在一起，从而使员工们毫无怨言地努力与奉献，才能从根本上稳定人心！

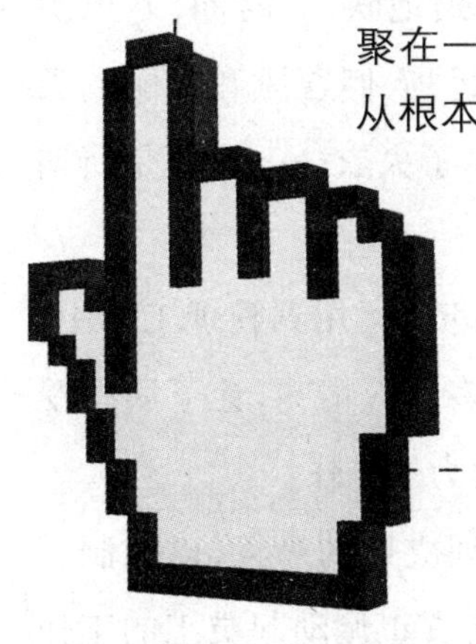

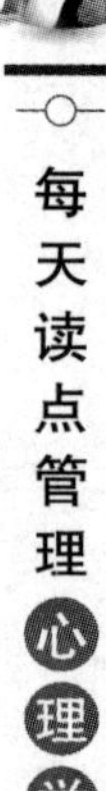

南风法则:员工心情舒畅,工作自然积极

现代企业里,领导者就是通过调动员工工作积极性来完成工作的人,领导者在企业中的位置就如同家长一样,而员工就是家庭成员。一个家庭,只有做到“家和”,才能“万事兴”,同样,一个企业的发展,贵在人和。要人和,就离不开“暖意融融”的人文关怀。而作为企业的大家长,领导者只有正确把握方式方法,坚持用真诚、平等、温暖的情怀去管理,才能让员工感觉到春天般的希望,才能使全“家”上下具有共同的奋斗目标和价值追求,对家有强烈的归属感和认同感,对组织有充分的信任感和依托感。如此这般,才能人人心情舒畅,保持春天般积极向上的心态,齐心协力创事业,进而推动企业繁荣发展。

法国作家拉封丹写过一则寓言:

北风和南风相遇,它们都认为自己可以把行人身上的大衣吹掉,并争论得不相上下,为此,它们决定比试一下。北方先使劲地吹,一时间,寒风凛冽,人们赶紧裹紧身上的大衣。然后,南风徐徐吹起,人们在风和日丽的天气下顿觉暖意升起,于是开始解开扣子,继而又脱掉了大衣……这便是所谓的“南风法则”。

这则寓言故事告诉所有的领导者,温暖胜于严寒。运用到管理工作中,就是要求领导者关心和尊重下属,做到以人为本,多点人情味,让下属感受到领导者对自己的关心,从而卸掉心理包袱,更加卖力地工作。

的确,在倡导以人为本、尊重和关心员工为管理决策的今天,以强制手段来管理员工,是不能打开员工的心灵的,更不可能真正调动起员工的工作积极性。而领导者若能使用暖暖的南风般的温情去管理员工,让员工感受到你的亲和力,那么,员工的心会更贴近企业,更能增强企业的凝聚力和向

心力。

事实早已经证明，凡是具有蓬勃生命力的企业，都有一套能让员工从内心自然接受的管理制度。所以，员工认为在企业这个大家庭里，工作虽有压力，但更有动力、更有希望。虽有劳累，但不觉得心累，更充满工作的快乐感、幸福感和愉悦感。在这一方面，松下公司的做法值得很多领导者效仿：

在松下，领导者处处关心职工，考虑职工利益，还给予职工工作的欢乐和精神上的安定感，与职工同甘共苦。

1930年初，世界经济不景气，日本经济大混乱，绝大多数厂家都裁员，降低工资，减产自保，民众失业严重，生活毫无保障。松下公司也受到了极大影响，销售额锐减，商品积压如山，资金周转不灵。这时，有的管理人员提出要裁员，缩小企业规模。

而因病在家休养的松下幸之助并没有这样做，他毅然决定采取与其他厂家完全不同的做法：工人一个不减，生产实行半日制，工资按全天支付。与此同时，他要求全体员工利用闲暇时间去推销库存商品。松下公司的这一做法获得了全体员工的一致拥护，大家千方百计地推销商品，不到3个月的时间就把积压商品推销一空，使松下公司顺利渡过了难关。

在松下的经营史上，曾有几次危机，但松下幸之助在困难中依然坚守信念、不忘民众的经营思想，使公司的凝聚力和抵御困难的能力大大增强，每次危机都在全体员工的奋力拼搏、共同努力下安全度过，松下幸之助因此也赢得了员工们的一致称颂。

从松下的管理经验中，我们看到了温情管理为员工营造了一种和谐的工作氛围，让员工感到了家的温馨，增进了企业内部的相互信任，增加了员工对公司的忠诚度。

因此，现代企业的管理者们在对待员工时，要多点“人情味”，实行温情管理。所谓温情管理，是指企业领导要尊重员工、关心员工和信任员工，以员工为本，多点“人情味”，少点官架子，尽力解决员工工作、生活中的实际困难，使员工真正感觉到领导者给予的温暖，从而激发他们工作的积极性。

俗话说:“良言一句三冬暖,恶语伤人六月寒”,做今天的“南风”,是为企业的明天作准备。在经济日益市场化的今天,只有像“南风”一样去深入、融入员工的心灵,才能营造“心齐气顺劲足家和”的局面,形成强有力的核心竞争力。

坎特法则:尊重每一位员工的价值和贡献

我们都知道,人性最深刻的原则就是希望别人对自己加以赏识。威廉·詹姆士说过:“人类本质中最殷切的需求是渴望被肯定。”汤姆·彼得斯和南希·奥斯汀认为,管理问题从根本上讲是人的问题,领导者只有尊重每一位员工,尊重每一位员工的价值和贡献,才能充分激发他们的积极性。对此,哈佛商学院教授罗莎贝斯·莫斯·坎特提出:

管理始于尊重,任何一个领导者应该认识到,尊重员工是身为领导者必备的素养,也是获得下属尊重的前提。

这就是著名的“坎特法则”。领导者管理的对象是人,不是机器。所以企业领导者应该建立一套柔性管理机制,补充刚性管理机制的不足。坎特法则讲的就是柔性管理中的一个原则:尊重员工。

什么是尊重?关于这一问题,可能很多领导者受到传统君主思想的影响,不知道如何尊重下属。其实,尊重下属是指员工的私人身份受到尊重,你只有做到这一点,他们才会感受到被重视,做事情才会发自内心,愿意为工作团队的荣誉付出。

李俊是一家大型外企的采购部经理,在工作上,他一直深受公司高层的赏识。他不仅是个工作狂,还希望他的下属也能和他一样,把所有的时间都花在工作上。

对待下属,他很严格,他要求他的下属在上班时间不得擅自离岗,不得

做与工作无关的事情，不得闲聊，不得接打私人电话，所有的时间都用在工作上。

他还要求自己的下属养成“早到晚退”的习惯，让下属每天陪自己加班一个小时，即使下属无事可做，也要陪伴在身边。

他总是想方设法把下属的时间占有，认为只有下属多做工作才能多出成绩。在他的管理下，下属总有做不完的工作，即便有些工作没有任何意义。

假如下属没有养成这种习惯，那么加薪晋职的机会就比较少，而且可能被他战略性地冷藏，再无出头之日，要么就是莫名接到调职或解雇的通知。

很多下属刚开始还能忍受他这样的安排，但大家的忍耐是有限度的，他们抱怨自己完全没有私人的空间，随时都被经理管制和监督，好像自己是被卖给了公司，他们的自由受到了严重的限制，他们快要疯掉了。李俊的工作也因此陷入了被动，士气低落，效率下降，人员流失，管理混乱等问题接踵而至。

事实上，现实中，有不少和案例中的李俊一样的领导者，他们认为员工喜欢逃避工作，领导者必须加强管理，加强监督，甚至采取一些强制的手段，把员工的时间全部占有，让员工时刻都在自己的视线范围内。而在普遍提倡人性化管理的今天，这种管理风格显然要受到质疑和挑战。

事实上，领导者要做到尊重员工，还需要你做到尊重员工的私人空间，即使上班时间，你也不要以为可以占用员工的所有时间，因此，你不应时时刻刻监督你的员工，让他们感到窒息。你应该做的是帮助和指导你的员工作好时间管理、作好自己职责范围内的工作规划和计划、做好自己的发展计划、用计划和目标管理员工等。

大部分员工都喜欢享受工作，喜欢有魅力的领导，有着高度的自觉性和进取精神，把工作视为生活中的重要内容，愿意为自己喜欢的工作付出，愿意为尊重自己的领导分忧解难。如果持续受到尊重，持续得到认可，员工们愿意和领导成为朋友，成为互相促进的工作伙伴。

那么,具体来说,领导者如何在工作中营造出尊重员工的工作氛围呢?

1.礼貌待人

无论是在日常生活中还是与下属交流时,领导者都应该彬彬有礼,谈话时体现你对对方所谈问题的关心。另外,千万要记住,不可表现出你的不可一世、对对方的斥责和不屑等。

2.表里如一,赢得信任

也就是说,你所表现出来的举止要与你的内心想法相一致,人们对于那些表里不一的人尤其是领导者往往是不信任的。

3.建立安全感

"安全"环境其实就是一个轻松、和谐、不用担心被谴责的工作氛围。的确,人们只有在一种安全机制下,才会觉得自己可以轻松投入,而当人们觉得不安全时,会产生很强的自卫意识,会变得担心、胆怯、敏感等。因此,作为管理者,你要尝试使用各种方法为员工建立安全的工作环境,从而培养员工的团队精神,使其能创造性地解决问题。

作为领导者的你,如果能让员工感受到被尊重,那么,你无须时刻都对员工灌输所谓的敬业奉献,你也不用担心员工管理不好自己。你应该对员工的自我管理水平抱有信心,相信他们能提高工作效率!

互惠定律:管理人性化,多给予才能被需要

现代社会,人们对于所从事的工作有了更深层次的要求,人们不再为了每个月定时发放的薪水而工作,而是开始把工作看成生活的一部分。因此,在选择工作的时候,他们更喜欢为那些让他们感受良好的公司工作,而不愿意为那些有着自私、强硬的领导者的公司工作。正因为如此,很多领导者在管理中提出了人性化管理。人性化的管理就要有人性化的观念,就要有人

性化的表现。其中重要的一条就是懂得给予。

正如心理学上的互惠定律所言："给予就会被给予，剥夺就会被剥夺。信任就会被信任，怀疑就会被怀疑。爱就会被爱，恨就会被恨。"人都是感情动物，士为知己者死，员工可以为那些认可自己价值的领导出力、卖命！当你真诚地帮助员工的时候，员工才能真正地帮助你！我们先来看下面这个管理故事：

陈伟是一位不讲情面、自傲、铁石心肠的经理。事实上，他并没有因为这种作风而占了多少便宜，甚至常被员工认为是愚不可及的。

一个周五的早上，公司要召开一次重要会议。他的助手向他提出一项个人请求——他太太病了，现在必须去医院，他是否可以不参加会议。当然，这个助手并不是这次会议的主角。

面对助手的请求，陈伟却这样回答："你替她叫部计程车。会议会很快结束，结束后你可以去看她。"听到陈伟这样说，助手沉默了。

事实上，陈伟对公司的任何员工都是这样的管理作风。

现实工作中，我们的周围并不乏陈伟这样的领导者，他们虽然能在公司一时当道，但是后来都被罢官降职。他们完全不顾及员工的作风，使得他们失去了对员工的影响力，员工会背地里来"整"他。当一位领导者因为得不到员工的合作而无法进行管理工作时，他最终会被这家企业剔除出局。

的确，领导者与员工之间的关系是相互的，你对员工付出真感情、给予员工物质上和精神上的帮助，员工自然也会以忠诚来回报你和企业。在这中间，有两种非常重要的态度可以增加领导者的影响力，以及协助领导者有效地执行工作。这两种态度就是忠诚和关心别人。它们可以协助一个团体的凝合，并且使得团体可以在对人人有利(共生)也对团体有利的情况下，履行它的职能。

具体来说，需要领导者做到：

1.忠诚

作为领导者，你要认识到，忠诚可以把各个工作群体变成一个团体，而

绝非一种个人的组合,团体行动的成效将大于单个行动所获成效的总和,如果缺乏对团体的忠诚,则在公司、领导者以及各个人之间会产生抵消效果。当人人各行其是时,经常会以牺牲别人的方式来获取成效,最后亦必牺牲整体的成效。然而团体意识却不能完全牺牲个人的意识。

领导者忠诚的对象不仅仅是公司,还有员工,只有员工信任你,才会把个人的前途和命运交给你。

2.关心员工的福利和前途

对此,你不可认为这是一种长者之风,而应该把它当成一种投资者的态度。你要知道,对你有利的,也会对他人有利;反过来,对他人有利的,最终也将有利于你。但实际上,似乎很少有领导者明白这一道理。

关心员工是实施温情管理、调动其积极性的重要方法。优秀的企业领导者会把关心送到员工生活中的方方面面,他们不仅关心员工的现状,而且关心员工的发展;既在平时关心理解员工,更在关键时刻体贴帮助员工;不仅关心员工的工作,而且关心员工的生活;既关心员工本人,还关心员工家属。比如,当员工过生日、结婚、搬迁等,他们都会代表工作单位表示祝贺;当员工遇到生活上的困难时,他们总是伸出援助之手;当员工生病了,他们也会代表同事第一时间探望,这样的领导者就是受人爱戴的。

总之,懂得互惠定律的领导者会支持员工,把应得的荣耀给他们,让他们避开不必要的争执。只有当所有人都能愉快地处在互利互惠的关系中时,工作才能做得最好。这时你就可以拥有一个整体绩效大于个体努力的团体。

雷尼尔效应:企业的舒适度对员工有很大的吸引力

马斯洛的需求论告诉我们,在基本生理需求得到满足后,人们必会寻求更高层次的需求。同样,现代社会,人们工作的目的不再仅仅为了物质需

求，人们更愿意在以人为本的公司工作，更愿意为了解员工真正需要的领导者效力。因此，任何企业的领导者，都要综合考虑薪资结构的变化，包括对个人自我需求最优化的考虑，即考虑如何提高个人的舒适度、个人的自我实现度；同时，要寻求薪资量的变化中的替代品，如用职位的变动来替代薪水的变化，用企业文化的认同来替代单纯的薪酬变化。只有这样，才能最大限度地吸引和留住人才。这一点，我们应当从雷尼尔效应得到所启示。

雷尼尔效应来源于美国西雅图华盛顿大学的一次风波。校方曾经选择了一处地点，准备在那里修建一座体育馆。消息一传出，立即引起了教授们的强烈反对。教授们之所以抵制校方的计划，是因为这个拟建的体育馆选定的位置在校园内的华盛顿湖畔。一旦场馆建成，就会挡住从教职工餐厅可以欣赏到的窗外美丽的湖光山色。原来，与当时美国的平均工资水平相比，华盛顿大学教授们的工资要低20%左右。为何华盛顿大学的教授们在没有流动障碍的前提下自愿接受较低的工资呢？很多教授之所以接受华盛顿大学较低的工资，完全是因为留恋西雅图的湖光山色。西雅图位于北太平洋东岸，华盛顿湖等大大小小的水域星罗棋布，天气晴朗时可以看到美洲最高的雪山之一——雷尼尔山峰，开车出去还可以看到一息尚存的圣海伦火山。因为在华盛顿大学教书可以享受到这些湖光山色，所以很多教授愿意牺牲获取更高收入的机会。他们的这种偏好，被华盛顿大学的经济学教授们戏称为“雷尼尔效应”。

这一效应运用到企业管理当中，则意味着企业也可以用“美丽的风光”来吸引和留住人才。当然，这里的“美丽的风光”是指一个良好的工作环境和企业文化氛围。它作为一种重要的无形财富，起到了吸引和留住人才的作用。

现在，越来越多的企业领导者认识到了优秀的企业文化是公司生存的基石，是企业能否留住人才的关键。企业只有做到尊重人才、尊重人才的劳动成果，才能真正留住人才。日本索尼PS游戏机便是主管尊重知识工作者创意，最后主雇双赢的例子。

PS是索尼家用游戏主机的简称，营业额虽然只占索尼集团的10%，但纯利润却占全集团的三分之一。他们推出的升级版PS2游戏机，更被市场人士誉为是继"Windows95"后，最受全球瞩目的消费类信息产品。PS系列如今如此风光，但是在当初刚上市时，索尼公司内部很少有人看好这个产品。原因之一是，PS的发明工程师久多良木健行事怪异，平常开会时常常自言自语，很少有人知道他在讲什么，重要的公关场合，他又不在乎礼仪，这与注重"人和"的日本企业文化完全背道而驰。

幸亏索尼公司社长出井伸之慧眼识英雄，独排众议，全力支持久多良木健的创意，PS系列游戏机才得以绽放光芒。而索尼公司也靠PS系列撑住了场面，加快了向家电王国的转型，避免成为IT革命下的待宰羔羊。

从这个管理故事中，我们发现，在新的时代，对领导者而言，与员工分享权力已经不是选择之一，而是必须选择。只有为员工提供足够的发展空间，才能吸引并将其留住。

那么，具体说来，作为领导者的你，该如何吸引并留住员工呢？

1.营造一种和谐温馨的企业文化

纳尔逊女士是美国卡尔松旅游公司的总裁。为了给员工营造一个舒心的工作环境，公司规定：员工每年都有为期一周的带薪休假；对好的建议、出色的工作表现，公司会给予鼓励；积极提倡管理者与员工之间的交流，创造和谐的沟通和工作环境。纳尔逊女士坚定不移地信守诺言使她获得了美誉，员工欣赏她的企业是因为她的企业不只是追求利润，而且很关心自己的员工。正是通过这个方式，卡尔松旅游公司牢牢地吸引住了人才。

2.体察民情

管理者要真正做到尊重员工、信任员工和关心员工，首先就要了解情况，体察民情。管理者要真正做到体察民情，最关键的是实行"走动式"管理。一个整天忙忙碌碌、足不出户的领导者绝不是好领导，而事无巨细、事必躬亲的领导者也不是好领导。领导者只有从办公室中解放出来，经常深入基层，深入一线，才能了解员工的基本情况，倾听员工的心声，增强领导者

的亲和力，激发员工的积极性，提高企业的凝聚力。

蓝斯登定律：让员工以公司和工作为荣

现代人的平等意识普遍增强了，板起面孔不能真正成为权威！因而，在管理上，以人为本的管理理念便成为一切激发员工行为的指导思想。正如《哈佛商业回顾》前编辑坎特的一句话：“善于创造良好工作活力的公司将能够吸引和留住技术最熟练的员工。”美国管理学家蓝斯登认为，心情舒畅的员工，而不是薪水丰厚的员工，工作效率是最高的，这远较在父亲之下工作有趣得多。

这就是著名的蓝斯登定律。俗话说：“可敬不可亲，终难敬；有权没有威，常失权。”在工作中，最能够激励人心的做法，莫过于照顾员工的感觉，考虑员工的情绪，关爱员工的需要，帮助员工建立自尊自重的态度，让每个员工都能以每天的工作为荣，感受到努力工作的意义。

而事实上，很多企业领导者认为，作为领导，就必须保持威严，他们大概觉得这样才能赢得员工的尊重，树立起自己的权威，从而方便管理。这是走入了管理的误区。有关调查结果表明，企业内部生产率最高的群体，不是薪金丰厚的员工，而是工作心情舒畅的员工。愉快的工作环境会使人称心如意，因而会工作得特别积极。不舒适的工作环境只会使人内心抵触，从而严重影响工作的效绩。怎样才能使员工快乐起来呢？美国 H.J.亨氏公司的亨利·海因茨为我们提供了答案。

亨氏公司是美国一家有世界级影响力的超级食品公司，它的分公司和食品工厂遍及世界各地，年销售额在60亿美元以上，其创办者就是亨利·海因茨。

亨利于1844年出生于美国的宾夕法尼亚州，很小就开始做种菜卖菜的

生意。后来,他创办了以自己名字命名的亨氏公司,专营食品业务。由于亨利善于经营,公司创办不久他就得到了一个“酱菜大王”的称誉。在1900年前后,亨氏公司能够提供的食品种类已经超过了200种,成为了美国颇具知名度的食品企业之一。

亨氏公司能取得这样的成功,与亨利注重在公司内营造融洽的工作气氛有密切关系。在当时,管理学泰斗泰勒的科学管理方法盛极一时。在这种科学管理方法中,员工被认为是“经济人”,他们唯一的工作动力就是物质刺激。所以,在这种管理方法中,业主、管理者与员工的关系是森严的,毫无情感可言。但是,亨利不这样认为,在他看来,金钱固然能促进员工努力工作,但快乐的工作环境对员工的工作促进更大。于是,他从自己做起,率先在公司内部打破了业主与员工的森严关系:他经常到员工中间去,与他们聊天,了解他们对工作的想法,了解他们的生活困难,并不时地鼓励他们。亨利每到一个地方,那个地方就谈笑风生,其乐融融。他虽然身材矮小,但员工们都很喜欢他,工作起来也特别卖力。

什么使得亨利公司的员工们辛勤、卖力地干活?快乐!可以说,亨利公司内部,从亨利自身到基层员工,都是在快乐的工作氛围下工作的。

欧美管理学家经过对人类行为和组织管理的研究,提出了快乐工作的四个原则,即:允许表现;自发的快乐;信任员工;重视快乐方式的多样化。

那么,根据这一原则,领导者该如何为员工创造快乐的工作氛围呢?

1.开放式的沟通氛围

企业若拥有良好的智力平台和沟通氛围,那么,每一个员工都能得到有效的信息支持,他们便可以自由地获得他们所需要的信息,以帮助他们快速地实现个人能力和工作业绩的提升。

美国惠普公司创造了一种独特的“周游式管理办法”,鼓励部门负责人深入基层,直接接触广大职工。为此,惠普公司的办公室布局采用美国少见的“敞开式大房间”,即全体人员都在一间敞厅中办公,各部门之间只有矮屏分隔,除少量会议室、会客室外,无论哪级领导都不设单独的办公室,同时不

称头衔，即使对董事长也直呼其名。这样有利于上下左右通气，创造无拘束和合作的气氛。在能力所及的范围内，每个人都应该用简单的办法美化自己周边的环境，让办公室变得赏心悦目。不管是工厂、卸货区或洗手间，只要彻底打扫干净，粉刷一新，就能带来新的气象，提升员工士气。

2.和员工做朋友

正如蓝斯堡定律所言，跟一位朋友一起工作，远较在“父亲”之下工作有趣得多。因此，作为企业的领导者，如果你能放下你的尊长意识，去做你下级的朋友，那么，你将得到更多的快乐，也将使工作更具效率、更富创意，你的事业也终将辉煌！

同仁法则：把员工当做合作者看待

现代社会，企业与员工之间的关系是对等的，是互相选择的，员工虽然为企业工作、是企业的员工，但企业若没有员工的努力工作，其效益也是不复存在的。因此，我们可以说，企业与员工是合作者的关系。企业应该把员工当成同仁。这就是著名的同仁法则。

同仁法则认为，领导者应当把员工当合伙人。对公司来说，同事之间气氛越好，大家的心情就越好，工作效率自然越高，领导就越高兴。

“同仁法则”最先在美国被提出，美国一个家庭用品公司把销售人员称作“同仁”，公司非基层职位90%以上是由公司人员填补的，公司400名部门负责人中，只有17人是从外面招聘的。公司股票购置计划也力图使全体员工都成为真正的“同仁”。所有员工都可以在任何时候以低于公司股票价格15%的幅度购买。以此表现出的是，公司人才流失比零售业的平均水平低20%。

俗话说：“兄弟同心，其利断金。”领导者只有让员工形成企业共同的目

标、价值观，才能同甘共苦，为将企业做大做强而努力。

“同仁法则”是一种以人为本的、人性化管理方法。在管理工作中，那些聪明的领导者总能认识到，员工不仅仅是企业财富的创造者，更是企业发展的推动者，因此，他们会把员工看成企业的合作者，而不是被雇佣者。

根据“同仁法则”，很多企业对员工采取股权激励的方式，使员工成为企业的合伙人，这对于改善公司治理结构、降低代理成本、提升管理效率、增强公司凝聚力和市场竞争力等方面起到非常积极的作用。

这一法则使得管理者对员工在企业中的定位有了新的认识。员工与企业是一种对等的、相互博弈的关系。企业与员工是相互选择的，员工可以选择企业，企业也可以选择员工。一旦企业发展到一定规模并且在管理模式上进入一定的轨道之后，这种双向选择性还呈现出一定的稳定性。简单地讲，已经处于一定发展阶段的企业会选择与之发展相适应的人才，同时，也会给予人才一定的成长和发展空间。而当员工已经成长到一定阶段并能为企业带来一定的绩效时，他的去留对企业的作用就更为明显了。此时，若出现一些外在诱惑，被培养出来的优秀员工产生流动，这对企业来讲将是一个很大的损失。

事实上，现代社会，很多企业领导者已经认识到这一关系的变化，并在管理工作中实行了“合伙人”制度，目的是增强员工的“老板心态”和主人翁意识。

那么，领导者该如何在管理上体现与员工对等的合作者的关系呢？

1. 让员工在企业中获得比较好的经济利益

如果连这一点都不能保证，那么，如何留得住员工呢？

2.让员工在企业中获得比较好的精神享受

如果工作氛围不和谐、工作环境复杂，员工工作时的心情也是糟糕的，此时，即便有再高的工资，员工也是不愿留在企业的。

3.让员工在企业中实现自我价值和提升自我能力

假如企业能为员工提供良好的晋升空间、良好的知识更新机会，让员工

有培训的机会，有一展拳脚的机会，那么，员工便认为自己的工作是有价值的、有意义的，自然愿意留在企业。

4.员工预期目标和企业的长期目标相吻合

这样，员工能看到企业发展的远景，也就能看到企业的美好未来，那么，他就是有干劲的。相反，员工整天浑浑噩噩地工作，却不知自己为什么做，也不知道什么时候是出头之日，久而久之就会自动离开企业。

从上述几个方面分析，决定员工是否愿意留在企业、是否愿意为企业贡献力量，是与企业的文化建设、利益分配机制，员工的职业生涯规划等有极大关系的。

总之，管理要人性化，视员工为同仁。"同仁法则"在根本上改变了员工的职业生涯定位，由打工者变成合作者，员工所肩负的使命感和责任感会更加强烈。领导者只须建立相应的管理标准，管理过程实施阶段性绩效考核，而不必花大量的人力、物力时刻去监督监控，这样可以让员工在更加自主的工作环境中发挥主观能动性。要实现企业利润价值最大化必须以实现企业员工个人既得利益为前提，只有在充分尊重员工的基础上，才能赢得员工对管理阶层的信任感，强化员工的忠诚度。

信任你的下属是人性化管理的一部分

我们都知道，任何一个领导者，即使他的工作能力再强，也不可能完成所有的任务，这就要善于利用团队的力量。而领导者授权员工工作时，最重要的一点就是信任。这也属于人性化管理的一部分，尊重员工不仅要善待别人，更需要你的耐心与心理技巧。高明的领导者应当从内心深处信任员工，给员工一个充分发挥的空间，鼓励员工按自己认为正确的方式去做。一个缺乏信任的组织，其成员间必然心存芥蒂，团队的动量就会被磨损，耗费

的成本就会更多。

所以,沃伦·本尼斯认为:“产生信任是领导者的重要特质,领导者必须正确地传达他们所关心的事物,他们必须被认为是值得信任的人。”同样,美国通用电气 CEO 韦尔奇的经营最高原则是,“管理得少”就是“管理得好”。这是管理的辩证法,也是管理的一种最理想境界,更是一种依托企业谋略、企业文化而建立的经营管理平台。信任是凝聚组织共同价值观与共同愿景的纽带。这一点,一些古代君王给领导者作了表率。

有一位大将军率兵征讨外虏,得胜回朝后,君主并没有赏赐他很多金银财宝,只是交给大将军一只盒子。大将军原以为是非常值钱的珠宝,可回家打开一看,原来是许多大臣写给皇帝的奏章与信件。再一阅读内容,大将军明白了。

原来大将军在率兵出征期间,国内有许多仇家便诬告他拥兵自重,企图造反。战争期间,大将军与敌军相持不下,国君曾下令退军,可是大将军并未从命,而是坚持战斗,终于大获全胜。在这期间,各种攻击大将军的奏章更是如雪片飞来,可是君王不为所动,将所有的进谗束之高阁,等大将军回师,一齐交给了他。大将军深受感动,他明白:君王的信任,是比任何财宝都要贵重百倍的。

这位令后人交口称赞的君王,便是战国时期的魏文侯,那位大将军乃是魏国名将乐羊。

《孙子兵法》里记载:“将能君不御”。领导就好比树根,下属就好比树干,树根就应该把吸收到的养分毫无保留地输给树干。上司和下属之间很容易产生误解,形成隔阂。一个有谋略的政治家,常常能以其巧妙的处理,显示自己用人不疑的气度,使得疑人不自疑,而是更加忠心地效力于自己。

同样,一个好的领导者应该懂得放权,并做到抓大放小,在精力、时间不足时,应该懂得找到合适的人授权,使对方能为自己分忧。如果一个领导者大小权力都抓住不放,事必躬亲,其结果必然是很难培养出一支善于为自己工作的团队。

然而，要真正做到对员工信任并不是件容易的事。因为既然是人才，便绝非等闲之辈，都有一番抱负甚至有“狼子野心”，也很容易受到上司的怀疑。作为领导者，你一定得有容人之量，既然用人，就要相信下属，只有这样，才能人尽其才。

总体来说，领导者相信自己的下属，就需要做到：

1.相信下属对事业的忠诚

信任就是对下属最大的肯定，你要相信，他们对事业是忠诚的。

2.要相信下属的工作能力

在交代完任务后，你还要让下属明确自己的职责，但不要束缚他们的手脚，让他们创造性地开展工作。另外，当他们在工作中遇到问题时，你还要勇于承担责任，并帮助他们找到问题的症结所在，继而总结经验和教训，鼓励他们继续前进。特别是在企业的体制和管理方法上进行改革过程中，在下属遇到问题时，你一定要挺身而出，给予下属最有力的支持和帮助，将改革进行到底。

3.授权时做到“用人不疑，疑人不用”

“疑人不用，用人不疑”是领导者用人的一项重要原则。它是指企业领导对下属要充分信任，要大胆放手。一旦授权，就不能生疑，或者过多干预下属的工作。但要做到这一点的前提是，你要对下属进行一番了解，确保下属有能力完成这项任务。

因此，领导者相信下属，就是要相信下属的道德品质；认可下属的工作态度；理解下属的内在欲求；明白下属的工作方法；肯定下属的工作才智；信赖下属的工作责任感，最终满足下属自我实现的欲求，达到团队合作，共谋发展。

期待效应:用肯定激励员工

现实生活中,人们都渴望被信任、赞赏、肯定,在这样的环境中,人们的内心也更容易受到启发,行为也会趋向这些正面、积极的方面。有人说:“能力会在批评中萎缩,而在赞扬、鼓励等正面激励中发芽、生长、茁壮。”事实确是如此。人与人之间的影响力,就是靠着这样的法则不断推进的。所以,工作中,从事管理工作的领导者们,如果你们懂得肯定、激励员工,那么,会更易于让员工产生积极的工作情绪和状态,也有利于让员工服从你的管理。这种对他人正面的激励方式,就是心理学上的期待效应。

这一效应主要告诉人们,无论是生活还是工作中,如果你希望能有效地影响对方,就不要忘记向对方传递你所期望的信息。例如,如果你希望你的员工更温顺,更听你的话,那么,工作中,你就不要批评、斥责他,而要多鼓励他。身为经理的吴女士,就是一个善于通过正面激励方法有效影响他人的领导者。以下是她的助手对她的评价:

“吴经理真是个很好的人,我是她的助手,已经在她的手下工作两年了。这期间,我虽然成长了很多,也有一定的工作成绩,但日常工作中难免会存在错误或者不足。但每次我做错事或者工作中出现了失误,吴经理从来不像其他领导那样骂下属,也从不正面批评我,或者直接斥责我工作上的失误。如果我完不成工作任务,她最多会说:‘我知道,这件事你已经尽力了,不用灰心,我相信明天你会完成的。’每次听到吴经理的鼓励,我都信心倍增,即使再累,我也会完成工作任务。如果我在一次谈判中有突出表现,她会主动地对我竖起大拇指,并表扬我这次做得好。在这种领导的带领下工作,我充满了干劲。”

我们从一个下属口中听到了她对一个领导的正面评价,可以说,案例中

的吴经理是个成功的领导者。她正是巧妙地利用了这种赞美式的正面激励法，才充分调动了助手的积极性，进而有效地影响对方为自己服务。日常工作中的领导者们，尽管也能认识到正面激励产生的积极力量，却很少有人能真正将其运用到管理工作中，更很少有人懂得如何肯定和激励员工。

安德鲁·卡耐基说："凡事自己单干，或独揽全部功劳的人，是当不了杰出领导人的。"安德鲁·卡耐基的话进一步向人们发出这样的警示——如果你不会激励对方，你便不能领导对方；当你不能领导对方的时候，那么你便不能有效地影响对方，又何谈让他人为自己服务呢？

所以，如果你想有效地影响员工，必须学会激励，用正面肯定的方法，将压抑在员工心底里的积极性、主动性充分地调动起来。这里所指的肯定，是指领导者对下属的优点和成绩所给予的一种赞誉和褒扬，肯定是一门艺术，领导者适时、适度地肯定下属的行为是对下属的一种尊重，既利于下属扬长避短，也能有效地调动下属工作的积极性和创造性。当然，肯定也不能无原则。那么，领导者如何肯定下属呢？具体要做到以下几点：

1.肯定要实在

对下属的肯定要实在，任何虚无的东西都是无意义的。对此，你需要深入了解员工的工作和生活，并及时了解他们的思想动态，才能言之有物。

2.肯定要有度

领导者对下属的肯定要适度，不可过高也不可过低。赞誉过高，极易让下属产生骄傲的心态，产生飘飘然的感觉，这是不利于他们看到自身缺点和须改进之处的；还有一种情况就是会让下属觉得你是个爱说大话、空话的领导者，从而对你产生不信任感。反之，如果对下属的肯定不足，则会挫伤下属的工作积极性。因此，肯定下属必须把握好度。

3.肯定中要讲不足

金无足赤，人无完人。下属在工作中难免会出现一些失误或不足。因此，领导者在对下属进行肯定的同时，还应指出其失误和不足。否则，即使下属还存在需要改进的地方，他也会因为缺少自我意识而失去改进的机会。

4.肯定要符合氛围

当领导者在检查下属的工作时,所肯定的语言应根据下属所取得的成绩的大小以及对下属的了解程度的不同而定。若你的下属表现出了高尚的品质,你要给予充分的肯定;当领导者与下属进行一些短时间的接触时,则应简明扼要地对其突出表现或突出成绩给予肯定。

总之,肯定应当适时、适地、适度,应根据当时的时间、地点及所处的环境有选择地进行肯定,绝不可说东道西,胡乱肯定一通。

第12章 协作协调心理学，让部门在你的管理下完美配合

企业就如同一个大家庭，而领导者不言而喻就如同这个大家庭的“家长”。家庭内部，难免会出现一些不和谐因素。同样，企业也是如此，各部门、单位、职位之间常常会导致职权划分不清，任务分配不明。此时，领导者就必须充分发挥自己的协调职能，这不仅包括消除企业内外部矛盾，还包括企业部门之间的协作、消除企业不和谐因素等各个方面。领导者只有发挥好协调职能，才能真正实现企业的和谐、稳定、健康发展。

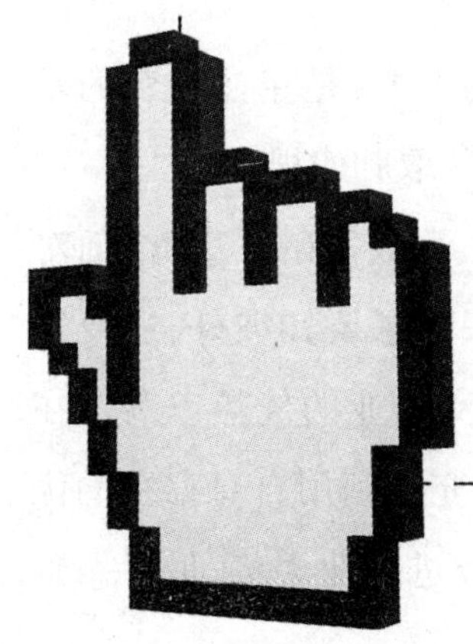

帮助企业内部与外部协调运作

我们都知道，任何一个企业都不是独立存在的，它处在一定的社会并与社会、其他企业等各方面的因素产生关系。同样，企业自身也有其构成要素。因此，作为企业的带头人，每一个领导者就多了一项管理工作——协调企业内部与外部的环境。的确，企业只有充满活力、内部关系融洽、外部环境友好，即生产经营管理好、企业发展推动好、职工利益维护好、企业文化建设好、人才队伍培养好、社会责任履行好，才能真正实现和谐发展。

当然，如何协调好企业内外部环境，是每一个领导者需要长期努力的目标。对此，领导者需要从两大方面努力：

1.协调企业内部环境

企业内部环境也称企业内部条件，它指的是企业内部的物质、文化环境的总和，包括企业能力、资源以及文化等各个方面的因素，还包括企业的指导思想、经营理念和工作作风等价值体系。

内部战略环境是企业内部与战略有重要关联的因素，是企业经营的基础，是制定战略的出发点、依据和条件，因此，更是竞争取胜的根本。

在《孙子兵法·谋攻篇》中孙子曰："知己知彼，百战不殆。"因此，面对瞬息万变的市场大潮，企业在制定战略目标的时候，除了要知彼外，还要知己，这里的知己，便是要分析企业的内部环境，并认清企业的优势以及存在的不足等，分析企业具有的优劣势的好处在于，可以充分利用自身存在的优势，制定战略性目标，同时又能避免企业的劣势，并改进企业劣势，最终做到扬长避短。

在对企业内部环境进行分析后，在具体的职能协调上，领导者需要从以下四个方面努力：

（1）风险评估。它指的是企业及时识别并分析企业生产经营和实现内部控制目标可能出现的风险，并及时找出应对策略。

（2）信息与沟通。它指的是企业准确、及时地收集与传递与企业内部控制相关的信息，以确保信息在企业内部能有效、畅通无阻地传达。

（3）控制活动。控制活动是企业根据风险评估结果，采用具体的应对措施，从而将风险控制在一定的、可掌控的范围内。

（4）内部监督。内部监督是对企业内部控制与实施情况的检查监督，这样既能发现内部控制的不足，也能对内部控制作出有效的评价。

2.协调企业外部环境

这里，我们可以简单地将其归为除了企业内部环境以外的其他因素。对此，领导者面临下面三个工作：

（1）竞争者。当今社会，任何行业，都必须走出原有的小圈子，积极地到国内外市场寻找客户。善于经营的企业不仅懂得寻找市场空隙，还懂得从其他竞争者手中争夺市场，因为在很大程度上，影响企业拥有顾客及用户多少的重要因素是竞争者的数量及行为。这就要求企业必须给顾客以更大的满足感，必须找出产品的优势，比如，价格上或产品包装上或售后服务上等。所以，企业对其竞争对手的动向必须密切关注，并将不良影响降到最低。

（2）供应者。任何一个企业，在售出产品的同时，还必须从其他厂家手中购进原材料、设备等，对此，企业要做到多手准备，尽量不要过分依赖一个供应者，这样做的好处有两点：第一，避免一个供应者哄抬价格，如果将原料的采购分散于几个供应者，则它们之间为了竞争可以给予较优惠的价格，同时也可以使供应者的产品质量符合规格并能按期交货。第二，一旦唯一的供应者的供货出现问题，那么，就有可能对企业的正常运营状况造成影响。

（3）用户。产品的销售策略不应当是一成不变的，它应随着不同的用户和市场而有所变化。但无论如何，企业都不可忽视产品质量、价格、样式以及服务，注重这些问题，才可能吸引新客户，留住老客户。企业获取利润的来源就是客户，没有客户，任何企业都将面临倒闭。为了影响用户，赢得用

户，企业必须了解用户需求和购买意愿，尽可能投其所好。

从长远来看，市场经济中企业必须为用户不断变化的需求服务，这样，在竞争中才能立于不败之地。

各个环节衔接有序，连接紧密不脱节

我们都知道，全面提高经济效益是企业经营活动的中心，企业的各部门、各单位乃至各岗位在每一个经营环节都是为达到这一目的而工作的。也就是说，无论是提高产品质量、扩大产品品种、降低产品消耗还是降低产品成本、提高资金利用率和周转率等各项工作，都应该有条不紊地进行，做到相互衔接，才能达到真正受益的效果。

然而，领导者在管理工作的过程中，常常忽视一个问题，他们对工作中的各个问题都做到管理妥当，却没有协调好各个工作之间的紧密性，从而导致了各项程序之间脱节。我们先来看下面这个管理故事：

麦肯是一家大型民营企业的老板，他主管几个部门经理，这些部门经理都是当初和他一起创业的同伴，但企业进入稳定期之后，他觉得有必要让这些部门经理互相牵制，否则，很可能出现越权而威胁到自己的地位。

于是，在公司，他实行了一套协商制工作原则，也就是无论公司的任何一项事宜，都必须由五个经理一起讨论才能通过。在麦肯看来，这是一项天衣无缝的计划，但经过事实证明，他忽视了更多的问题。

有一次，市场业务人员联系了一个大客户，可以说，这个客户是否签订协议，关系到整个公司下半年的业务状况。很快，麦肯召集了这五位经理，制定出了一套说服客户的方法，这其中有价格优势、售后保障、技术提供等。在拟定合同之后，麦肯满怀信心地赴对方公司。

但令麦肯不解的是，对方负责人在看完合同之后，摇了摇头。

事后，麦肯分析了一下事情的前因后果，他恍然大悟，原来整个合同中都没提到对方最重视的一点——质量保证。而这一点，恰好是这五位经理管辖范围之外的。

看完这个故事，可能我们也为麦肯的失误而感到懊恼，他的错误就在于他把管理精力过多地放在牵制各部门经理上，而忽略了任何一笔生意产品质量才是前提这个关键点，只有将把握产品质量关、价格、售后等各个方面结合在一起，才能真正打动客户，才能为企业带来效益。

的确，作为现代企业的领导者，职能协调工作做得如何，直接关系到企业内部关系的和谐与否，关系到企业工作程序是否完善，员工能否高效完成工作。而事实上，人无完人，领导者在工作中也经常出现“补东墙、漏西墙”的现象。要做到让企业每个部门工作都能紧密连接，还需要领导者遵循以下两个原则：

1.相互牵制原则

相互牵制原则指的是面对一项完整的任务，需要分配两个完全能相互制约和相互牵制的部门或职位完成。这需要从横向关系和纵向关系两个方面考虑：

在横向关系上，存在这一相互牵制关系的一般是指两个部门或成员，以使他们在工作上接受对方的检查和制约；

在纵向关系上，这一制约关系存在于两个互不隶属的部门或岗位之间，比如，上下级之间的监督。相互牵制的好处在于，几个人或几个部门同时发生错误的概率大大小于每个人发生错误的概率，因而将降低误差率。

这里，需要分离的职责主要是授权、执行、记录、保管、核对。另外，内部各部门间的权责必须明确，并需要把这些权责以切实可行的形式落实下来。

2.协调配合原则

这一原则是相对于相互牵制原则而言的，它指的是各部门或人员为了完成一项共同的经营管理活动，必须相互协调工作，高效配合，以使得各环节有条不紊地进行。这样做的好处在于能减少各环节相互脱节的现象，能

减少矛盾和内耗,以保证经营管理活动的连续性和有效性。

在贯彻以上两个原则的时候,一定要灵活办事,不能只管牵制错弊而不顾办事效率,必须做到既相互牵制又相互协调,在保证质量提高效率的前提下完成工作任务。

加强部门领导之间合作的意识

在当今企业中,不管你是职业经理人还是私企老板,都会遇到各部门意见不一致的情况。因为在组织管理过程中,不同部门、单位、人员对同一问题认识不一致,观点、意见不相同,往往导致行动上的差异和整个组织活动的不协调。因此,领导者协调不同部门、单位、人员的思想认识,统一大家对某个问题的基本看法,成了协调组织活动的前提条件和协调工作的重要内容。这一点,作为人力资源部门经理的琳达深有感触。

琳达是某外企人力资源部经理。每年,公司公关部都会委托她招聘一些年轻的公关小姐。谈到招聘,这也是琳达的本职工作,但忙碌的工作使她不可能亲临招聘现场。于是,今年她就把招聘任务分配到了各个主管身上,琳达相信他们的阅人能力。

但情况着实不如琳达预想得那么乐观,新人进公关部还不到一个月,问题就出现了。因为这些新人素质低下,导致公司遭受了一大笔经济损失。为此,琳达叫来几个主管,询问他们是怎么工作的。很快,问题就明了了。原来,这些主管并不是互相合作,共同审核新人,而是单纯地为了完成任务,对应聘者的材料进行了简单的筛选,只要符合硬性规定的就通过了。

从这次事件之后,琳达意识到自己一直以来忽视了加强下属之间的合作意识这个问题。

琳达为什么会在工作中出现这样的失误呢?因为她没有协调招聘主管

间的工作职能。

的确，意见不一致需要用协调管理职能来解决。在企业中，若各部门意见不一致，特别是重大决策方面，会造成管理冲突。不仅会在各部门之间造成不信任，更严重的是会形成利益冲突的非组织团体。也就是我们所说的“拉帮结派”。

那么，作为企业领导者，你该如何协调企业内部各部门之间的工作呢？

1.奋斗目标上的协调

企业内部，如果部门之间、执行人员之间等出现工作目标上的矛盾和冲突，那么，必然会引发行动上的差异和组织活动的不协调。因此，做好奋斗目标上的协调工作，是企业管理者协调工作的重要内容。

2.引导各部门间信息沟通与共享

企业内部，不同部门之间的职责差异和管理层级的不同，往往会引发各种意见上的冲突，在这方面，从事协调工作的领导者应该让部门之间将信息公开，可能有些部门认为将信息封闭，做到信息独享能“在企业组织中占领重要位置”，实际上，这种想法是错误的。你封闭信息，其他人也一样，那么就会在企业组织决策管理中出现意见不一致的局面。

3.知识企业文化方面的引导

很多时候，冲突的产生是因为知识结构上存在差异。引发冲突者，往往是因为对知识理解得不全面，或者对概念的内涵和外延没有全面把握。在这方面，管理者就需要指派协调部门进行协调。

4.职权关系上的协调

各部门、人员之间职责、任务划分不明确，往往会造成互相推诿的现象，自然也少不了矛盾冲突。因此，协调各层级、各部门、各职位之间的职权关系，消除相互之间的矛盾冲突，也是协调工作的重要内容。

5.组织论坛方式进行协调

当然，这一方法适用于具有一定规模的企业。

这样，可以将正反意见同时公布于论坛，让全体员工进行讨论。针对企

业内部的不同问题，员工往往会摆出不同意见，这样，身为领导者的你，往往不知听取何种意见。在协调各方面的意见时，就应该记住十个字："信息、权限、责任、方式、环境。"

(1)信息。无论谁提出何种信息，你都要经过一番筛选，剔除假信息和个人化的观点。

(2)权限。可能你会发现，有人在提意见的时候，完全超出了他的权限，但这并不一定是坏事。因为有时候，下属与员工们的能力并不一定与其所在的岗位相吻合。

(3)责任。无论是谁，说话办事都要为企业负责，为团队着想，而不能只为自己着想。

(4)方式。协调各部门间的意见，是领导者的工作，但你需要注意方式方法，若方式不对，领导就成了"出风头"的人了。所以方式非常重要。

(5)环境。不同的环境协调的方式不一样。当双方心情比较好时协调起来比较容易到位。

及时消除不和谐因素，让企业健康运转

在建立和谐企业的大环境下，我们不能否认，企业内部总会出现一些不和谐的"插曲"，比如，企业员工之间矛盾、员工不服从管理、绩效考核不合理等，但无论遇到什么矛盾，作为领导者的你，都必须消除这些不和谐因素，让企业在和谐的基调下健康成长、发展。我们先来看下面这样一个管理故事：

甘云是一家私企老板，一直以来，她的企业都运营得不错，这主要是因为她善于听取员工的意见，总是把员工对企业的不满及时消除，让员工敢说话、说真话。

比如，最近一个月，她发现员工的工作积极性降低了，为此，她召开了一次全体员工大会，让大家以无记名的方式将个人意见投到意见箱中。在甘云当着众人的面打开这些意见条之后，她发现，原来公司大部分员工都对最近各级领导暗中实行的招聘方式很不满。对此，甘云事后进行了了解，原来公司新进的一批员工都是有背景的。为了消除员工的消极情绪，她在公司内实行了一次严格的新人考核制度，而大部分"关系户"都被刷下来了，剩下的一批精英最终被员工们接受了。

自此，甘云亲自在公司制定了一套"坚持制度选人与不拘一格相结合"的选人制度。

这里，我们不得不佩服甘云处理问题的方法。如果她把那些"关系户"全部开除、实行一刀切，自然会埋没某些人才；而全部留为己用，自然也无法让员工们心服口服，于是，采用一套严格的考核制度不仅能为公司选到优秀的人才，还能及时消除公司内部的这一不和谐因素，可谓一举两得。

另外，她采取的"坚持制度选人与不拘一格相结合"的选人制度，可以遏制和解决用人中的不公正现象和腐败行为，还突破了论资排辈等传统用人观的束缚。

当然，企业内部存在的不和谐因素还有很多，不妨列举几种：

1.部门之间的不和谐

有时候，部门之间在合作时会出现不协调，比如，在合作时，他们没有从大局考虑，没有把企业的整体利益放在第一位，遇到好做、有利可图的事时，他们会抢着做；而遇到难做的事时，则相互扯皮。这样，会使原本简单的事情复杂化，人为增加了处理的难度。这就是部门间不和谐的原因。

2.企业大潮处于改革之中，而部分员工却故步自封

企业的改革一般是员工推动的，因此，会对员工提出新的、更高的要求。但在企业内部，却有部分员工跟不上企业发展的趋势，于是，他们缺乏发展的眼光，对企业的改革表现出不满，不仅不从自身找原因，反而对企业的改革说三道四。

3.绩效考核中的不科学因素引起的不和谐

一是强行按照某种标准考核,但事实上,一些企业内部的考核标准是不合理的。二是有的单位实行绩效工资考核力度不大,不利于调动员工的积极性,从而人为引发一些不和谐因素。

那么,作为领导者的你,在消除这些不和谐因素时,应该遵循以下几条原则:

1.及时性

及时消除企业内部的不和谐因素,尽力将造成的影响控制在最小的范围内。

2.适度性

和谐的宗旨就在于平衡、适度。任何人、事、物都必须维持在一定的度,否则,就会失去平衡,引发矛盾。因此,领导者在处理企业内部的不和谐因素时,要把握以下三个方面:

一要注意度,强调一方的时候,不能全盘否定另一方,不能绝对化;

二要把握平衡点,任何时候都要立足全局,从整体出发;

三要掌握量,差距不能太大,悬殊也不能过分;对于下属,不能持续加压,也不能持续减压。同时,应有调整、休息的时间,多开展一些活动,通过活动来放松身心,如文体活动等。

3."员工利益第一"

和谐企业是以员工利益得到实现和保障为前提的,凡是涉及企业生产经营、建设投资、发展战略、用工制度、分配方案等一系列决策都关系到企业的前途和员工的切身利益。

4.有民主性

制定任何决策,推行任何政策等时候,都应该得到员工的拥护。一个没有群众基础的决策往往很难推行,强制推行的话,就会引发各种矛盾,加剧企业内部的不和谐。

构建和谐企业，把矛盾与冲突消灭在萌芽中

任何社会都不可能没有矛盾，人类社会总是在矛盾运动中发展进步的。同样，任何一家企业，不可能总是和谐的。而作为企业的领导者，要保持企业和谐的总基调，就要及时、尽力消除不和谐因素，努力构建和谐企业。

然而，构建和企业既要注重行业内部的和谐，妥善处理好行业内部各方面的关系，也要把着力点放在企业协调处理与社会各方面的关系上，促进企业与整个社会的和谐。因此，领导者构建和谐企业，内部和谐是基础，外部和谐是关键。脱离了内部和谐这个基础，其他的一切只能是水中月，镜中花。

对于企业而言，整体上是和谐的，但在企业内部也存在一些影响和谐的矛盾和问题。

小王是一名技术员，自从大学毕业后，他一直在一家民营公司工作。最近，小王打听到昔日同窗好友的工资都比他高，职位晋升也比他快，心里很不平衡，于是给总经理写了一封信，投到公司意见箱内。

尊敬的总经理：

我是去年七月毕业来公司的大学生，来公司后，我发现我们公司的工资相比本市其他公司偏低；同时，员工的晋升相比同类企业也较为缓慢。我们这批员工对此现象表示强烈不满，我代表大家正式向您提出这个问题，希望公司给我们一个解决方案……

从这封信中，我们不难看出引发很多企业内部不和谐的原因——利益矛盾。这正如马克思指出："人们奋斗所争取的一切，都同自己的利益有关。"几乎所有矛盾都含有利益关系，利益矛盾是一切矛盾的总根源。企业内部矛盾，说到底，就是员工内部的利益矛盾。利益矛盾制约、影响着企业

内部其他各类矛盾，起主导作用。

当然，引发企业内部不和谐的原因还有很多，但关键是处理企业内部的利益矛盾。收入差距拉大是利益矛盾的突出表现，是构建和谐企业的最大挑战。收入分配不公导致企业高度分化，如果不能加以有效纠正，将成为各种矛盾的最主要源头，企业稳定就会成为大问题。

因此，我们绝对不能忽视利益矛盾，一定要正确加以处理。

那么，作为领导者，你该如何协调企业内部包括利益冲突等各个方面的不和谐因素呢？

1.进行感情投资，实行人性化管理

人都是有感情，人与人之间建立了感情，凡事就会从“情”字出发，矛盾就能有效减少。因此，要实行人性化管理。对此，你需要：

一要做个有亲情感觉的领导。领导者要经常与员工联系，了解员工的意愿，听取员工的意见，真正关心员工的生活和工作。

二要做个有人情味的领导。俗话说：“水能载舟，也能覆舟。”作为领导者，你要时刻把员工装在心中，尊重员工，与员工真正交朋友。

三要真情地为员工谋福利。

2.大力倡导奉献精神，妥善协调利益关系

企业内部不和谐的根源在于思想上的分歧，而分歧的根源又在于利益。因此，协调和平衡好不同利益群体对物质利益和精神利益追求的愿望、目标、途径和方法，就等于把握了构建和谐企业的根本。协调利益关系关键要从三个方面入手：

第一，在员工内部宣传先进的文化理念，从而帮助他们树立正确的价值观，引导员工正确认识自我价值和社会价值。

第二，必须大力弘扬奉献精神。

第三，要在提高认识的基础上逐步建立有效的利益机制，发挥激励作用。

3.从领导者入手，着力提高领导者解决矛盾、协调关系的能力

企业内部的矛盾问题处理的效率以及预防状况如何，是离不开领导者的作用的。因此，提高各级领导者解决矛盾、协调关系的能力是一项重要而紧迫的任务。

一要提高领导者的理论政策水平。

二要提高领导者的科学决策能力。

三要模范带头，克己奉公，不以权谋私。

四要提高领导者的应变能力。

总之，对于企业内部的冲突矛盾，企业领导者要建立一套反应灵敏、信息畅通、运转高效的预警机制和处理机制，确保事件能被遏制；即使发生，也能得到有效控制，对主要问题和矛盾能够公平合理合法解决，从而保证企业的稳定发展。

第13章

决策执行心理学，决策是领导能力的最直接体现

诺贝尔奖得主赫伯特·西蒙曾对管理下过这样的定义：管理就是决策。领导者在实行管理过程中，其管理决策艺术的高低，是直接关系到企业人、财、物等生产力要素组织得科学不科学、利用得好不好的决定性因素，是决定企业效率和效益的关键。当然，领导者在为企业制定并执行决策的时候，也必当会遇到各种困难，这些都需要领导者充分发挥果断、睿智、干练的优秀品质！

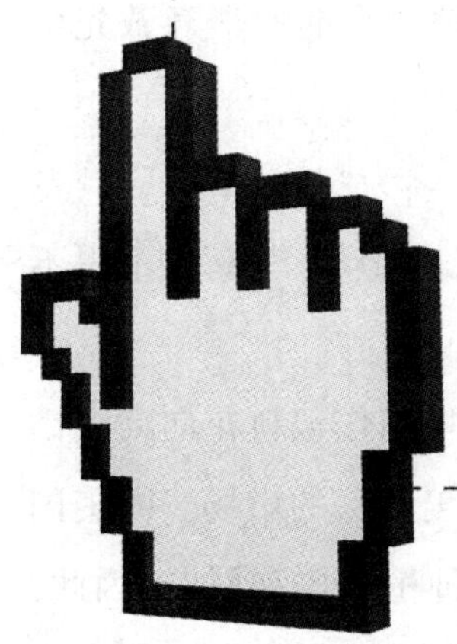

儒佛尔定律:预测的准确性决定决策的自由度

当今社会,科学技术迅猛发展,各行各业的竞争已经逐步演变为信息资源、自然资源、财物资源、人力资源之间的竞争,而这中间,信息资源已经作为第四战略资源被各企业的领导者们所重视。然而,在瞬息万变的市场大潮中,面对诸多的信息,领导者怎样利用?只有预测!一个成功的领导者能从繁复的信息中预测出未来市场的走向,并马上将其转化为决策的行动。没有预测活动,就没有决策的自由。

这就是著名的儒佛尔定律:有效预测是英明决策的前提。它由法国未来学家H·儒佛尔提出,认为精明的预测能为企业的发展决策提供自由的空间,使信息产生价值,转变成赚钱的机会。一个企业要发展,要提高经济效益,就必须了解国内外经济态势,熟悉市场要求和摸清与生产流通有关的各个环节。这就需要广泛、及时、准确地掌握有利于企业发展的各种信息,这样才能综观全局,预见未来,运筹帷幄,立于不败之地。香港的李嘉诚先生就是因为善于预测,才成就了如今的伟业。

20世纪50年代中期,李嘉诚有一家自己的工厂,名为"长江塑胶厂",专门生产塑料玩具,但不幸的是,当时,塑料玩具市场已经饱和,李嘉诚不得不关闭工厂。

后来,一次偶然的机会,他发现有一家小塑料厂将制作塑料花向欧洲销售。此时,李嘉诚灵机一动,马上联想到二战以来欧美国家的市场。欧美国家的生活水平虽有所提高,但在经济上还没有实力种植草皮和鲜花,因此,在一段时期里,塑料花必将被大量使用,成为他们用于装饰各种场合的必需品。有需求就有市场。

李嘉诚认为这是一个难得的机会,于是马上决定生产塑料花。正是靠

着这些塑料花，几年后的李嘉诚跻身于香港大富翁的行列。

从李嘉诚创业成功的历程中可见，一个企业家或者一个领导者，要想在市场大潮中立足并脱颖而出，就必须学会预测。一旦预测失误，不但会给经济带来损失，甚至会带来毁灭性的打击。

同样，林炯灿能在香港建立食米王国，也与他超凡的预测能力有密切关系。

林炯灿很早就经营着自己的米店，但当时的香港，该行业竞争实在激烈。因此，效益总是不好。要想找到出路，就必须改变。林炯灿日思夜想，开始寻找市场机遇。后来，他从渐渐流行的小家庭的社会现实中看到了商机：以前各个家庭都流行大家庭模式，全家上下七八口甚至十几口人，他们平常买米一般都会选择大批量购买的方式。而时代不同了，自从小家庭制度流行之后，市民已无意一次购买太多食米。但市场上的各种食米包装还是以前的大包装，显然食米包装赶不上社会转变。于是他预测到：小包装的大米将会受到顾客的欢迎，想到就做。于是林炯灿先行改良了食米的包装，推出了“小包米”，用胶袋包装，摆放在超级市场出售，结果大受欢迎，不久其他米商就纷纷仿效。正是通过这一招，使林炯灿的米店取得了在食米行业中不可取代的地位。

从以上两则故事中，我们得出：精明的预测能为企业的发展决策提供自由的空间，使信息产生价值，转变成赚钱的机会。一个企业，要想提高经济效益，扩大利润，就必须了解国内外经济发展形势，并熟悉市场要求与生产流通有关的各个环节。这就需要了解并熟知有利于企业发展的各种信息，做到了然于心，进而作出企业发展的决策。

的确，预测是各级领导和经济管理工作者制定政策、作出决策、编制计划及进行科学管理的重要依据，经济预测的定义已经显示了它在经济建设中的重要意义。一般来说，经济预测包括四个阶段，需要领导者在管理工作中加以巧妙运用：

一是收集、分析在预测工作中需要的各种资料；

二是开始进行各种预测，并得出轮廓性的结论；

三是召开会议，关于预测问题收集意见，做到集思广益；

四是修正、补充预测结论，发布正式的预测报告。

上述过程构成了预测程序，周而复始地循环下去，这样的循环一般每年两次，大约每半年提供一次预测报告。

羊群效应：有自己的判断力，杜绝盲从跟风

现代社会，竞争之激烈已经在各行各样凸显出来，而一个领导者是否有独特的决策力，在很大程度上决定了企业能否在竞争中取胜。商战中，竞争双方力量对比往往非常微妙，一方看似强大无比，另一方好像不堪一击，但转眼间，局势就会发生彻底改变。弱者可以变为强者，强者也能变为弱者，而决定这一变化的正是双方的领袖人物。正如让一只羊领导一群狮子，那么这群狮子迟早会变成羊；而如果让一只狮子领导一群羊，羊迟早也会变成狮子。领导者的决断力之所以对企业有如此重要的影响，主要是因为领导者是企业的领头羊。对此，有个著名的“羊群效应”。

曾有人做过这样的实验：在一群羊前面横放一根木棍，第一只羊跳了过去，第二只、第三只也跟着跳了过去；这时，把那根棍子撤走，后面的羊走到这里，仍然像前面的羊一样，向上跳一下，尽管拦路的棍子已经不在了，这就是所谓的“羊群效应”，也称“从众心理”。

我们再来看下面这个故事：

一位石油大亨到天堂去参加会议，一进会议室便发现已经座无虚席，于是他灵机一动，喊了一声：“地狱里发现石油了！”这一喊不要紧，天堂里的石油大亨们纷纷向地狱跑去，很快，天堂里就只剩下他自己了。这时，这位大亨心想，大家都跑过去了，莫非地狱里真的发现石油了？于是，他也急匆匆

地向地狱跑去。

“羊群效应”所表现的就是人的一种从众心理，而这一心理，很容易导致人盲从，甚至会陷入骗局，遭到失败。

这一效应的出现一般是在一个热门行业中，并且，这个行业中有只“领头羊”，他的一举一动都能挑动人们的神经，他去哪里，人们就跟着去哪里。

从“羊群效应”中，我们也可以认识到领导者在企业管理中常有的一些错误心理。由于缺乏对信息的充分了解，他们对市场的未来走向也很难作出正确评估；此时，他们只能人云亦云，只能通过周围人的行为而作出浅层次的判断。这种信息被不断传递，许多人的信息将大致相同且彼此强化，从而产生从众行为。而相反，如果一个领导者有独特的决断力，他就会对市场作出准确的估计和定位而不受跟风决策的影响。

商场如战场，作为一个领导者，我们应努力完善自己，培养自己的决策能力，才可立于不败之地。

现代企业，对于很多领导者而言，他们在作决策时，可能都有这样一种心态，那就是只要不亏本、在市场上站稳脚即可，于是，他们最多只能获得不超过市场平均水平的收益率。因此，对于领导者而言，要获得超过平均水平的收益率，必须在“人云亦云”的格局中保持一种独立和创新的精神。要维持独立和创新，需要充分了解自己的实力与市场行情，不要轻信道听途说的传闻，在市场极端不稳定、信息极端不确定的情况下，要保持清醒的头脑，充分考虑到各种潜在的风险。

羊群行为对于企业的稳定具有消极的作用。因此，领导者要避免这种非理性的行为产生，主要从以下几个方面着手：

（1）凡事三思而后行，尽量作出理性的思考；

（2）规范信息披露制度，提高信息的透明度以减少信息的不确定性和错误性；

（3）降低各种信息成本、交易成本以及组织方面的限制。

总之，企业的领导者就是企业的领头羊，你的一举一动都可能对企业、

员工造成或多或少的影响,因此,在作各种决断时,不但要收集各种信息,保证决断的正确性,更要做到当断则断!

巴菲特定律:勇于创新,开辟新市场

作为一个领导者,势必要担当为企业投资的重任,而投资决策的正确与否,必然决定了企业的收益如何甚至关乎企业的生死存亡。为此,任何一个领导者都应该把学习如何投资列入日常工作的范围内。而关于如何投资这一点,美国股神巴菲特提出一条定律:在其他人都投了资的地方去投资,你是不会发财的。

巴菲特定律是有美国“股神”之称的巴菲特的至理名言,是他多年投资生涯的经验结晶。从20世纪60年代,他以廉价收购了濒临破产的伯克希尔公司开始,巴菲特创造了一个又一个投资神话。有人计算过,1956年,如果你的祖父母给你10000美元,并要求你和巴菲特共同投资,你非常走运或者说很有远见,你的资金就会获得27000多倍的惊人回报,而同期的道琼斯工业股票平均价格指数仅仅上升了11倍。无怪乎有些人把伯克希尔股票称为“人们拼命想要得到的一件礼物”。在美国,伯克希尔公司的净资产排名第五,位居美国在线-时代华纳、花旗集团、埃克森-美孚石油公司和维亚康姆公司之后。

巴菲特能取得如此巨大的成就,得益于他自己所信奉的圣经,他后来将其总结为巴菲特定律。无数投资人士的成功,无不或明或暗地遵从着这个定律。

很久以前,几乎所有人都认为只有硬件才能赚钱,比尔·盖茨是第一个看到软件前景的商人,而且“以软制硬”,把其软件系统应用到所有的行业或公司。微软开发的电脑软件的普遍使用,改变了资讯科技世界,也改变了人类的工作和生活方式。人们把盖茨称为“对本世纪影响最大的商界领袖”,其实一点也不过分。现在,传统经济已让位于创造性经济。美国统计表明,

截至2010年年底，只有31万员工的微软公司，市场资本总额高达6000亿美元。麦当劳公司的员工为微软的10倍，但它的市场资本总额仅为微软的1/10。尽管21世纪依然有汉堡包的市场，但其影响和威望远不能同微软相比。

微软还是第一家提供股票选择权给所有员工作为报酬的公司。结果，创造了无数百万富翁甚至亿万富翁，也巩固了员工的忠诚度，减少了员工的流动率。这一方法被别的企业竞相采用，取得了巨大的成功。

微软处处领先，靠的是什么？就是创新。要最大限度地挖掘人的潜能，就不要受制于自缚手脚的想法。成功者相信梦想，也欣赏清新、简单但很有创意的好主意。

因此，作为领导者，如果你想投资成功，就要避开那些饱和的市场，而选择他人没有涉足的区域。这一长远眼光的发展战略，不但能避开强劲的竞争对手的拼杀，而且独自开发了一个前景广阔的市场。

生活往往就是这样，你抢占先机，得到的就是金子；而你步人后尘，东施效颦，就可能失败。

为此，任何一个致力于投资的领导者，都需要记住以下几点：

(1)找到市场空缺；

(2)把投资眼光放在别人不屑投资的项目上；

(3)对于那些已成态势的领域，就要做出特色。

对此，巴菲特总结了10项投资要点：

①投资要有规律；

②明确买价，它决定你报酬率的高低；

③税负的避免和利润的复合增长与交易费用使投资人受益无穷；

④不在意一家公司来年可赚多少，仅有意未来5~10年能赚多少；

⑤价值型与成长型的投资理念是相通的：价值是一项投资未来现金流量的折现值，而成长只是用来决定价值的预测过程；

⑥通货膨胀是投资者的最大敌人；

⑦要把投资对象放到未来收益高的企业；

⑧投资人要对所投资的企业进行全面了解，才能获得财务上的成功；

⑨“安全边际”从两个方面协助你的投资：首先是缓冲可能的价格风险，其次是可获得相对高的权益报酬率；

⑩拥有一只股票，期待它下个星期就上涨，是十分愚蠢的。

普希尔定律：拖延会耽误作出决策的时机

当今世界，机遇是随处可见的，这一点，无论是对于个人还是企业都一样。但是，机遇之所以为机遇，还因为它是极少见的、转瞬即逝的，因此，如果你是一个领导者，那么，你必须具备果断的品质。只有当机立断，勇敢去行动，才有可能取得成功；如果一味犹豫不决，瞻前顾后，思前想后，等下定决心的时候就只能看别人的成功了。所以说，果断是一个领导者必须具备的品质。

对此，A.J.S 公司副总裁普希尔提出：再好的决策也经不起拖延。在作出一项正确的决策之前，速度是关键。即使是一项好的决策，如果不能在公司中迅速达成共识，就等同于虚有。普希尔认为，凡是某些行业内的领跑者，都具有迅速作出一项正确决策的能力；思虑太多，会阻碍迅速作出决策；任何一项正确的决策，都是现在作出来的。后来人们将其总结为“普希尔定律”。

的确，很多企业领导者常浪费太多时间来预测未来，以致延误了作出决策的时机。我们先来看下面这个故事：

王安博士是华裔电脑名人，在他 5 岁时，曾有一件事影响了他的一生。

一天，他外出玩耍，经过一棵大树时，突然有一个鸟巢掉到他头上，从里面滚出了一只嗷嗷待哺的小麻雀。小孩的心是善良的，于是，他决定把它带回去喂养，便连同鸟巢一起带回了家。

走到家门口，他忽然想起了妈妈不允许他在家里养小动物。于是他轻轻地把小麻雀放在门口，急忙进去请求妈妈，在他的哀求下妈妈破例答应了

儿子。王安兴奋地跑到门口，不料小麻雀不见了，一只黑猫正在意犹未尽地擦拭着嘴巴。

王安为此伤心了很久。

从此，他记住了一个很大的教训：只要是自己认定的事情，绝不可优柔寡断。犹豫不决固然可以免去做错事的机会，但也失去了成功的机遇。

正因为此，王安在人生的道路上成就了一番大事业，成为了华裔电脑界的名人……

这只是一件小事，但对于一个企业来讲，领导人的一次迟疑可能会延误决策时机，从而给企业造成巨大的损失。行动的天敌就是拖延，制止拖延的最好方法就是马上付诸行动。犹太人占全球的1%，但全球70%的财富却在他们手中，因为他们是行动的主人。犹太人做任何事都尽最大的努力，从来不把今天的事留到明天。从不拖延，今日事今日毕。同时，作为领导者的你，做事要坚决果断，这是领导者最为重要的内在素质。

这要求每一个领导者在作决策的时候做到：

1.决策要果断

《论语·子路》里有句话："言必信，行必果。"意思是说话一定要守信用，做事一定要果断。做每件事的时候必须说到做到，果断行事。

果断要求一个人具有善辨的能力，并能迅速估算情况，然后适时作出决定。诚然，果断要求的是速度，但绝不是武断，武断的人往往懒于思考而轻易作出决定。他们虽然也能快速作出决定，但往往欠缺周全的考虑，因此，他们作出的决定往往是主观的。

2.在抓住机会的同时，也要迅速行动

要成功，除了要抓住机会外，还要行动迅速。在机遇面前，千万不可犹豫，只有抓住机会，将构想赋予行动才会有意义，才可以领先对手，取得成功。

在2003年底，TCL收购法国阿尔卡特的手机业务，率先吹响了"全球规模"的中国企业国际化号角。2004年年底联想又一举吞并了美国IBM公司的全球PC业务，进一步掀起了中国企业"全球规模"国际化高潮。我们把这

三个问题拼图拼起来,就看清了事情的全貌:国际化包括渐进式的“自我扩张型”国际化,也有跳跃式的“局部规模”购并国际化和飞鸟凌云式的“全球规模”购并国际化。

总之,领导者在作出任何决策包括实施决策的时候,切勿优柔寡断、前怕狼后怕虎,决定的事就要勇敢地去做,只有抢先一步,才可能为企业赢取先机,获得市场!

隧道视野效应:优秀的领导者要有深邃的洞察力

现代社会,作为企业的带头人,领导者的任何一个决策,都直接关系到企业人、财、物等生产力要素组织得科学不科学、利用得好不好,是决定企业效率和效益的关键。因此,提高领导者的管理决策能力和管理决策水平,讲求管理决策的科学性,提高领导在科学管理决策过程中的原则性,是提高领导者管理决策艺术的重要课题。

一个优秀的领导者,在制定任何决策的时候,都必须建立在开阔的视野、深邃的洞察力基础上。对于这点,领导者应当从隧道视野效应中得到启示。

这一效应指的是:一个人若身处隧道,他看到的就只是前后非常狭窄的视野。只有具有远见和洞察力,视野开阔,方能看得高远。识时务者为俊杰。一件事情,重要的不是现在怎样,而是将来会怎样。要看到事情的将来,就必须具有高远的眼光。看清它的将来,坚定不移地去做,事业就成功了一半。明智的领导者总会在放弃微小利益的同时,获得更大的利益。我们先来看下面这个故事:

美国的一个摄制组,想拍一部中国农民生活的纪录片。于是他们来到中国某地农村,找到一位柿农,说要买他 1000 个柿子,请他把这些柿子从树

上摘下来，并演示一下贮存的过程，谈好的价钱是1000个柿子给20美元。

柿农很高兴地同意了。于是他找来一个帮手，一人爬到柿子树上，用绑有弯钩的长杆，看准长得好的柿子用劲一拧，柿子就掉了下来。下面的一个人就在草丛里把柿子找出来，捡到一个竹筐里。柿子不断地掉下来，滚得到处都是。下面的人则手脚飞快地把它们不断地捡到竹筐里，同时还不忘高声和树上的人拉着家常。在一边的美国人觉得这很有趣，自然全都拍了下来，接着又拍了他们贮存柿子的过程。

美国人付了钱就准备离开，那位收了钱的柿农却一把拉住他们，说：你们怎么不把买的柿子带走呢？美国人说不好带，也不需要带，他们买这些柿子的目的已经达到了，这些柿子还是请他自己留着吧。

天底下哪有这样便宜的事情呢？那位柿农暗想。看着美国人远去的背影，柿农摇摇头感叹道：没想到世界上还有这样的傻瓜！

那位柿农不知道，他的1000个柿子虽然原地没动就卖了20美元，但那几位美国人拍的他们采摘和贮存柿子的纪录片，拿到美国却可以卖更多的钱。他也不知道，在那几个美国人眼里，他的那些柿子并不值钱，值钱的是他们的那种独特有趣的采摘、贮存柿子的生产生活方式。

柿农的蝇头小利比起那几个美国人的利益来说实在不算什么。在企业的投资构成中，我们的决策者是像文中的柿农一样只看到眼前的比较直接的小利益，还是把眼光放长远一些，发现更大，但可能比较隐蔽的大利益呢？一个明智的领导者总会在放弃微小利益的同时，获得更大的利益。

纵观古今中外富商巨贾的成长历程，无不是长远眼光、果敢决策的结果。在他们眼里，生意的成功就是决策的成功，而决策不能没有开阔的眼光，在机会面前，有些决策还需要冒险。之所以有的人因冒险一步登天，有的人却因冒险家败人亡，关键是看眼光是否长远。

那么，现代企业的领导者们，从隧道视野效应中得到了哪些启示呢？

1.决策应立足当下，放眼未来

隧道视野效应告诉我们：一件事情，现在就是现在，现在会成为过去，因

此，最重要的是将来。而要看到事物的将来，就必须把眼光放长远。看准了它的发展趋势后，要坚定不移地去做，这样才能取得大成就。

2.要回报，就必须先投资

俗话说“欲取之，必先予之”、“放长线钓大鱼”，这就是一种长远的投资眼光。可能你会认为你所在的企业现在没有市场，那么，作为领导者的你，就不能自怨自艾，而应该想办法先把市场培育起来，然后再开展市场营销工作。试想，只要市场需求出现了，还需要担心产品没有销路吗？事实上，在商界，“欲取先予”的做法无处不在，这体现的是领导者高远的眼光。企业想赢利，就必须先投资，“先予”就是一种投资，往往会获得无法估量的收益。

3.积极尝试，摆脱环境的限制

领导者若希望自己能高屋建瓴地把握问题，就必须要有开阔的思路和长远的眼光，而要做到这一点，就必须拓展眼界，增长见识，只有这样才能做到见多识广，才能深谋远虑。

青蛙法则：危机意识是企业长盛不衰的秘诀

市场经济下，人们已经逐渐认识到市场行情的变幻莫测，于是，他们在科学管理决策上十分重视防范分析，因为这项工作做好了，就可以防患于未然。但有些领导者却抱着“不会出岔子”的侥幸心理不愿意作这种分析，或者对自己的管理决策十分有把握，不屑于做这种艰苦细致的工作，结果当出现意外情况时，往往措手不及；即使方案勉强通过，也会产生负面影响。我国古代伟大的思想家孟子曾说过：“生于忧患，死于安乐。”企业管理也是如此，管理者只有时刻保持危机意识，才能实现企业的长盛不衰。

那些优秀的管理者都明白只有时刻保持危机意识才能不断成长。海尔集团董事局主席张瑞敏在谈到海尔的发展和未来时说：“市场竞争太残酷

了，只有居安思危的人才能在竞争中取胜。”英特尔公司的缔造者格鲁夫在谈到其取得辉煌业绩时也说：“只有那些恐惧感强烈、危机感强烈的人才能生存下去。”

任何一个企业领导者，都应当从青蛙法则中得到启示。

“青蛙法则”是说把一只青蛙放在一个盛满凉水的容器里，然后慢慢地给容器加热，控制在每两天升温1℃的状态。水温不断上升，当水温到了90℃——虽然这时青蛙几乎已经被煮熟了，它也不会主动从容器中跳出来。其实，这并不是因为青蛙本身迟钝，事实上，如果将一只青蛙突然扔进热水中，青蛙会马上一跃而起，逃离危险。青蛙对眼前的危险看得一清二楚，但对还没到来的危机却置之不理。

“温水煮青蛙”道出了缺少危机意识的危害性。在企业管理中也是如此，作为企业的领导者，如果我们失去危机意识，认为企业和自己都处于十分安稳、安全的环境下，就容易变得安逸，就会失去工作活力，而一旦遇到真正的危机，那么，就会像温水里的那只青蛙一样束手无策。

无数的事例告诉我们，成功的企业都具有强烈的危机意识。它们在市场这片海上小心翼翼地行驶着自己的船只，然而正是这种深深的忧患意识和一系列的“预警”措施，使它们安然度过了一个又一个“暗礁”，实现了持续的成功。

在世界著名的大企业中，随着全球经济竞争的发展，它们面对的挑战越来越激烈，要是只看到自己的优势地位，就可能遭到淘汰。为改变这种状况，很多企业都非常重视推行“危机式”生产管理。而在我国，华为公司就是其中的一例。

当华为2000年销售额达220亿元、利润以29亿元人民币位居全国电子百强首位的时候，华为总裁任正非却大谈危机：“华为的危机以及萎缩、破产一定会到来。”他在内部讲话中颇有感触地说：“十年来我天天思考的都是失败，对成功视而不见，也没有什么荣誉感、自豪感，而是危机感。正因为这样才存活了十年。我们大家要一起来想怎样活下去，或许才能存活得久一些。

失败这一天一定会到来,大家要准备迎接,这是我从不动摇的看法,这是历史规律。"

任正非为什么总在兴盛中提醒大家提高危机意识?因为他看到华为的冬天一定会到来,到时候"也会像它热得让人不可理解一样冷得出奇。没有预见,没有预防,就会冻死。谁有棉衣,谁就活下。""创业难,守业难,知难不难……唯有惶者才能生存!"华为的奋进与崛起,就归因于这种深重的危机意识与苦心经营!

巴尔扎克曾经为所有的企业领导者上过一堂耐人寻味的"课",他说"一个商人不想到破产,如同一个将军永远不准备吃败仗,只能算'半个商人',是不成功的商人。"怎样才能成为"一个商人"即成功的商人呢?巴尔扎克给出的答案是:"要想到破产。"日头正午,是最辉煌的时候,也是西下的开始。虽然说的是自然现象,不能与企业生存发展进行简单的类比,但是企业要时时想到"日落西山"的时候,这是生存法则。

同样,在现代企业中,任何一个领导者都要有这种"想到破产"的危机意识,警惕企业末日(破产)的到来。如果领导者没有这种高度的警惕意识,那么,一旦遭遇事关企业未来巨大危机的突然袭击,必然缺乏应对之策,在无准备之仗中毁掉自己和企业的未来。因此,企业经营者和所有员工面对市场和竞争,要时刻保持危机感,不要沉迷在一度的"成功"里。记住,今天的成功并不意味着明天的成功,企业最好的时候往往是没落的开始!

卡贝定律:不学会放弃,你将很难懂得什么是争取

在印度的热带丛林里,人们捕捉猴子的方法是奇特的:

人们先安置一个固定的小盒子,然后在里面放上猴子爱吃的食物。盒子并不是敞开的,而是在上方开一个小口,猴子正好可以把前爪伸进去,而

贪吃的猴子肯定会把爪子伸进去，此时，它的爪子就拿不出来了。

人们常常用这种方法捕捉猴子，因为猴子有一种习性：不肯放下已经到手的东西。

人们总会嘲笑猴子的愚蠢：为什么不松开爪子放下坚果逃命？实际上，我们人类又何尝不是如此呢？

现实生活中，很多人都和猴子一样，他们往往把目光盯在那些虚无缥缈的东西上，而且还拼命地去争取，甚至不顾后果。其实，有时候，懂得放弃才能找到新的出路和机遇。对此，美国电话电报公司前总经理卡贝提出：放弃是创新的钥匙。这就是著名的卡贝定律，这一理论启示人们：在未学会放弃之前，你将很难懂得什么是争取。

瑞士军事理论家菲米尼有一句名言："一次良好的撤退，应与一次伟大的胜利一样受到奖赏。"同样，作为企业的领导者，我们也要学会放弃，并且要果断、大气地放弃，以另谋出路。当然，不是面对任何事物都需要放弃，在毫无出路或者面对一些蝇头小利或毫无前景的决策时，要做到有目的、有计划地放弃，这是追求创新、富有远景所必需的成功条件。我们来看下面这个哲理故事：

一个青年向一位富翁请教成功之道。富翁把三块大小不等的西瓜放在青年面前："如果每块西瓜代表一定程度的利益，你选哪块？"

"当然是最大的那块！"青年毫不犹豫地回答。

富翁笑了笑说："那好，请吧！"

富翁把那块最大的西瓜递给了青年，而自己吃起了最小的那块。很快富翁就吃完了，随后拿起书桌上的最后一块西瓜得意地在青年面前晃了晃，大口地吃了起来。

青年马上明白了富翁的意思：虽然富翁挑的瓜不比我的瓜大，却比我吃得多。如果代表一定程度的利益，那么富翁占的利益自然就更多。

其实，为企业作决策就像吃西瓜，要想使一个企业有大的发展，领导者就要有战略的眼光，要学会放弃，只有放弃眼前的诱惑，才能获得长远的

大利。

综观世界各大企业，都十分懂得放弃在追求新机遇过程中的重要性，其中松下公司尤为典型。

1964年，日本松下通信工业公司突然宣布不再做大型电子计算机。当时的松下已经花费了5年时间，投入高达10亿元研究开发资金，而研发就要进入最后阶段了，松下公司突然全盘放弃，可见，需要多么大的胆魄。那个时候的松下经营得十分顺利，财政上也是安全的，所以这一决定成为世界商业史上的一次重要决定。当时的松下幸之助因为考虑到大型电脑市场竞争十分激烈，一着不慎，就可能使整个公司陷入危机之中，等到那个时候再行撤退，就为时已晚了。

这个撤退的决定是正确的，之后的市场正是按照松下的预测发展的，像西门子、RCA这种世界性的公司，都陆续放弃了大型电脑的生产，松下用他的预见能力和全局观念果断地放弃了，比其他公司领先了一步。

放弃有时比争取更有意义，放弃是创新的钥匙。如果努力争取的东西与目标无关，或者目前拥有的东西已成为负累，或者劣势大于优势，那么还不如放弃。

作为一个领导者，我们在为自己所作出的决策权衡利弊之后，如果发现决策失误，那么，也要有敢于放弃的魄力，此时，你会突然发现，原来新的机遇正在前方！

沃尔森法则：对信息和情报的掌握决定领导决策的准确性

在信息技术占主导地位的现代市场经济下，一个企业，要想在变幻莫测的市场竞争中立于不败之地，就必须准确快速地获悉各种情报：市场有什么

新动向，竞争对手有什么新举措……在获得了这些情报后，果敢迅速地采取行动，这样就会轻松取得成功。这一点，正符合美国企业家S·M·沃尔森提出的沃尔森法则。其主旨为：把信息和情报放在第一位，金钱就会滚滚而来。

的确，决策是管理的心脏，管理学家西蒙指出："管理就是决策。"决策是企业管理的核心，它关系到企业的兴衰荣辱、生死存亡。可以说，领导者科学理性地作出决策等于成功了一半。世界各大企业的成功，可以说都得益于对信息资料的掌握。

日本尼西奇公司原是一家生产雨伞的小企业。一次偶然的机会，董事长多博川看到了一份最近的人口普查报告。从人口普查资料获悉，日本每年有250万婴儿出生，他立即意识到尿布这个小商品有着巨大的潜在市场。按每个婴儿每年最低消费2条计算，一年就是500万条，再加上广阔的国际市场，潜力是巨大的。于是，他立即决定生产被大企业不屑一顾的尿布，结果畅销全国，走俏世界。如今该公司的尿布销量已占世界的1/3，多博川本人也因此被称为"尿布大王"。

多博川从一份人口普查报告中看到了巨大的商机，从而取得了巨大的成功，这得益于他对市场的敏锐观察力和及时出击的战略。获取情报重要，快速对情报作出反应更重要，这就要求商家要善于根据新情况、新问题，及时调整原来的思路和方案，采取相应的对策，做到市场变我也变。

在与竞争对手的征战中，情报尤其重要。孙子云：知己知彼，百战不殆。作为一名领导者，我们应该明白一个铁定常理：管理决策活动绝不是一件偶然的、孤立的为了解决某个问题而进行的活动。管理决策也不只是限于从几个可供选择的方案中选定一个最优方案的简单行动，更不能误认为只有选定最佳方案才是管理决策。管理决策是一个复杂的全过程，并且贯穿于管理决策活动的各个阶段、每个环节，包括细微环节。

那么，领导者在制定决策过程中，该如何处理信息资料呢？

1.拟定目标

领导者的决策工作，不能是无目的、无意义的；同样，管理决策的科学化

要求首先要解决管理决策所要实现的目标。这也是管理决策理论首先要研究和解决的问题。

因此,领导者需要拟定决策过程的目标。这一目标的提出要根据企业需要解决的问题,如确定企业的经营方针、经营目标、长远规划等。

2.收集情报

不难理解,所收集的情报越充分、越准确,领导者对真实情况的掌握度也就越接近实际,概率估计也就越准确,所作出的管理决策也就越合理。所以,在管理决策过程中,情报和信息资料的收集是十分重要的。当然,情报和信息资料的收集,一方面要有的放矢,有针对性地搜集;另外,要充分发挥经验和平时积累的知识的作用,实际上,人的大脑关于信息的储存就像一个"信息中心"、"档案室"。

3.制定备选方案

所谓备选,就是多个。所谓制定备选方案,就是本着解决企业需要解决的问题,并对所收集的资料进行整理、分析、计算等,然后制定出几个解决问题的方案,提交管理层决定。

当然,这是一项复杂、要求严格的工作,有时候,还需要进行试验,以验证其可行性,才能提交。

4. 最优选项

管理决策的成功与否,直接关系着企业的发展和职工的切身利益,甚至决定着企业的命运。因此,找出最优选项是管理决策的最后阶段,也是关键的一环。这里所说的选定最优方案,是在若干个备选方案中,选定一个最佳方案。

在通常情况下,管理决策步骤是按照以上四个阶段的顺序进行的,但有时也可能会使整个管理决策阶段发生互相穿插、包容或者逆转。

第14章

人脉运作心理学，决定企业的根基和发展

现代社会，人们常说，一个人能否成功，不在于你知道什么，而在于你认识谁。实际上企业也是如此，一个企业能否在市场上站稳脚跟，能否实现发展，也都取决于其是否有一本人脉“存折”。而为这一“存折”存储成本的，便是企业领导者。事实上，企业“人脉”管理亦即企业与社会、企业与企业以及企业与员工的关系管理。企业领导者如果能够准确地把握企业“人脉”管理的节奏，定能在企业管理中收到事半功倍的成效。

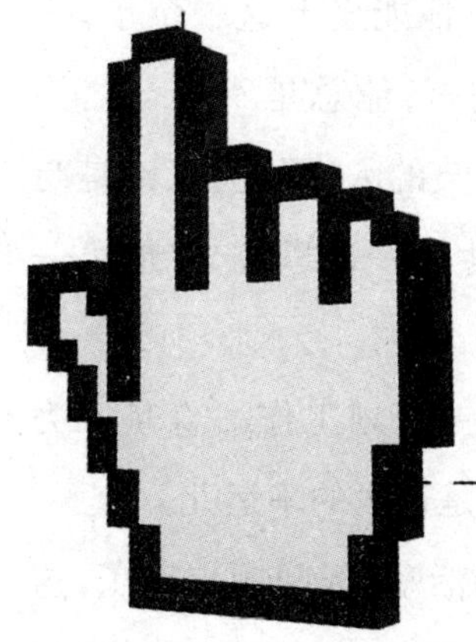

建立并维护好企业在各方面的关系

现代社会，人际关系在各行各业的重要性已经日益凸显。在东方哲学里，关系就是生产力。在西方，关系是最稀缺的商业资源。关系是一个很庞杂的概念，也是一个很复杂的社会现象。无论我们走到哪里，“人熟好办事”的潜规则都是适用的。良好的关系资源对于标榜“见面三分熟”的中国人来说显得更为重要了，要想获得事业上的成功，必须建立自己的关系网。如果你的关系网上有达官贵人，下有平民百姓，而且有人在你春风得意时为你鼓掌喝彩，在你有事需要帮忙时为你两肋插刀，这时候，你就能深刻体会到“关系”的力量！同样，在现代企业管理中，任何一个领导者都不可忽视关系在企业发展中的作用。你只有建立并维护良好的内外部关系，才能获得内外部公众的大力支持，企业的目标才能顺利实现。

我们先来看下面这个管理故事：

陈林是某大型外企的人力资源部主管，可以说，他能坐上这一位子，全凭他自己的实力。因此，对于那些喜欢拉关系的同事，他总是不屑与之为伍。在他的下属眼里，他也是个严肃、开不得半句玩笑的人，因此，无论是与上级还是下级的关系，他都处理得不好。但今年发生的一次事件，让他第一次感受到关系在管理工作中的重要性。

每年公司都会举行一个大型的庆祝活动，而这一策划工作一直是人力资源部接下后并分配到具体的主管手上的。陈林就是这次的幸运儿。

陈林在部门内部如火如荼地开展起了这次策划活动，但问题出现了，这些员工彻底否定了陈林的策划意见。陈林心里明白，他们之所以会这样，完全是因为掺杂了个人情感。陈林终于意识到，原来和员工搞不好关系会导致这样的后果。

后来，他的朋友建议他："我看你最近应该多和领导走动走动了，因为在推行方案或是宣传各种新计划时，首要的一点是必须获得最高管理层的支持。首先，提前与领导沟通，把以后可能出现的问题和碰到的困难先告知领导，领导心里就会有数。在真正推行的时候，一旦碰到问题就可以随时获得高层的帮助。其次，如果得到领导重视，领导发了话，下面就没有人敢不听了。倘若某个部门经理不想听你的，但是他必须要考虑到领导。因此，良好的关系对于工作的开展是很有利的。"

听完朋友的建议，陈林若有所思地点点头。

从陈林执行管理工作遇到困难这一案例中，我们发现，出现这一问题主要是因为他没有维护和上下级的关系，以致他的方案遭到了上下堵截，无法通过。可见，一个领导者，要想管理好一个企业，要想让整个企业协调、健康地运行，就必须维护好各方面的关系。当然，因为管理工作的复杂性，领导者需要维护的关系不仅来自企业内部，还来自企业的外部。一般来说，我们可以归纳为：

1.针对客户

与客户的关系，一般是围绕产品而展开的，因此，需要强调产品质量，并保证服务、注重新产品开发，讲究诚信等。

另外，面对潜在的客户群体，要注重向社会公众传递经营信息，有效开展公共关系活动，以此扩大组织的社会影响力，获得公众的熟知、信任和支持。

2.针对供应商

企业的利润和收益如何，的确和客户有很大关系，但供应商的作用也不可小觑。为了与供应商进行长期合作，领导者不仅需要本着互惠互利的原则与之合作，还需加强与供应商的交流，进行定期拜访，加深彼此间的感情，深化友谊，另外，对于合作中出现的问题，一定要及时、主动地加以沟通和解决。

3.针对竞争者

市场大潮中，竞争的存在是理所当然的，也是不可避免的，但竞争者之

间并不一定要怒目相向，只要达成一定的利益共识，是可以实现合作并缓解紧张情绪的。当然，对竞争中不可掉以轻心，要树立防范意识，对核心技术和经营决策要采取保密措施，并要预防竞争者采取尖锐的竞争手段，对组织的生存构成威胁。

4.针对政府部门

企业要做到长远发展，就必须响应政府的号召，切实履行企业在社会中的义务和责任，比如积极参加社会公益活动，主动帮助政府解决就业等社会问题等，还要做到足额纳税。遵纪守法，还要注意保护生态环境，做到可持续发展。

5.针对新闻媒介

企业的公关部门要与新闻媒介、记者保持良好的关系，做到常交流、多沟通，并懂得制造新闻热点，还需要定期举办新闻发布会，以做到通过媒体宣传企业与产品，提高企业知名度等。

6.针对金融机构

要多学习金融政策、法规等，并做到合法、诚信经营。发生信贷业务的，应依据约定，按期支付利息和归还本金，建立良好的信誉等级。

当然，无论是内部关系还是外部关系，其维护都需要围绕关系目标，针对不同公众的个性、特点、期望、要求及利益共鸣点，选择恰当的传播、沟通、协调、引导、协作等手段，建立紧密的公共关系，帮助企业树立良好的公众形象。

250定律：人脉是企业在社会中的生命保障系统

人们常说，“一个篱笆三个桩，一个好汉三个帮”，“一人成木，二人成林，三人成森林”，也就是说，要想做大事，一定要有做成大事的人脉网络和人脉

支持系统。如果说血脉是人的生理生命支持系统的话，那么人脉则是人的社会生命支持系统。很多成功的商界人士都深刻意识到了人脉资源对自己事业成功的重要性。美国钢铁大王卡耐基经过长期研究得出结论："专业知识在一个人成功中的作用只占15%，而其余的85%则取决于人际关系。"同样，作为企业的领导者，我们从事企业管理的工作，最终也是为了把企业做大做强、让企业在市场竞争中持续获胜。为此，领导者同样需要处理人际关系，为企业积累人脉。而如何为企业积累和经营人脉呢？乔·吉拉德的250定律会对领导者们有所启示。

美国著名推销员乔·吉拉德在商战中总结出了"250定律"。他认为，在每位顾客的背后，都大约站着250个人，这是与他关系比较亲近的人：同事、邻居、亲戚、朋友。如果一个推销员在年初的一个星期里见到50个人，其中只要有两个顾客对他的态度感到不愉快，到了年底，由于连锁影响就可能有5000个人不愿意和这个推销员打交道，他们知道一件事：不要跟这位推销员做生意。这就是乔·吉拉德的250定律。

乔·吉拉德曾经说过："你只要赶走一个顾客，就等于赶走了潜在的250个顾客。"因此，在几十年的推销生涯中，他每天都会默念250定律，绝不会因为顾客的情绪不佳或者刁难而反过来怠慢顾客。

我们不难得出一个结论：必须认真对待你身边的每一个人，因为他们的四周都有一个数量不小的、稳定的人际关系群体。善待一个人，就像点亮一盏灯，照亮一大片。

任何一个企业的效益都来自于客户。因此，领导者的管理工作也不可脱离这一点，要重视企业的任何一个客户，因为这个客户背后，可能隐藏着巨大的人脉资源。我们先来看下面这个管理故事：

刘威是一个民营企业的老板，他很喜欢参加各种社团，包括全国性、区域性、行业性的社团组织有近十个，每一个社团他至少参加一次活动，每一个社团里，他至少也有三四个关系密切的朋友。他说："我企业里70%以上企业外部的事情，都是依靠这些朋友的帮助和支持来顺利完成的，没有他们

的鼎力相助，至少要有50%的事情我没办法实现。参加社团有时候费点钱，费点时间和精力，可是带来的效率和效果却是巨大的！”

这里，我们发现，参加聚会与社团是积累人脉的一个有效方式。在这些场合中，你的一个客户会为你介绍第二个、第三个客户，这样，随着客户的增多，生意自然越做越大。可能有些领导者本能地厌恶或害怕参加闹闹哄哄的聚会，认为这些活动纯粹是在浪费时间和精力。当然，你若是想做一个独善其身的人，这些活动的确是浪费时间和生命。但你如果想扩展你的职业和事业，那么这些活动对你来说绝对必不可少，你需要做的是，分辨出哪些该参加，哪些该拒绝。一旦决定参加，你就肩负一项任务，就是你为什么参加这次活动，你必须从这次活动中有所收获，那就是有利于丰富你的人脉资源。

当然，根据250定律，每个领导者都应当了解，只有大胆跨出第一步，认识并维护好你的第一个客户，他才可能会为你带来更多的人脉资源，因此，你不妨做到：要挖掘到好的销售线索，你需要实施一项计划。以下是你可以采取的一些行动步骤：

(1)多与老朋友、老同事、老同学联系，与其分享资源。

(2)克服心理障碍，在参加聚会、老乡会或其他社交活动时，主动介绍自己。

(3)参加所有相关的展销会，并制造机会与合作客户单独谈话。如果有展位，那么，就必须确保任何时候都有员工在场，以便为合作客户解答疑惑。此外，尽量收集名片，必要时也可提供些有价值的东西。

(4)在得到关于某公司、单位有新任总裁、副总裁或者其他职位的确切消息时，你都应该致电道贺。

(5)定期拜访现有顾客，以寻求对客户服务的反馈。例如，产品使用状况如何？对客户服务满意度如何？

当然，领导者在应用乔·吉拉德的“250定律”的第一个月，未必能轻松达成大笔生意。但是随着时间的推移，正如乔·吉拉德自己的事业上升轨迹所显示的那样，这种培养潜在客户的方法一定会让你有所收获的！

尊重他人的第一步，就是叫出他人的名字

生活中，我们常有这样的感受：在一些偶然的场合，你被多年不见的朋友、同事、同学叫上名字，心中难免分外高兴，因为感到自己被人尊重，顿时觉得暖意融融。同时，你也可能会遇到这样的尴尬事：遇到一位熟人，突然忘记了他（她）的姓名。此时如何是好？要么以“你好”或“您好”相称，要么招手示意、一笑了之。不管怎么蒙混，总觉得对对方不太尊重。的确，每个人的内心深处，都渴望被别人在乎、关注和尊重！而关注、尊重他人很重要的一点就是叫出他人的名字！

从事管理工作的领导者们，每天都要与不同的人打交道，更要“勤奋”一点，记住他人的名字，让对方感受到你的诚意。如此，你的人际关系自然会变得融洽起来。而在人际交往中记不住对方的姓名，轻则让对方没面子，重则会给对方的心理造成伤害。

在人民大会堂，国家领导人曾接见过一个普通劳动者，当场叫出了这个人的名字。这位普通劳动者听到后，激动不已，倍感自豪，终生难忘。这个场景非常感人，从记住对方的名字这件事中，体现了国家领导人对普通劳动者的尊重。尊重在于把普通劳动者放在心上。

看来，记住对方的名字似乎是一桩小事，但做到与否，却涉及是否尊重对方。领导者在日常工作中，不免要与各类客户打交道，名字只是一种文字符号，但谁都希望别人能记住自己。如果客户曾与你有过业务往来，与你再次见面或再次发生业务关系时，你忘记了客户的姓名，或张冠李戴，或再次问“您贵姓”，双方一定会觉得非常尴尬，亲切愉快的气氛也会被打破。

据说美国前总统罗斯福记人名的能力非常惊人。

有个曾为美国历届领导人制造小汽车的汽车公司，在一次聚会上，公司

经理曾把机械师坎茨介绍给总统。几年后,当张伯伦带着机械师坎茨再次见到总统时,罗斯福首先热情地和他们握手,亲切地叫着他们俩的名字,这使张伯伦和机械师都特别兴奋。为报效总统的异常记惦和知遇之情,回公司后,他们用将近一年的时间,专门为罗斯福精心设计并制造出了一辆别致的小汽车。

相对于普通民众来说,国家领导人高高在上,而罗斯福却能记住他们的名字,这就是一种尊重。

美国的钢铁大王卡内基并不是如人们所想的那样深谙钢铁制造,他手下有好几百个经理人,每个人都比他更了解钢铁。然而,钢铁大王卡内基成功的原因是什么呢?实际上,他在很小的时候,就显示出了出色的组织、领导才能。

10岁时的卡内基,有一天抓到了一只母兔,母兔不久生了一窝小兔子,饲料因而不够食用,卡内基如何处理呢?他一点也不头痛,他的脑海里早有了很美妙的构想,他把邻近的孩子们集合起来宣布:谁能拔最多的草来喂小兔子,就以他的名字给小兔子命名,于是孩子们都争先恐后地为小兔子寻找饲料,卡内基的计划顺利地实现了,他始终没有忘记这一次的成功。终其一生,他都利用人们的这种心理成功地领导着许许多多的人。

一个十岁的孩子就懂得一个人的名字与他自己有着微妙而不寻常的关系。正是因为了解这一点,卡内基便利用人们的这种心理获得了很多人的协助,而成就了一番伟业。他曾经说过:"一个人的姓名是他自己最熟悉、最甜美、最妙不可言的声音,在焦急中最明显、最简单、最重要、最能得到好感的方法,就是记住人家的名字。"其实,记住对方的名字,就很容易赢得好感。因为姓名代表一个人的自我,只有在自我受到尊重的时候,人们才会感觉快乐。我们应该注意到这一点:一个名字所能包含的奇迹。

凡是成功的人,都知道记住别人的名字,将会给自己的人生带来莫大的助益。他们了解,掌握人心之法并不在于很深的理论,而是在于记住别人的名字,并且亲切地招呼。

因此，如果你想成为一个成功的领导者，那么，就首先从记住别人的名字开始，这表示你是一个有涵养的人，并且能够表现个人魅力。

为此，身为企业领导者的你，需要做到以下两点：

（1）和客户交往，要把顾客放在心上，建立顾客档案，准确记住顾客的名字及相关资料，不仅有利于缩小双方的距离，促使交易的实现，而且容易让客户感受到你的修养和素质，给对方留下好印象。

（2）和陌生人交往，如果没听清对方的名字，你一定说："对不起，请问您的名字是？我没听清。"

可能你会认为，这样发问会难堪、不好意思，实际上，你会让对方产生好感，他会很乐意再次复述自己的名字，因为名字是每个人最珍贵的"私有财产"。

管理工作要"得道多助"，就必须凝聚人心

现代管理的诉求点是"人性化管理"，因为管理之道在于"和"，"管理是人力发展，而非事务指导"，因此，我们可以说"管理是人事处理"，因为管理活动需要幕后的参谋人员互相配合，方能达成目标。也就是说，管理系统为人力使用的系统，再由人力系统使用机械力系统，所以管理工作若失去"人"的基本要素，则成真空。关于这一点，企业管理者若希望管理工作"得道多助"，就必须凝聚人心。企业家李嘉诚在企业内部实行的就是"走动式管理"：

李嘉诚热衷于与员工进行充分的沟通、交流，强调与员工打成一片的重要性，这是因为受到日本东芝公司的启发。李嘉诚非常喜欢看书，经常翻看著名企业家的成长历程。他从书中发现日本东芝电器公司的社长十分推崇"走动式管理"。他总是走到员工中间，深入地体察民意，了解企业和员工的

真实情况，只要发现问题就立马解决，因而有力地促进了公司的生存和发展。因此，李嘉诚告诉员工："现在我不是公司的领导者，你们只需要把我当成你们的长辈，我今天坐在这里就是想跟你们分享彼此的经验，这样我们大家才能共同成长。"简单的几句话，就把大家的距离拉近了，每个员工心里的石头一下落到了地上。

李嘉诚平时工作非常忙，根本没有时间去工厂视察工作。于是，他就利用中午时间和员工一起到食堂吃饭。一开始，很多人还以为眼睛花了，李嘉诚怎么也跑到食堂和我们一起吃饭？而李嘉诚只要看到员工惊讶的眼神，就会微笑着先与员工打招呼。开始时，李嘉诚会发现整张桌子就他自己在吃饭，甚至连周围的餐桌都没有人，员工都离他很远。李嘉诚一看没有人愿意和他坐在一起，就"不识趣"地主动坐过去。久而久之，李嘉诚就和员工非常熟悉了，员工对他到食堂吃饭也不会感到大惊小怪，大家更抢着和李嘉诚坐在一张桌子上。

在李嘉诚看来，发现公司细小问题的最快速、最有效率的方式，就是与员工打成一片。只要有机会，就要和员工多多地交流、沟通，从他们的谈话中就可以发现平时根本无法察觉的问题。

公司的领导者应该放下尊贵的架子，走进员工当中，很可能在不经意间，你就会有"重大发现"。假使每一位下属皆能自动自发，依照上级指示的政策目标而努力，则可以不必再行"督导"活动。

当然，企业领导者需要维护的关系远不止这一点，除此之外，领导者还需要维护和上级的关系、与同级领导的关系，与客户的关系等。但无论处理何种关系，领导者都需要记住以下几点：

1.对待部属和员工

管理是人力发展及借力的活动，所以我们首先要诚恳地把希望别人对待我们的方法用来对待部属。"待人如己，己所欲施于人"的名言，确实是最简单的管理法，任何行业，任何规模，以及任何部门的管理人员，皆可应用这种简单方法，有效地达成目标。

(1)员工都不喜欢加班，但如果能因此而得到更多的报酬和奖励，员工认为这是合理的。同样，如果一个员工努力工作却没有得到应有的肯定，那么，他就会产生负面情绪。

(2)如果你必须辞退一个员工，那么，请记住，给他一个真诚、庄重的理由，而不要使用一张纸条或同事的一个传话，这只能表明你在敷衍了事。

(3)每个人都希望为为人处世公平、公正且工作能力强的领导工作。

(4)你的指令不可太复杂、含混，让下属捉摸不透，你应该直接告诉他如何做。

(5)每一个员工都喜欢领导者承认他的工作表现及贡献。

(6)让你的员工知道他的努力工作帮了你不少忙。因为许多人希望他每日的工作对别人有所帮助。

2.对待客户

企业做大做强的最神秘部分在哪里？就是消费者那颗猜不着摸不透的心，恰如大海里捞针。一个聪明的领导者不会只坐在办公室内纸上谈兵，还会用双脚去跑，用“心”去洞察消费者的不同消费特性，从而真正接触客户，与客户搞好关系。

除了以上两点之外，领导者还需要搞好社区关系、政府关系、金融关系、股东关系以及供应商关系。当然，其中仍以员工关系和客户关系的处理最为直接相关。

通过中间人，保持与各方面关系的融洽

不可否认，在以关系为本位的中国社会，在求职、升官、解决难题、争取权力等方面，完全不靠关系几乎是不可能的。作为一个领导者，你自然就免不了与各种人打交道，这不仅能让自己交朋结友，还能为企业积累人脉。但

如何和陌生人拉近关系呢？其中一个重要的方法就是“中间人介绍法”。比如，饭桌上，面对自己不认识的人，如果你有结交的欲望，却不知如何打破沉默，此时，你不妨让饭局的主办人来为你引荐。这一方法的背后是社会学中的熟识与喜爱原理，这个原理就是，人们很愿意答应自己熟识与喜爱的人提出的要求。也就是说，通过中间人，我们能与陌生人的关系更融洽。

我们先来看下面这个故事：

做社区工作的赵主任，有过这样一段耐人寻味的经历：

这个街道需要引进一批新的运动器材，需要200多万元资金，多次向上级领导钟主任打报告，未果。但在一次偶然的机会中，他却找到了解决问题的渠道。

那次，他和几位领导去酒店吃饭。席间，喝了几杯酒，赵主任就不经意地提到了自己的心事：“各位，你们说钟主任为什么不批呢？”几个主管领导先是哼哼哈哈，不作回应。酒过三巡后，领导们的脸红了，声音也大了，话也多了起来。赵主任见状，针对这件事又提了一次。其中一位领导听了，扯着脖子说：“我们在喝酒，你谈什么买器材，这样吧，你要是把这瓶白酒干了，我就保证帮你摆平钟主任，我们是好哥们儿。”赵主任本来是有些酒量的，见领导发话，一咬牙就把剩下的白酒全喝了。

领导一见，大声说：“够意思，实在够意思！”酒桌上的气氛达到了高潮。赵主任那晚醉得一塌糊涂，但很快，购买器材的事就批下来了。原来，当时让他喝完一瓶白酒的领导正是钟主任的顶头上司，购买器材，只要他发话，钟主任不敢违抗。

赵主任费尽心思要办的事情，居然因为无意中的一顿饭，一瓶酒，就办成了。可谓“有心栽花花不发，无心插柳柳成荫”。

的确，有时候，只要处理好人脉关系，事情就好办了。有时候你参加某种场合，并不是有求于人，也不一定是被人求，甚至和在场的很多人完全陌生，你可能认为自己是个配角，可有可无。而实际上，既然你参加这种场合，就应该加以重视，因为你同样可以借他人所设饭局获取更多信息，从而帮助你达到交际的目的。

那么，作为领导者的你，该如何通过中间人完善与陌生人的关系呢？

1.表明自己和“中间人”的关系

比如，一般来说，“中间人”会告诉对方：“这位是××，是我的大学同学。”然后再告诉另外一方：“这位是××，是从小和我一起长大的哥儿们。”当彼此都了解了和主办人的关系后，交流时也就心中有数了。

2.让“中间人”指出双方的共同点，为双方制造话题

与人交谈遇到的第一道关卡便是谈什么，即选择什么话题。有了共同话题，就能使谈话融洽自如。共同话题，是初步交谈的媒介、深入细谈的基础、纵情畅谈的开端。但话题的选择不能一厢情愿，因为交谈是双方的。而对于初次交谈的陌生人，找到共同的话题至关重要。

如果你希望和陌生人聊得投机，就少不了“中间人”的帮忙，在“中间人”简单地介绍完彼此之后，还可以让中间人进一步介绍：“今天我把你们一起请来真是明智之举，因为你们都对古代文学颇有研究，相信你们很想切磋切磋。”这样一说，自然对彼此有了更深的了解，而更重要的是，共同话题有助于加深彼此间的感情。

有了自然而得体的话题，有了认同感，再加上交谈时诚恳、热情的态度、语言以及双方表现出的对共同话题的勃勃兴致，和谐的交际气氛就营造出来了，这样就为下一步的交谈打下了良好的基础。

3.切勿过于急功近利

谈话内容一定要有弹性，不要硬性表明自己的目的。因为重要的不是你做了什么，而是人们对你的这种方式是否接受。

总之，一名优秀的领导者头脑一定要灵活，善于运用对自己有利的一切力量。从身边的人开始挖掘人脉资源，这需要你先与他们联系，再以他们为中心，更进一步扩展资源，但这中间，需要你维护好和这些“中间人”的关系，一个令人憎恶的领导者，是很难得到他人的帮助的！

企业与客户共赢才能建立长久合作

现代企业，领导者都希望为企业赢取最大利益，于是，在各种利益争夺战中，一些领导者总是想法设法在利润上“做手脚”、“磨嘴皮子”、与合作方僵持不下，而实际上，要想与客户实现长期合作，就必须不断寻求建立双方友好关系的途径，这其中就包括双赢。尤其在谈判阶段，作为一方领导的你，需要努力营造出一种双赢合作的友好谈判气氛，以促进与客户之间的长期合作关系。如何才能与客户建立一种双赢合作、长期友好的合作关系呢？你应该时时让客户感觉到你能够提供令其感到满意的产品或服务，能够满足其多种需求。我们先来看看客户主管杨建的谈判经历：

杨建是一家油漆公司的销售主管，他们公司推出的油漆有环保、无异味的特点，很适合现代家居环保的要求。正是这一优点，杨建所在公司的生意一直很红火。

最近，他联系了一家地产公司的李经理，他们洽谈了许多合作事宜。但是，李经理坚持要降价，这一点让杨建很为难，他需要回去和上级领导商量，于是谈判暂时搁浅。不久后，杨建和李经理再次坐到了谈判桌上。

“李总，你好！关于您提出降价的条件，我已经与公司上级领导商量过了。我们都觉得，如果您能在贵小区优先替我们旗下的新油漆公司作广告宣传的话，我们公司愿意以最低的价格与您这样的大客户长期合作。”

“不好意思，我们从不会为住户主动推荐哪种油漆。”

“您误会我的意思了，我们并不希望您推进，我们只需要一个安全的宣传环境就行。”

“你们要宣传多久？”

“开盘后的一年内。”

“可以。”

最终，李经理以最低的价格落成了新的楼盘，而杨建所在公司旗下的新油漆也得到了大力的宣传，销量很好。

案例中，作为谈判方的代表，杨建的聪明之处，就是利用了双赢这一原则，让客户和销售员实现了利益互补，交易的达成必然水到渠成。

的确，任何一个领导者，通常都是企业的利益代表，他们都希望能为企业赢取更多的利益，但如果你一心想着如何占客户的便宜，你要么会因为贪婪的心理而误入歧途，要么会驻足不前没有业绩。做生意终究还是以赚取利润为根本目的，因此，能实现双赢是一种很理想的状态。

大凡在市场上长期站稳脚跟的企业都懂得双赢的道理，这是能长期维持合作关系的前提。

作为企业领导者，我们也应本着“双赢”的理念开展工作，并时刻以双赢作为成交的基础。那么，领导者如何与客户实现双赢呢？

1.诚信为先

诚实守信是一切交易的前提，也是实现双赢的前提。领导者在与客户合作的时候，无论是介绍产品，还是在谈判阶段，都要秉着一切从事实出发的原则，切忌一味夸大，更不能欺骗客户。否则一旦被对方拆穿，就很难再取得客户的信任，交易也就很难进行下去。

2.从对方的需求出发

如果你能事先了解客户的真实需求，真诚地替客户着想，为客户提供最适合他们的产品，让客户认识到产品所能带给他的优势，感觉的确得到了足够的利益，这样客户就会在一定程度上作出退让，从而实现双赢。

3.站在对方的角度说话

“这种产品的市场价格一直很高，我们的已经很低了，总不能让我们亏本做生意吧！”

“这种产品的价格确实贵了点，但你想想，它的性能好，才可以支持贵公司的高强度作业，安全才有了保障。”

很明显,第二种说法比第一种说法更为高明,因为它能联系到客户的实际情况,显然更容易被客户接受。要想得到客户更多的信赖,领导者就要站在客户的立场上为客户出谋划策。

4.先交朋友,后做生意

有时候,建立个客户档案很重要,这有利于培养和客户之间的感情。在平时,销售员也要通过不断关心客户的工作、生活等,让对方视我们为朋友。这样,没有购买的客户会成为我们的准客户,已经成交的客户也会同我们继续合作。

5.双方达成协议

你要明白,对于自己的客户,再好的关系也要用合同或是书面证明作保障,也就是签约。而这也是保护自己与企业的利益的最根本、最有效的方法。

每一笔人际关系,就是一次机遇

知识经济时代的来临,人脉的重要性已经毋庸置疑,正如人们常说的,一个人能否成功,不在于你知道什么,而在于你认识谁。人脉是一张人通往财富、成功的入门票。自古以来,那些商界的成功人士之所以会成功,也都因为先拥有一本雄厚的“人脉存折”,才有之后的辉煌的“成就存折”。同样,作为企业领导者,无论是从自身角度还是企业角度考虑,我们都应该认识到人脉的作用,可以说,每一笔人际关系,就是一次机遇。那么,怎样才能抓住每一次机遇呢?

关经理是某汽车公司的经理,他之所以能在短短的两年时间内升至这一职务,主要是因为他在当销售员的时候善于抓住每一次机会。

一次,他的一个朋友过生日,便邀请他出席生日晚宴。饭桌上,他看到

了前些天打过交道的客户——某商业公司的刘总。关经理很清楚地记得刘总要为公司高层购进一批新车，并且，他看重的几款不同的尼桑车，却因为价格太贵一直没有购买。关经理心想：今天一定要拿下这单生意。

虽然彼此不熟悉，但关经理很善于和人沟通，因此，很快，他便把话题引到了"车"上。刘总向关经理了解了这款车的情况，仍觉得价格太高。

关经理知道刘总问车价只是潜台词，于是说："刘总，您看中的这几款车价格是高了点，但物有所值，贵公司的领导们开出去，肯定很提高贵公司的身价。对了，你认识××公司的林总吧？一个月前，他也在我这儿买了几辆，也是为公司领导买的，他当时还说只有这几款坐骑才配得上他手下的那几员大将呢！"

"哦？林总他也买了？"

"是真的，他挑的几款都是黑色的。您看你要哪种颜色？"

"哦，我还是多选几种颜色吧。黑色太阴暗了。"

过了一会儿，刘总又说："就这样决定了，明天我让秘书过去提车。"

原来，在吃这顿饭前，关经理也是有备而来，他在公司的销售记录中，找到了刘总的朋友李总的销售情况，然后分析了他们的关系。于是，这场生意的达成就水到渠成了。

案例中，关经理为什么能为公司成功销售一批车进而为公司赢得利润呢？主要是因为他善于抓住机遇，在朋友请客这一场合，他能将话题顺其自然地引入到生意上。苏联心理学家达维多夫提出过达维多夫定律：只有敢为人先的人，才最有资格成为真正的先驱者。

如果你想拥有非常成功的人生，如果你想拥有非常成功的公司，你最需要什么？我可以毫不犹豫地告诉你，那就是抓住机遇！对企业来说，它能否赢利，是否有源源不断的客户，都在于它能否抓住机遇，而这一机遇，通常就是客户关系。

那么，企业领导者该如何抓住结识客户的机遇呢？

1.走出自己的圈子，多结识一些朋友多的人

有些领导者认为，自己身为领导，应该在语言、行为上多加注意，他们甚至陷入了只与上下级交流的误区，殊不知，这样，只会让目光局限在自己的小圈子里。

相反，如果你能走出自己的圈子，多结识一些朋友多的人，那么，朋友的朋友也可能成为我们的朋友，无形中，和我们站在一个方阵的人也就多了，能使我们的人脉资源倍增！

当然，人人都在认识新朋友，但能否将新认识的朋友巩固下来，就看你的“修行”了，我们要与这些新朋友常联系，否则，关系被“搁浅”，生意也就断了。

2.利用核心人物

任何一个潜在的人脉圈，都有核心人物，这些核心人物，一般都是有一定影响力的。利用核心人物的方法，就是集中精力对核心人物公关，拉近与核心人物的关系，使核心人物为我们引荐，把我们引荐到这一人脉圈中。当然，要做到这一点，需要你下一番功夫，不过，如果使用得当，往往能起到事半功倍的效果。

第15章

员工激励心理学，让企业绽放勃勃生机

很多企业领导者在管理工作中感叹，为什么我们的员工毫无激情？弗朗西斯说：“你可以买到一个人的时间，你可以雇一个人到固定的工作岗位，你可以买到按时或按日计算的技术操作，但你买不到热情，你买不到创造性，你买不到全身心的投入，你不得不设法争取这些”。怎样争取到这些呢？答案是：激励是灵丹妙药！有效的激励会点燃员工的激情！你要记住，你的成功时刻需要员工的支持和配合。如果员工是千里马，那么你愚笨的驾驭可能使他们连普通的马都赶不上。反之，你聪明的驾驭会让他们最大限度地发挥他们的才智，给你带来意想不到的成功和惊喜。

马蝇效应：有效的激励会点燃员工的激情

任何一个领导者都明白，管理做的就是人的工作。很多公司和企业之所以不能很好地发展，甚至不得不面临倒闭，都是因为没有做好这一工作。而如果一个领导者能带领一支由不同的专业知识技能成员组成的团队，充分发挥团队成员的积极性，便能不断挑战更高的工作目标，不断创造更大的绩效。要做到这一点，你可能要比其他员工更勤奋、掌握更多的知识，但最重要的是你要善于运用自己的智慧，激发员工的竞争意识。关于这一点，有个著名的“马蝇效应。”马蝇效应来源于美国前总统林肯的一段有趣的经历。

1860年大选结束后几个星期，有位叫巴恩的大银行家看见参议员萨蒙·蔡思从林肯的办公室走出来，就对林肯说：“你不要将此人选入你的内阁。”林肯问：“你为什么这样说？”巴恩答：“因为他认为他比你伟大得多。”“哦，”林肯说，“你还知道有谁认为自己比我要伟大的？”“不知道了。”巴恩说，“不过，你为什么这样问？”林肯回答：“因为我要把他们全都收入我的内阁。”

事实证明，这位银行家的话是有根据的，蔡思的确是个狂态十足的家伙。不过，蔡思也的确是个大能人，林肯十分器重他，任命他为财政部长，并尽力与他减少摩擦。蔡思狂热地追求最高领导权，而且嫉妒心极重。他本想入主白宫，却被林肯“挤”了，他不得已而求其次，想当国务卿。林肯却任命了西华德，他只好坐第三把交椅，因而怀恨在心，激愤难已。

后来，目睹过蔡思种种形状并搜集了很多资料的《纽约时报》主编亨利·雷蒙特拜访林肯的时候，特地告诉他蔡思正在狂热地上蹿下跳，谋求总统职位。林肯以他那特有的幽默神情讲道：“雷蒙特，你不是在农村长大的吗？那么你一定知道什么是马蝇了。有一次，我和我的兄弟在肯塔基老家的一个农场犁玉米地，我吆马，他扶犁。这匹马很懒，但有一段时间它却在地里跑得飞快，连我这双长腿都差点跟不上。到了地头，我发现有一只很大的马蝇叮在它身上，于是我就把马蝇打落了。我的兄弟问我为什么要打掉它。我回答说，我不忍心让这匹马被残酷地咬。我的兄弟说，'哎呀，正是这家伙才使得马跑起来的嘛！'"然后，林肯意味深长地说："如果现在有一只叫'总统欲'的马蝇正叮着蔡思先生，那么只要它能使蔡思这匹马不停地跑，我就不想去打落它。"

马蝇效应告诉所有的领导者，团队的力量是无法估量的，而高效的团队效率则来自于对团队中的那些有强大能力或特殊资源的成员的充分利用。然而，这些特殊的资源并不是那么容易管理的，要将他们团结在一起，就要善于运用"马蝇效应"，从而有效地激励并点燃员工的激情，促使他们的工作动机更加强烈，让他们产生超越自我和他人的欲望，并将潜在的巨大的内驱力释放出来，为企业的远景目标奉献自己的热情。

然而，人与人并不是相同的，激发他们斗志的"马蝇"也是不同的，有的人比较理想，可能更看重精神上的东西，比如荣誉、尊重；有的人比较功利，可能更看重物质上的东西，比如金钱。针对不同的人，要对症下药，投其所好，用不同的方式去激励他。总之，要让这匹马儿欢快地跑起来。

那么，针对不同的员工，领导者该如何激励呢？

1.面对有优势的员工

这些员工的工作能力是值得肯定的，他们有着一般员工所不具备的特殊才能，正是因为如此，他们的优越感也是显而易见的，他们偶尔会表现出不可一世的态度。对于这样的员工，领导者要学会用自己的实力、强硬的工作作风、公司的制度来管理，另外，委派任务的时候，也可通过激将法激发他们的斗志，从而使其为企业效力。

2.针对有背景的员工

员工有背景，背景可能种类不同，但无论何种背景，都会对身为领导者

的你产生一种威胁，是对你的权威的一种挑战。这类员工，因为有背景，他们往往在为人处世和工作中都表现出更多的自信。那么，如何和这类员工相处呢？最好的方法是保持一定的距离，不可太过亲密，也不能过于疏远。

3.面对想跳槽的员工

员工想跳槽，无非是对现状，也就是职位、薪水不满意，这就是驱使他们作出抉择的“马蝇”。

总之，领导者要明白，领导这一职务的获得并不代表你是最有能力，最有背景的，同样，你的下属也可能在这些方面比你更有优势，对于你来说，这样的下属是不好管理的，因为他们不仅有着强烈的金钱欲、职位欲等，还可能威胁到你的工作，因此，要想让他们安心、卖力地为你为企业工作，就一定要找到激励他的“马蝇”。

肥皂水效应：委婉的批评更能让下属认识到自己的错误

俗话说，人无完人。作为领导者，在管理企业的过程中，难免会遇到员工和下属犯错误的情况，此时，你如何批评下属就体现了你的领导艺术。合理、中肯、委婉的批评往往更能让下属认识到自己的错误，同时，他们会受到鼓舞，继而改正错误。对此，美国前总统约翰·卡尔文·柯立芝提出了肥皂水效应：

约翰·卡尔文·柯立芝于1923年担务美国总统，他有一位漂亮的女秘书，人虽长得漂亮，工作中却常因粗心而出错。

一天早晨，柯立芝看见女秘书走进办公室，便对她说：“今天你穿的这身衣服真漂亮，正适合你这样漂亮的小姐。”这句话出自柯立芝口中，简直让女秘书受宠若惊。柯立芝接着说：“但也不要骄傲，我相信你同样能把公文处

理得像你一样漂亮的。”果然从那天起，女秘书在处理公文时很少出错了。

一位朋友知道了这件事后，便问柯立芝：“这个方法很妙，你是怎么想出来的?”柯立芝得意洋洋地说：“这很简单，你看见过理发师给人刮胡子吗?他要先给人涂些肥皂水，为什么呀，就是为了刮起来使人不觉得痛。”

肥皂水效应告诉人们在批评别人时要采取巧妙而正确的方式，以减少批评的负面效应，达到批评的目的。将对他人的批评夹裹在前后肯定的话语之中，减少批评的负面效应，使被批评者愉快地接受对自己的批评。以赞美的形式巧妙地取代批评，以看似简捷的方式却达到了直接的目的。

的确，批评下属，也要靠技巧。不要用恶语中伤他人，劝告他人时，如果能态度诚恳，语出谨慎，将会得到更多的友谊和人缘，达到事半功倍的效果。我们先来看看伏尔泰的批评技巧。

伏尔泰曾有一位仆人，有些懒惰。一天，伏尔泰请他把鞋子拿过来。鞋子被拿来了，但沾满泥污。于是伏尔泰问道：“你早晨怎么不把它擦干净呢?”

“用不着，先生。路上尽是泥污，两个小时以后，您的鞋子就又和现在一样脏了。”

伏尔泰没有讲话，微笑着走出门去。仆人赶忙追上说：“先生慢走！食橱上的钥匙？我还要吃午饭呢。”“我的朋友，还吃什么午饭？反正两小时以后你又和现在一样饿了。”

伏尔泰巧用幽默的话语，批评了仆人的懒惰。如果他厉声呵斥他、命令他，就不会有这么好的效果了。

委婉式批评也称间接批评。一般采用借彼比此的方法，声东击西，让被批评者有一个思考的余地。其特点是含蓄蕴藉，不伤被批评者的自尊心。

和谐的上下级关系不是下属有了缺点和错误不加以批评、放任自流，而是领导者对下属进行批评教育时，要善于因势利导，循循善诱。

那么，具体来说，领导者如何批评下属，才能起到事半功倍的效果呢?

1.批评要具体

批评千万不能无事生非，毫无根据，这样，你的下属是无法接受的，因

此，你的批评必须是具体的，要针对具体的事进行批评，并且，最好能帮助下属认识到问题的所在，并找出解决的方法。

2.诚恳礼貌

批评本身就是一件不愉快的事，没有人喜欢被他人批评，因此，批评能否起到效果，很大程度上是取决于领导者的说话态度的，所以领导者应该注意自己在批评时的态度，即便存在个人成见，也要始终保持友善的语气。

3.客观公正、一视同仁

任何人被领导冤枉，都难免心生不悦，为此，为了保证领导者的批评是正确的、客观的，你需要在批评之前先进行一番调查。并且，在批评的时候，不要劈头盖脸、不分青红皂白，而应该给下属澄清、复述事情经过的机会。

另外，如果事件涉及的是一个团队或者几个人，那么，领导者就不要只对其中的某一位下属进行批评，而应该一视同仁，这样，你的批评才会公正，让下属信服。

4.不是所有事都要批评

人无完人。每个人在工作中都难免会犯一些错误，只是错误的轻重程度不同而已。领导者对于那些重大错误要给予批评，而对于一些无关紧要、稍微处理即可的事件则不必作吹毛求疵的批评。如果是因为工作习惯和风格不同而去批评下属，是非常没必要的。

横山法则：激励员工自发地工作

作为一个企业的领导者，你是否考虑过这样一些问题，员工为什么不能积极主动、全力以赴地工作？员工的工作热情为什么难以持久？员工为什么不能像老板一样工作？实际上，懒不是人的本性，是由于环境所造成的，下属之所以懒，是由于缺少领导者的激励。人是需要被激励的，人的工作干

劲来自激励。所谓:矢不激不远,人不励不奋。有无激励大不一样。对此,日本社会学家横山宁夫提出:自发的才是最有效的,激励员工自发地工作最有效。持续不断的控制不是强制,而是触发个人内在的自发控制,这种观点被称为横山法则。

这一法则告诉所有的领导者,有自觉性才有积极性,无自觉性便无主动性。在管理的过程中,领导者常常过多地强调了“约束”和“压制”,事实上这样的管理往往会适得其反。如果人的积极性未能被充分调动起来,规矩越多,管理成本越高。

松下幸之助说,“管理的最高境界是让人拼命工作而无怨无悔”。从长远来看,你根本无法强迫任何人做事,只能让他们心甘情愿地做。而唯有激励才能让员工的激情燃烧起来,经久不息;唯有激励才能使人的潜力得到最大限度的发挥。

因此,聪明的领导者懂得在“尊重”和“激励”上下工夫,了解员工的需要,然后尽量满足。只有这样,才能激起员工对企业和自己工作的认同,激起他们的自发控制,从而变消极为积极。真正的管理,就是没有管理。

作为国有特大型企业集团,澳柯玛始终恪守人本管理的原则,成功地建立起了以“善待员工,厚爱企业”为核心的企业文化,大大加快了企业的发展,同时调动了职工爱岗敬业的积极性,有效地促进了员工的自我管理。

对企业来说,出现劳资纠纷是最平常不过的事情。但在澳柯玛,这种现象没有出现过,也从未出现过一次职工上访情况。为此,青岛市授予澳柯玛“信访工作先进单位”的荣誉称号。而这正是澳柯玛善待员工的一个注脚。

这些年来,从为职工解决住房、进行技术培训、开展困难救助到改善工作环境、开通班车,凡是职工在工作、学习、生活中有要求的,公司都尽量考虑到并努力做到。公司在细微之处体现出的人性化特别让人感动。据悉,从 1995 年至今,澳柯玛共拿出了 1.7 亿元来解决职工住房问题。

澳柯玛集团公司现有职工 8000 多人,其中农民工大约占到一半。公司不仅在合同、保险等方面对农民工和城镇职工一视同仁,还通过考察学习、

技术培训和业务培训等,尽快提高农民工的素质和技能,并对有能力的农民工委以重任。目前,集团有相当一部分中层干部就是从农民工中产生的。

澳柯玛为什么能实现员工自动自发地工作?因为澳柯玛集团公司特别注重人性化管理,正是这种关注员工需求的管理方式,让澳柯玛实现了员工的自我管理。良性互动让企业与职工的心贴近了,企业发展的步伐由此更快了。

心理学家认为,一般情况下,人的行为都是发自于某种动机,也就是说,内部动机是行为产生的动力。动机的性质不同,强度不同,对行为的影响也不同。所以,一个员工,他是否愿意从事工作、其工作积极性高低与否,直接取决于他进行这一工作的积极性的高低。而形成动机的条件一是内在的需要,二是外部的诱导、刺激。内在需要是根本原因。综合起来讲,就是"需要产生动机,动机引发行为"。因此,激励的本质就是满足需要,激励的研究应从了解人的需要入手。需要就是指人们对某种目标的渴求和欲望,它能使某种结果变得有吸引力,是人们行为积极性的源泉。

因此,如果领导者希望你的员工付出最大的努力工作,就应该调整自己的激励实践以满足员工的需求和愿望。善待员工,员工必然会对企业充满感情。促进员工自我管理的方法,就是处处从员工利益出发,为他们解决实际问题,给他们提供发展自己的机会,给他们以尊重,营造愉快的工作氛围。做到了这些,员工自然就和公司融为一体了,也就达到了员工的自我管理的目标。

倒金字塔管理法则:让下属在工作中充分发挥主人翁精神

现代社会,成功的企业都把建立人性化的管理理念放在首要的位置,因为人性化管理作为一种现代企业管理方式,相对于其他各种类型的管理方式而言,是一种根本性的超越,是更高层次的管理方式。人性化管理的特征

为尊重人、信任人、爱护人和激励人。同时，人性化管理要求领导者给予下属权力，让下属在工作中充分发挥主人翁精神，以此激发员工的责任意识、提高生产率和工作质量。这一点，是符合著名的"倒金字塔管理法"的。关于这一法则，有这样一个来源：

70年代末，石油危机造成世界范围内的航空业不景气，瑞典的北欧航空公司也不例外，每年亏损2000万美元，公司濒临倒闭。在这个危机的时刻，一位朝气蓬勃、极具领导才能的年轻人——杨·卡尔松受命于危难之际，担任了北欧航空公司的总裁。卡尔松接任后采用了新的管理方法，一年后，北欧航空公司赢利5400万美元。这一奇迹在欧洲、美洲等地被广为传颂。

卡尔松来到北欧航空公司时，公司一派萧条，人心惶惶，员工们不知道公司会走向何处。卡尔松利用3个月时间，在仔细研究了公司的状况后向所有员工宣布，他要实行一个全新的管理方法。他把它叫"Pyramid Upside Down"，我们简称叫"倒金字塔"管理法，也有人称之为"倒三角"管理法。

卡尔松认为："人人都想知道并感觉到他是别人需要的人。""人人都希望被作为个体来对待。""给予一些人以承担责任的自由，可以释放出隐藏在他们体内的能量。""任何不了解情况的人是不能承担责任的；反之，任何了解情况的人是不能回避责任的。"卡尔松的"倒金字塔"管理模式就是在这样一种思维的指导下产生的。

传统的管理构架都是按照这样的顺序从上而下的：决策者、总经理；中层管理者；一线工作人员。而卡尔松却将这一模式颠倒过来，卡尔松为什么要这样做呢？因为他发现要把公司做大做强，关键在于员工，他个人认为是这样，在管理学上认为一个公司经营得好坏与否，管理者是最重要的。卡尔松在这个"倒金字塔"管理法的最下面，他给自己命名为政策的监督者，他认为公司的总目标一旦制定之后，总经理的任务是监督、执行政策，达到这个目标。那么中层管理人员不变，最上面这一层是一线工作人员，卡尔松称他们为现场决策者。

"倒金字塔"管理法总的含义是"给予一些人以承担责任的自由，可以释

放出隐藏在他们体内的能量。”那么,这种管理方法达到了什么效果呢?实际上,卡尔松自身也创造了奇迹。

因此,在管理工作中,领导者应该及时摒弃那些封建家长式的作风,不应该将员工当做工作和执行任务的工具,取而代之的应是尊重员工的个人价值,并真正做到给予下属权力。

另外,给予下属权力也是为领导者自身分担工作的重要方法,在领导工作中,面对看似无法完成的工作任务,最有效的办法就是领导者要知人善任。这样领导可以腾出一些时间和精力抓大事,部属也可以小试牛刀。

授权有一定的灵活性,授权与放权不同。授权是领导将自己职权范围内的部分权力授予下属,让下属承担自己分内的部分工作任务,是为自己找“替身”。

当然,授权不是简单地指派任务。授权时工作项目要尽可能符合被授权者的能力和期望,要明确授权内容与完成期限,要让部属了解自己在授权下必须达到哪些具体目标,以及在什么时间内完成,清楚了这些才能有基本的行动方向。只有做到这一点,才能让下属产生成功完成任务的自豪感,也才能起到真正的激励作用。

赫勒法则:适度有效的监督,能调动员工的积极性

在提倡人性化管理的过程中,我们主张激励员工,给予员工信任,但领导者在学会信任的同时,依然要履行领导者监督的任务。在工作中,对待员工或者是工作应该把信任和控制并行起来,如果只有信任没有监控,那么信任是没有办法长久的;反过来,如果一个管理者只会监控员工,就会让员工觉得你对他没有一点信任,那么监控最后也会失效。对此,英国管理学家H·赫勒提出:没有有效的监督,就没有工作的动力,有效监督,才能调动员

工的积极性。这就是著名的“赫勒法则”。

可能很多领导者会产生疑问，为员工放权才是尊重、激励员工的体现，监督起到的应该是反作用。其实不然。因为人都有被尊重和被肯定的需要，得到这些心理需求，他才会更加努力地工作，而对员工监督就是一种肯定的表现，试想，如果你对一个员工的工作状况从不过问、完全置之不理，员工又是什么样的感受呢？

美国著名快餐大王肯德基国际公司的连锁店遍布60多个国家和地区，总数达9900多个。然而，肯德基国际公司在万里之外，又怎么能相信它的下属循规蹈矩呢？

有一次，上海肯德基有限公司收到3份国际公司寄来的鉴定书，对他们外滩快餐厅的工作质量分3次进行了鉴定评分，分别为83分、85分、88分。公司中外方经理都为之瞠目结舌，这3个分数是怎么评定的？原来，肯德基国际公司雇佣、培训了一批人，让他们佯装顾客、秘密潜入店内进行检查评分。这些“神秘顾客”来无影、去无踪，而且没有时间规律，这就使快餐厅的经理、雇员时时感受到某种压力，丝毫不敢懈怠。正是通过这种方式，肯德基在最广泛了解到基层实际情况的同时，有效地实行了对员工的工作监督，从而大大提高了他们的工作效率。

这则案例中，是什么使得肯德基的员工们努力、勤奋地工作呢？是领导者这种暗访的监督方式。

那么，为什么要监督员工呢？这是因为，人都是有一定的本质的，其中就包括懒惰。这也是领导者必须进行管理工作的一大原因。管理的主体是人，客体也是人，要真正达到调动员工的工作热情、提高员工的工作积极性的目的，就要良好地运用企业的激励和监督机制，调动好你的指挥棒。

为此，作为企业领导者，你不仅要为企业建立起科学有效的激励机制，还必须进行科学的实施和管理，监督各项工作的顺利进行。有效的激励机制能大大加强员工的工作主动性和热情。但仅有激励是不够的，建立一个有效的监督机制，是让你的员工“动”起来的一个重要保证。

另外，领导者在实行监督工作时，必须明确以下几点：

1.收集信息是实现目标的手段，而不是根本目的

很多领导者喜欢收集各种各样的信息，通过这些信息，他们能掌握下属的行为动向，实际上，这些报表和数字等对领导者实现目标已经没有任何意义了。因此，领导者要明确的是，收集信息是本着实现目标的目的而进行的。

2.把目标放在重要环节上

举个很简单的例子，对于那些大宗仪器，诸如汽车、飞机的仪表、表盘都是用来监控的，在表盘上没有多余的仪器、仪表，这是为什么？因为这些都是我们必须要监控的部分，而其他部分则不需要我们去控制。

作管理其实也是一样的，如果我们去检测控制过多的东西，反倒该监控的部分会落掉。

3.多采用抽查的监督方法

监督的目的不是监视，而是激励，因此，领导者监督，不需要事无巨细，逐一检查不但需要耗费大量的时间和精力，还会让下属对自己产生不信任的感觉，此时，监督不但不能起到激励的作用，还可能引起员工的负面情绪。

用赞美激励员工，最能提高员工工作热情

从心理学的角度看，人人都喜欢被人肯定，被人赞美。人类最美丽的语言叫赞美，人类最动听的声音也叫赞美。美国著名心理学家威廉·詹姆斯曾说过："人类本性上最深的企图之一是期望被赞美、钦佩、尊重。"可以说，希望得到尊重和赞美，是人们内心深处的一种渴望。人人都爱听赞美的话，因为赞美能激起人们心灵最深处的自豪感和成就感，从而使其产生美好的心境。而同时，赞美也是人类最高收益的投资，当对方接受了我们的赞美之

言，也就接受了我们这个人，自然也就拉近了彼此之间的距离。

因此，企业的领导者也要深谙赞美之公用，尤其是对自己的员工，当员工感受到你的激励和赞美之后，自然信心倍增，将最大的热情投入到工作之中。

很多年前，刘玲还是个公关部的职员，但现在，她已经是该部门的经理了。她还清楚地记得很多年前老板鼓励她的那段话。

那天下午五点多，公关部的很多同事都下班了，刘玲也在收拾东西准备下班，此时，老板走过来对她说："对于你的能力，我非常佩服；我真希望公关部的人都能像你一样，这样工作就轻松多了。对了，为了提高自己的语言表达能力，我想参加演讲会培训。你愿意和我一起参加么？这对我们都有好处。"当刘玲听完老板的话之后，心里美滋滋的，自从那次之后，刘玲更加努力地工作了，她的成长老板也是看在眼里的。

从以上案例中，我们看到了一个领导的一句不经意的赞美对一个员工的激励作用。领导者对下属的赞美，是对下属工作态度和能力的一种肯定，同时，也为他们接下来的工作带来信心。

当然，领导者赞美下属和员工，与一般的赞美自然有不同之处，循规蹈矩、墨守成规的赞美只会让对方感到毫无新意可言，起不到真正赞美的作用。

那么，企业领导者该如何掌握赞美下属和员工之道呢？

1.请求他们的帮助

领导者向下属求助，是一种极为有效的让下属认识到自身价值和能力的方式，这是因为，一般情况下，领导者的形象都是高大的，其能力也是在下属之上的，偶尔一反常态，表示你存在某些弱点和缺少必需的技能。从员工处寻求帮助，不仅说明了尊重他们的专业技能，也表现出了领导者的绝对信任。

在这里，问题的关键就是应该让请求与工作职责基本或者完全没有关系，并将其当做个人对个人的帮助。

张明是某大型企业的车间主任。最近，公司决定裁员，于是，公司高层

决定召开一个关于内部裁员的会议。会上,张明提出了取代裁员的其他选择,但并没有获得大多数成员的支持。在他回到工厂时,即将裁员的消息已经人人皆知了。就在全厂会议召开之前,一位员工问他:"这么说,要裁员了,不是么?"

张明并没有证实这一点,他说道:"我不知道该怎么告诉大家。你觉得应该怎么说?"

他想了想,然后说道:"只要告诉大家你尽力了,然后谈谈我们离开后应该去哪里就可以了。"

实际情况真的就是这么简单!

2.询问他们的观点

同样,你需要确保的是,内容与员工的工作职责无关。比如,对于向员工征询如何提高工作效率这一典型的问题,则应当避免。你可以通过其他途径获得。

比如,你可以这样赞扬一位具备相当能力的下属:"对于你的组织能力,我非常佩服……"接下来,你可以询问他对于如何招聘更高水平的人才、招聘文书的撰写与简化调整以及其他部门数据收集处理工作的合理有效性等问题是否有自己的观点。这样做,你不仅可以获得有效的、出色的创意,还会意识到存在更有效的方式来发掘员工潜在的技能和能力。

3.授予他们非正式领导权

对于领导者来说,这样做会带来很大的好处。我们不妨想象一下,如果你是下属,你的上级殷切地告诉你:"现在工作实在是太忙了……我们在客户方面出现了一个大问题。如果不尽快解决,就会导致客户流失。你能不能找几个人帮我处理一下?"这将会带来多大的动力。

对于领导者而言,授予员工非正式领导权意味着对其技能和判断力的信任。更重要的任务、更高的隐含赞誉会更大地提高他们的自尊。

4.双方合作开展工作

员工与领导者自然是不平等的,因此,挖掘员工价值的有效方法也就是

与他们一起完成工作。

总之，对于领导者来说，口头表扬员工的激励效果是非常明显的，但含蓄赞美的效果则会更好。寻求帮助和建议、将员工放在领导岗位上、忽视等级差别共同协作……所有这一切都属于发掘员工真正价值的有效途径。

比马龙效应：用有效的暗示影响下属

你是否有过这样的经验：你穿着一件新衣服去上班，无意中却听到一个员工说你的衣服不好看，刚开始，你不以为然，但一天下来，你却听到很多下属都这样评价，于是，你便开始怀疑自己的判断力和审美眼光了，于是下班后，你回家做的第一件事情就是把衣服换下来，并且决定再也不穿它去上班了。其实，这只是心理暗示在起作用。暗示作用往往会使别人不自觉地按照一定的方式行动，或者不加批判地接受一定的意见或信念。可见，暗示在本质上体现的是人的情感和观念，会不同程度地受到别人下意识的影响。

同样，如果你是企业的领导者，在与员工打交道的过程中，运用暗示中的积极作用，从正面对员工施压，那么，员工便会化压力为动力，他们便会产生超越自我和他人的欲望，并将潜在的巨大的内驱力释放出来，为企业的远景目标奉献自己的热情。这一点，是符合心理学上的比马龙效应的。关于这一效应，有这样一个来源：

古希腊有一位技艺超群的雕刻师，名叫比马龙。他用一颗洁白如玉的象牙，雕刻出一位美若天仙的少女加拉蒂亚。比马龙深深地爱上了她，日夜祈求神将雕像变成真正的少女，和他成为终身的伴侣。最后精诚所至，神被比马龙的痴情所感动，于是将雕像变成少女，比马龙和加拉蒂亚终成眷属，永浴爱河。比马龙与加拉蒂亚的故事，后来成为心理学上广被研究与讨论

的主题：比马龙效应。

所谓比马龙效应，就是期望的应验：当人们对自己有所期望时，这个期望总有一天会实现，这就是所谓的“自我应验预言”。

担任管理者的领导，对于部属当然应该有他们的期望，这便是企业管理中的“比马龙效应”。在现代企业里，这一效应不仅传达了领导者对员工的信任度和期望值，还更加适用于团队精神的培养。即使在强者生存的竞争性工作团队里，虽然许多员工已习惯于单兵突进，但我们仍发现比马龙效应是其中最有效的灵丹妙药。

通用电气公司的前 CEO 杰克·韦尔奇就是比马龙效应的实践者。韦尔奇说：“给人以自信是到目前为止我所能做的最重要的事情。”他认为，团队管理的最佳途径并不是通过“肩膀上的杠杠”来实现的，而是致力于确保每个下属都知道自己第一时间内该完成什么，并鼓励他们做到。韦尔奇在自传中用很多词汇描述那个理想的团队状态，如“无边界”理论、四 E 素质（精力、激发活力、锐气、执行力）等，以此来暗示团队成员“如果你想，你就可以”。对此，韦尔奇找到了一个与下属沟通的最佳方式——写便条。这并不需要他花费太多时间，却总是很奏效。

有“经营之神”美誉的松下幸之助也是一个善用比马龙翁效应的高手。他首创了电话管理术，经常给下属，包括新进员工打电话。每次打电话他并没有什么特别的事，只是问一下员工的近况如何。当下属回答还算顺利时，松下又会说：很好，希望你好好加油。这样使接到电话的下属每每感到总裁对自己的信任和看重，精神为之一振。许多人在比马龙翁效应的作用下，勤奋工作，逐步成长为独当一面的人才，毕竟人有 70% 的潜能是沉睡的。

那么，根据比马龙效应，作为现代企业的领导者，你该如何适当地施压，对员工实现激励呢？

1.表达你对下属的期望

有时候，你无意中的一句“我知道你不会让我失望的……”会让员工和下属找到自身奋斗的目标，看到自己劳动的价值所在。

2.不忘激励、肯定犯错误的下属

当下属在工作中出现失误时，激励有时候比批评更为重要。美国石油大王洛克菲勒的助手贝特福特，因为经营上的失误，导致了公司在南美的投资损失了40%。贝特福特正准备接受批评，没想到洛克菲勒却拍着他的肩膀说："全靠你处理有方，替我们保全了这么多的投资，能干得这么出色，已出乎我的意料了。"这位因失败而受到赞扬的助手后来为公司屡创佳绩，成为了公司的中坚人物。

总之，身为领导者，无论下属做得对错与否，都不能视而不见。因为你的成功时刻需要他们的支持和配合。

彼得原理：提拔员工时把握好度，才能起到激励效果

现实的管理工作中，很多企业领导者，为了激励员工，便采取提拔的措施。刚开始，这一措施可能起到了作用，这些领导者便认为这是调动员工工作积极性的百试百灵的方法，于是，这些员工便不断地被从原来的岗位上提拔到更高的岗位上，直到他们感到吃力、无法胜任为止，但这个过程实际是不可逆的、单向的，也就是说，很多已经被提升的人都无法再回到他们原先的岗位上去。实际上，我们不难发现一个奇怪的现象，企业中很多占据某一岗位的员工，并不一定胜任他手头的工作，于是，那些胜任的员工往往只能慨叹怀才不遇，其危害之大可见一斑。因此，作为企业的领导者，你在提拔员工时一定要把握好度，才能达到激励的效果。这一点，是符合管理学中的彼得原理的。

彼得原理是指在一个等级制度中，每个职工趋向于上升到他所不能胜任的地位。彼得原理正是彼得根据千百个有关组织中不能胜任的失败实例的分析而归纳出来的。管理学家劳伦斯·丁·彼得指出，每一个职工由于

在原有职位上工作成绩突出，就将被提升到更高一级职位；其后，如果继续胜任则将进一步被提升，直至到达他所不能胜任的职位。

由此，导出的彼得推论是，"每一个职位最终都将被一个不能胜任其工作的职工所占据。"彼得原理无意中道破了所有阶层制度之谜。凡一切层级制度社会，如商业、工业、政治、行政、军事、宗教、教育各界，都受彼得原理的控制。彼得原理描述了组织中随处可见的各种可笑事情。

刘成目前在IT公司从事软件技术开发工作，毕业三年以来，他一直勤勤恳恳，工作很认真、努力，并为公司作出了很多贡献。为此，公司高层很赏识他，认为他是可造之材，于是，经商议，决定提拔他为项目研发部主管。面对领导们的提拔和知遇之恩，刘成觉得自己应该更加努力了，于是，他把自己的工作时间排满更满了，无论下属有什么事，他都大包大揽。但不久，刘成便感觉自己已无法胜任这个工作，因为他发现：第一，他自己除了要管理这个工作小组外，以前的技术开发工作也不能放松，常常忙得焦头烂额；第二，工作进程很不顺利，经常要加班到很晚还不能按时完成进度，同事怨言很大；第三，小组中很多资历比自己老的技术人员对自己不服气，自己又不好意思说什么。结果，上司、同事、自己都很不满意，刘成从优秀的技术专家变成了不称职的项目主管。

从这则案例中，我们得知，公司领导拔苗助长式的提拔导致了一个员工不能胜任现在的工作这一局面。其实，在日常工作中，这样可笑的事情随处可见，并且，这种不合常规的提拔现象总是不断升级，一个负责质量工作的雇员，可能会被提升到一个他比较胜任的督监之职。然后，他或许还能担当管理方面的领导，虽然干起来有点吃力，但是他努力工作，如果层级组织的其他条件有利的话，他还可能达到一种不称职状态——做个部门经理，这可能是他所能爬到的最高一层阶梯了。这时，他需要花费大量的时间去做日常工作。如果有一群称职能干的下属支持和帮助他，他还可以勉强完成工作。由于他看起来还算称职，加上领导者的威望，他也许会进一步得到晋升，即升任总经理——他现在已经达到了最大不称职状态。

可见，不断提拔员工，并不能如领导者想象的起到激励员工的作用，事实上，这与领导者的最初目的——提高员工工作效率，为企业谋利益是完全背道而驰的。

尽管领导者必须重视管理人员成长的可能性并通过提供更大的发展空间来激发他们的潜能，但彼得原理可以作为一种告诫：不要轻易地进行选拔和提拔。

那么，作为企业的领导者，该如何把握好提拔员工的尺度呢？

1.注重提升的标准

这一标准中，应注重潜力而不是绩效，仅仅在现在的岗位干得出色是不够的，还需要能胜任未来岗位的工作。

2.要在企业中真正形成"能上能下"的良性机制

一个下属，被提拔为经理后，也许他并不能胜任这份工作，但他可能是一个好的主管。只有通过这种机制找到每个人最胜任的角色，挖掘出每个人的最大潜力，企业才能"人尽其才"。

3.给员工一个"试用期"

考察一个员工能否胜任某一项工作是需要时间的，也是需要慎重的，为此，可以设置一些非正式性或临时性的提拔方法，尽量避免降职所带来的负面影响。如设立经理助理、代理经理等职位。

第16章

细节管理心理学，做好小事才能成就大事

生活中，人们常说，细节决定成败，这一点，也适用于现代企业管理。许多企业之所以失败，往往是由于没有注重细节。把所有细节做到位，企业就不会存在问题。我们身边，想把事情做好的人有很多，但是愿意把小事做细的人却不多；企业不缺少精明能干的管理者，但缺乏精益求精的执行者；企业不缺少各类规章制度，但缺乏不折不扣的执行。因此，一个出色的管理者善于关注细节，善于观察身边的人和事。他们善于抓住问题的要害，善于将问题“扼杀”在萌芽状态。

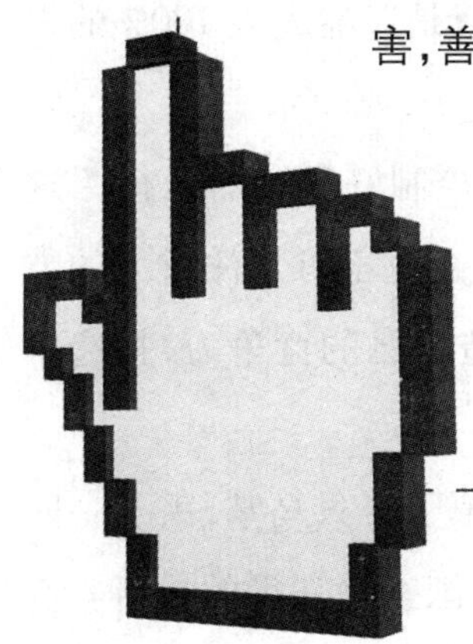

管理的成败决定于细节是否完善

现代社会,企业的一切活动,都是围绕生产或经营而组织的有计划、有目的的活动。也就是说,我们可以认为企业的各项活动的部署、安排、结果等,都应当是在预料与掌控之中的,但事实上,我们发现,很多时候,活动进程或结果会事与愿违。为什么会出现这种情况呢?其实,细究下来,我们不难想出是细节上的问题:要么是计划或预案在制定的时候某一环节存在缺陷,要么是在实施时某个阶段出现偏差。

因此,作为一名企业的领导者,为了减少管理活动中出现的偏差与失误,你更要加强细节的管理,不要相信布置或安排能完成,每一项工作都要时时跟踪时时落实,只有做到对细节的不断深化,才能真正做到工作执行过程的自我提高。例如,每个人的工作量有审核吗?下属汇报有核实吗?今天员工的情绪是否影响到工作?部门的工作是不是每天都在落实?只有从这些细节抓起,作好细节的管理,不要让1%的错误或是遗漏成为100%的失败,才能把工作做得更好,把部门管理得更好。

海尔有位领导曾说过:“要让时针走得准,必须控制好秒针的运行。”这句话充分说明了细节管理在企业管理中的重要性。企业不可只注重大的方面而忽视细节,这样企业才能完善自己的管理,创造自己的竞争力,打造自己的知名品牌。

古英格兰有一首著名的民谣:“少了一枚铁钉,掉了一只马掌,丢了一匹战马,败了一场战役,丢了一个国家。”这是发生在英国查理三世的故事。查理准备与里奇蒙德决一死战,查理让一个马夫去给自己的战马钉马掌,铁匠钉到第四个马掌时,差了一个钉子,铁匠便偷偷敷衍了事,不久,查理和对方交上了火,大战中忽然有一只马掌掉了,国王被掀翻在地,国家随之易主。

这个鲜明生动的例子告诉我们“细节决定兴亡”的道理。事实上，一个企业的管理与运营又何尝不是如此呢？一个企业就如同一个国家，每个员工各司其职，都肩负起“兴国安邦”的重任，一个优秀的公司也是由一个个勤勤恳恳、兢兢业业的员工会聚而成的。

老子曾说：“天下难事，必作于易；天下大事，必作于细。”每个企业的领导者都担任着为企业制定战略规划和宏伟目标的任务，但有时一些细节的疏忽却影响到整个宏伟规划的实现，其中的每一个问题最终都会在细节上找到理由。细节决定成败，企业要发展就必须注重细节，从小事做起。因此，企业中的每一位领导者也要认真做好每个细节，把细节做亮！这需要从以下几个方面入手：

1.重视细节

对细节是否重视，以及重视程度如何，体现的是一个领导者对待工作的态度问题。一个负责任的、把企业和员工放在心上的领导，势必会关心工作中的各个方面，诸如企业制度的制定、工作流程、工作计划与任务等，并且，他还会真正关心员工的工作和生活以及员工的思想动态等，而这些细节问题落实得好坏与否都直接或间接地影响着公司的发展。

因此，作为领导者，应从内心深处对每一个细节引起足够的重视，日常管理工作中，不要凡事追求“差不多”，应下工夫营造出一种实事求是、注重细节、真抓实干的健康工作氛围。

2.抓好细节

无规矩不成方圆。制度既然已经存在，就不能形同虚设，一切都要按章按纪办事，因此，对于企业中出现的违章乱纪行为一定要作出相应的惩罚和处理，而对于员工在工作上的突出表现也应当予以表扬。

另外，如果某项工作出了问题，那么，你需要明白的是，任何一项工作都有一定的流程，一旦出现问题，其原因肯定是工作流程中的某个细节出了问题，如文件的无故丢失、出片时尺寸大小不一致、图片存在问题等。对于这种情况，身为领导者的你决不能敷衍了事、象征性地进行一些批评。事实

上,找出问题的原因,并寻求解决问题的方案,是杜绝再次出现此类问题并让员工引以为戒的最好的方式。

3.追求细节

追求细节是一种对工作执著、认真的表现,任何一个优秀的领导者都应该追求卓越。

当然,细节并不是固定不变的,只有不断地发现细节、解决细节中出现的问题,对细节的追求产生执著才是做好细节管理的最高境界。

多米诺效应:小心连锁反应对企业的反噬

生活中,可能我们都有过这样的体会,如果头上掉一根头发,很正常;再掉一根,也不用担心;还掉一根,仍然不必忧虑……长此以往,每天都掉很多头发,那么,我们就会担心自己的身体是不是出了什么问题。的确,有些问题看似不大,但一旦形成连锁反应,就是大问题了。同样,在企业管理的过程中,如果企业或部门或某一项目只注重大的方面,而忽视细节,放任的结果必然是“千里之堤,溃于蚁穴”。实际上,这正是人们常说的“多米诺效应”。

在一个相互联系的系统中,一个很小的初始能量就可能产生一连串的连锁反应,人们就把它们称为“多米诺骨牌效应”或“多米诺效应”。

多米诺骨牌效应的提出要追溯到宋朝。

宋徽宗宣和二年(公元1120年),民间出现了一种名叫“骨牌”的游戏。这种骨牌游戏在宋高宗时传入宫中,随后在全国盛行。当时的骨牌多由牙骨制成,所以骨牌又有“牙牌”之称,民间则称之为“牌九”。

1849年8月16日,一位名叫多米诺的意大利传教士把这种骨牌带回了米兰,作为最珍贵的礼物送给了小女儿。多米诺为了让更多的人玩上骨牌,

制作了大量的木制骨牌，并发明了各种玩法。不久，木制骨牌就迅速地在意大利及整个欧洲传播，骨牌游戏成了欧洲人的一项高雅运动。

后来，人们为了感谢多米诺给他们带来这么好的一项运动，就把这种骨牌游戏命名为“多米诺骨牌”。到19世纪，多米诺已经成为世界性的运动。在非奥运项目中，它是知名度最高、参加人数最多、扩展地域最广的体育运动。

最原始的多米诺骨牌玩法仅仅是单线，比赛谁推倒得更多、更远。随后多米诺骨牌从单线向平面发展，人们开始利用多米诺骨牌组成一些文字和图案。现在多米诺骨牌进一步向着立体层次发展，并且应用高科技成果，配以声、光、电的效果，使多米诺骨牌动力的传递具有了多种形式，同时，它的艺术性也增强了。

从那以后，“多米诺”成为一种流行用语。

“多米诺效应”告诉人们：一个最小的力量能够引起的或许只是察觉不到的渐变，但是它所引发的却可能是翻天覆地的变化。

可能有些企业领导者认为，管理就是要宏观调控，抓住大问题，那些小问题是执行者的任务。有句话说得好：“一屋不扫何以扫天下？”如果无法完善小问题，那么，又怎么能保证整个管理工作的运行呢？由此可见，企业的管理能力就是处理细节管理能力。

那么，根据多米诺效应，领导者在从事管理工作的过程中，该如何注重细节问题呢？

1.模式化、标准化管理细节

一些大工作的末端可能由千百个小的细节组成，这些细节单靠某个人的经验去监督落实是不行的，也是不科学的，最好的办法就是实行模式化和标准化管理。

这个标准的制定非常关键，需要相关部门领导者认真研究，科学制定，把各个环节都能包含进去。

2.合理安排工作任务

安排下属完成任务这一管理工作看似简单，实则不然。因为这其中涉

及的问题有很多，比如，这项工作适合谁，安排给哪个人才会事半功倍，甚至还要考虑怎么样安排怎么样说才能激发员工的积极性。只有考虑到这些细节问题并做到妥善安排，员工的工作效率才会提高，领导者不一定事无巨细，但是注重细节却是很必要的。

3.不要忽视执行工作的监督

标准制定完成之后，就得严格执行了，执行过程中务必求严，对于没落实的问题要严肃追查，经过一段时间的监督后，相信细节问题会有大的改观。

作为员工，他们也会重视细节问题，他们还会认识到，按时完成工作没有错，但是在工作之余他们也会思考，哪些细节是可以注意的，哪些错误是可以避免的，哪些步骤是多余的……总结下来他们会发现，在工作中可以采取更有效的方式把工作做好，而且使领导更满意。

总之，细节问题是工作中最难把握的问题，细节管理也是管理中比较琐碎和较难操作的，但一个企业一旦把所有的细节问题都落实解决了，就会收到意想不到的效果。

海恩法则：见微知著，及时消除事故隐患

人们在工作、学习和生活中，难免会偶尔遇到一些问题，面对这些问题，人们往往抱着“亡羊补牢”的态度妥善处理，当然，这是必要的，但我们可能忽视了一点，做好安全工作的方法还是将着力点和重心前移，在找事故的源头上下工夫，见微知著，明察秋毫，及时发现事故征兆，立即消除事故隐患。关于这一点，著名的海恩法则能给予我们以启示。

海恩法则是德国人帕布斯·海恩提出的，他是德国飞机涡轮机的发明者，因此这一法则也是一个在航空界关于飞行安全的法则。

海恩法则指出：每一起严重事故的背后，必然有29次轻微事故和300起未遂先兆以及1000起事故隐患。法则强调两点：一是事故的发生是量的积累的结果；二是在实际操作层面，人自身的素质和责任心是无法被技术和完美的规章取代的。

“海恩法则”多被用于企业的生产管理，特别是安全管理中。“海恩法则”对企业来说是一种警示，它说明任何一起事故的发生都是有原因的，并且是有征兆的；它同时说明安全生产是可以控制的，安全事故是可以避免的；它也为企业管理者生产安全管理提供了一种方法，即发现并控制征兆，

根据海恩法则，我们能对现实生活中的很多问题加以解释，比如近些年政府取缔黑煤窑，发生矿难大多不是技能原因，占事故总数90%以上是剐碰事故，主要原因都是麻痹大意违章操作和疲劳作业引发的。另外，在很多企业中，新员工在第一年一般不会出事故或者出现比较大的事故，但在第二年，他们便会疏忽大意，“艺高人胆大”，进入事故高发期；另一个事故多发群体就是一些老员工，自认为技术好，经验丰富，什么情况都能应付，往往酿成大事故。

而假如人们都能有一定的安全隐患意识，在事故发生之前采取有效的防范措施，那么，事故苗头、事故征兆、事故本身就会被降到最低，安全工作水平也就提高了。由此推断，防范第一，才能保证安全！

因此，作为企业领导者，在管理企业的过程中，一定要重视细小问题，只有在防止事故上多用一点心，紧绷一根弦，多尽一份力，才能做到防患于未然。而事实上，很多领导者在这一问题上却存在一个“误区”：只重视对事故本身的总结，甚至会按照结论“有针对性”地开展安全大检查，却往往忽视了对事故征兆和事故苗头进行排查；而那些未被发现的征兆与苗头，就成为下一次事故的隐患，长此以往，安全事故的发生就呈现出“连锁反应”。一些企业发生安全事故，甚至重特大安全事故，问题就在于忽视了事故征兆和事故苗头。

那么，怎样在安全工作中做到以预防为主呢？必须坚持“六要六不要”：

一要做足准备，不要手忙脚乱。这里的准备，不仅仅是熟悉工作的内容和环节，更要抓住每一个细节，特别是那些容易出问题的细节。

二要有应变措施，不要束手无策。这里的应变措施是指针对事故苗头、事故征兆甚至安全事故可能发生所预定的对策与办法。

三要防患于未然，不可麻痹大意。任何一起事故，在发生之前，都会有一些苗头，抓住这些异常现象，加以分析、判断和处理，也就消除了事故隐患。

四要借鉴教训，不要固执己见。领导者要懂得吸取其他企业在此类问题上的经验教训，作为本单位本人安全工作的借鉴。然后，你需要传达这种经验教训，让这些经验教训深入员工和下属心中，做到众人一起排查。

五要推此及彼，不要故步自封。对于任何安全生产上的事例，无论是正面的还是反面的，只要具有典型性，就可以举一反三，推此及彼，进行深刻分析和生动教育，以求安全工作的提高和进步。绝不能停留在固有水平，不求上进。

六要亡羊补牢，不要一错再错。安全事故发生后，你应采取的态度就是吸取经验教训，找到解决的方法，而不应该对事故听之任之。

蝴蝶效应：工作中的失误要及时补救，以免铸成大错

日常生活中，可能我们都有过这样的体验：一个错误的数据，可能导致整个报告成为一堆废纸；一个错误的标点，可以使几个通宵的心血白费；一个烟头，就可能导致一场巨大的火灾。这就是细节的力量。小失误往往会酿成大错，著名的蝴蝶效应也对此有所诠释：蝴蝶效应是指在一个动力系统中，初始条件下微小的变化能带动整个系统长期巨大的连锁反应。这是一种混沌现象。蝴蝶在热带轻轻扇动一下翅膀，遥远的国家就可能出现一场

飓风。这一效应是这样得来的：

美国气象学家爱德华·罗伦兹于1963年在一篇提交纽约科学院的论文中分析了这个效应。“一个气象学家提及，如果这个理论被证明正确，一只海鸥扇动翅膀足以永远改变天气变化。”在以后的演讲和论文中他用了更富有诗意的蝴蝶。对于这个效应最常见的阐述是：“一只南美洲亚马逊河流域热带雨林中的蝴蝶，偶尔扇动几下翅膀，在两周以后能够引起美国得克萨斯州的一场龙卷风。”其原因就是蝴蝶扇动翅膀的运动，导致其身边的空气系统发生变化，并产生微弱的气流，而微弱的气流又会引起四周空气或其他系统发生相应的变化，由此引起一个连锁反应，最终导致其他系统的极大变化。这被称之为“混沌学”。

此效应说明，事物发展的结果，对初始条件具有极为敏感的依赖性，初始条件的极小偏差，将会引起结果的极大差异。

蝴蝶效应应用到社会中表明，一个看似很小的坏的机制，如果不加以控制和引导，那么，势必会给社会带来非常大的危害；相反，一个好的微小的机制，只要正确引导，经过一段时间的努力，将会产生轰动效应。

事实上，“蝴蝶效应”不仅可以运用到预报台风和社会学机制中，在企业管理过程中，对任何一个领导者都应当有所启示，工作中一旦失误，就要及时补救，以免铸成大错。可能有些领导者认为，人无完人，在工作中谁能保证万无一失呢？一些小错误无伤大雅。而实际上，蝴蝶效应告诉我们，蝴蝶扇动翅膀都有可能引起龙卷风，那还有什么不可能的呢？“没有什么不可能”，恐怕这就是“蝴蝶效应”给我们的最大启示。在很多时候，事情的成败就取决于不为人知的细节。

丢了一枚螺丝钉，坏了一个铁蹄；坏了一个铁蹄，折了一匹战马；折了一匹战马，伤了一位骑士；伤了一位骑士，误了一条战报；误了一条战报，输了一场战争；输了一场战争，亡了一个帝国。

这个故事讲的是一枚螺钉没有钉好，与一个国家的生死存亡产生了直接联系。可见细节何等重要。

作为一个领导者,我们更应该抓住细节来预防问题的发生,来解决问题,来执行自己的决策。著名的企业家彼得·德鲁克说:“对企业来说,没有激动人心的事发生,说明企业的运行时时都处于正常的态势,而这只有通过每天、每个瞬间严格地对细节的控制才可能实现。”这里所说的细节,是那些不为人所注意,或难以被大家注意到的管理环节、行为和态度,而且,这些不为人所注意或难以注意到的管理环节、行为和态度是攸关成败的。

那么,作为企业领导者,在管理企业的过程中,你该如何防患于未然,及时补救工作中出现的小失误呢?

1.要培养员工重视细节的意识,做到全方位监督,及时查缺补漏

这是企业细节管理的重要部分,需要领导者言传身教,在潜移默化中培养员工的细节意识,让员工将细节意识融入到日常的工作中。当员工们在工作中都养成反复检查、确保无失误的习惯时,失误的概率就相对降低。同时,这也有利于对工作查缺补漏,及时发现问题,以便有针对性地解决。

2.一旦发现问题,迅速解决

关于这一点,还是需要领导者付诸行动,领导者应该致力于把“查缺补漏”的精神贯彻到执行中,重视执行的每一个环节。也就是说,领导者在这一问题上不可拖延,否则,会导致问题扩大化,甚至发展到一发而不可收的地步。

身边的小人物,可能会帮您解决大问题

日常工作中,作为领导者的你,是不是经常忘记某个下属的名字,但某次会议上他却提出了一个建设性的意见,为你解决了一个大难题?你是不是曾经觉得你的助理毫无用处,但他却在某个关键性的场合为你送去了重要的资料?你是否……其实,工作中的每一个小人物都能成为领导者的左

膀右臂，发挥着至关重要的作用。因此，作为领导者的你，千万不要忽略你身边的小人物。我们先来看下面这个哲理故事：

从前，一只狮子抓住了一只老鼠，这只狮子禁不住老鼠的苦苦哀求而放了到嘴边的猎物，小老鼠临走时说："以后有机会我一定会报答你的。"

狮子说："你一只小小的老鼠能帮我什么呢？"

……

后来，狮子掉进了猎人设计的圈套，被猎人用巨网网住了，在生命危机的时候，小老鼠带领它的家族成员，咬断了巨网的绳索，狮子得以逃生！

从这个故事中，我们能感悟到一个道理：不要以为人物渺小就忽略他们，有时小人物也会成为我们生命中的贵人，尊重每一位与你相识的人！

同样，管理工作本身做的就是人的工作，一个得不到下属和员工支持的领导是无法将管理工作做好的。另外，很多企业的小人物，他们虽然职位不高，权力也不怎么大，跟你也没有直接的工作关系，但是，他们所处的地位却非常重要，他们的影响无处不在。他们或者资历比你高，或者工作经验比你丰富，因此，他们可以称之为你的前辈，你的工作如果能得到他们的指点，就会少走很多弯路。而如果你忽视他们的存在，甚至目中无人，他们要是在你身上找点毛病、失误，实在是易如反掌。请看下面的故事：

在一家大型公司，有两个领导，一个是行政部经理陈飞，一个是财务部经理向剑，他们俩曾经是高中同学，工作能力上各有千秋。但在为人处世上，他们却完全不一样。

陈飞是个很和善的人，与公司的同事、下属、领导关系处理得都非常好，他很善于走群众路线。在日常工作中，对下属照顾有加，恩威并施。在业务上严格要求自己，从不放松，若是下属偶尔出了什么差错，他却能为下属着想，主动承担责任，为下属担保。每次出差，他总不忘给每个下属带点小礼物、小玩意，因此，他深得人心。

而向剑虽然工作成绩也不凡，但在对下属的管理中，却显得太过严厉，让人不敢靠近。一次，一位下属的妻子得了急病，这个下属把妻子送到医院

后，急急忙忙赶到单位，耽误了几分钟。在公司，这位员工一直工作努力、从不迟到早退，但向剑还是不问青红皂白对地进行了严厉的通报批评，并处以相当数量的罚款。结果导致他大失人心，怨声载道。

随着时间的推移，陈飞和向剑给公司员工留下了截然不同的印象。后来，在公司内部的人事调整中，陈飞由于工作业绩颇佳，而且口碑甚好，更符合一个高层领导的素质要求，被提拔为副总经理。而向剑工作虽说干得也不错，但他有失人情味的管理方式，在领导看来不得人心，不利于留住人才，只好继续待在原来的位置上。

从这个故事中，我们看到了一个小人物的力量，小人物的力量汇在了一起，足以推翻任何一个“大人物”。在职场上，有很多能力超群、业绩突出的优秀人才，往往因忽视小人物而大栽跟头，壮志难酬。另外，从管理角度看，你更不能小看那些平日不起眼的所谓“小人物”，他们的潜能会让你大吃一惊，甚至在关键时刻帮你解决一些关键问题。

那么，企业领导者和该如何与“小人物”相处呢？

(1)保持距离，不得罪他们，更不要与之产生正面冲突；

(2)和他们交朋友，朋友多了路好走，平时与他们多接触，等到有事才登三宝殿，就为时已晚了。

要记住，你平时花在“小人物”身上的精力、时间都是具有长远效益和潜在优势的。在不远的一天，也许就在明天，你将得到加倍的回报。

加强自身素质，是企业细节管理的重要内容

任何一个企业的领导者都知道学习的重要性，一个企业的成长离不开管理知识的更新，离不开营销领导者对成功之道的钻研，同时，还需要领导者从提高自身素质、从注重细节开始。毕竟，领导者代表的是企业的形象，

一个自身修养欠佳的领导者是难以服众的。我们先来看看下面这个故事：

刘强是某公司新上任的工程部经理，俗话说“新官上任三把火”，但刘强却是个温和的领导。他不但没有施威，反倒请全体下属吃饭。这天，整个部门的人都聚在一起，而工程部几乎都是男性，饭局还没开始，刘强就叫上了几瓶好酒。

工程部老曾，今年58岁，是公司的老工程师。平素就喜欢喝酒，但几乎每喝必醉。酒席落座后，老曾笑容可掬，向大家点头道：“我不能喝酒，少喝，少喝。”

刘强也是个好酒的主，他站起来，对老曾说：“曾师傅，你在单位可是响当当的人物，我一直想结识您，今天，我们不醉不归。”于是，他先干为敬。老曾也只好应了他。两人一来二往，一斤多白酒下了肚，刘强身体便有些晃动。没一会儿，便醉倒了。宴请的主人居然第一个倒下了，大家也只好作罢，吃点东西便相继离去。

第二天，刘强醒来，才知道昨天的事做得不妥，实在有失一个领导者的形象。

很明显，作为上司的刘强，为了结交单位新同事而请客吃饭，这是拉近与下属关系的一个良好机会。但他却在酒桌上失态实在不妥。一个领导者，在言行上应该做到适可而止、掌握分寸。

可以说，领导者加强自身素质，是企业细节管理的重要内容。而加强自身素质，首先要做到的便是注重自己的言行。

那么，一个领导者，该如何注重细节上的言行呢？

1.经常出现在员工中

即使你是一个领导者，也不能总不露面，你应该多到员工的工作或生活中去，多听听他们的意见，让他们感觉到你重视他们。

2.始终保持良好的精神状态

如果你热爱你的工作，那么，它对于你来说，就是一种享受，否则，就是一种煎熬；因此，如果你没有兴趣，不妨换个工作。但如果你决定从事这个

行业,你就必须把它做好,精神饱满地面对下属,别人会注意到你的举动。此外,可以试试在谈话中偶尔加上"哇"之类的感叹词,体验一下热火朝天、雷厉风行工作的感觉。

3.学会控制情绪

一个成熟的领导者应该有很强的情绪控制能力。如果你经常把你的情绪带到工作中,那么,你可能会影响到整个公司的工作效率。比如,如果你情绪糟糕,那么,即使下属有事报告,也会畏首畏尾,甚至远离你的办公室,这很可能延误工作。如果你现在是一个领导者,那么,你的情绪已经不单单是你私人的了,它会影响到你的下属及其他部门的员工;而你的职务越高,这种影响力就越大。

除此之外,如果你必须批评一位下属,那么,你应尽量控制自己的情绪,千万不可让下属感受到你对他的不满和偏见。为此,你最好等自己心平气和的时候再找他谈话。

虽然控制情绪很重要,并且,很多领导者已经认识到这一点,但真正能控制自己情绪的领导者却不多见,尤其是对于那些脾气暴躁和追求完美的领导者,控制情绪显得尤为困难。如果你也是这样的领导者,你可以尝试这样的方法,当你非常气愤的时候,可以默念数字从 1 到 20,然后到户外活动 5 分钟。

4.协商安排工作,少发号施令

领导者不是发号施令的"监工"。一个能让下属主动"追随"的领导者,依赖的是他(她)的个人魅力和领导力,而不是他(她)手中的"权力"。出色的领导者很少对下属发号施令,他们往往采用和下属商量的方式布置和安排工作。

具有这种特征的领导者往往能让下属真正"心甘情愿"地完成被安排的任务,这样的领导者也往往能营造出和谐的团队氛围。

总之,一个有号召力的领导者,往往能够让员工心甘情愿地为他付出,领导者的这种号召力是看不见、摸不着,却存在于员工内心的,一个领导者若希望自己有号召力,就必须从细节开始,注重自己的言行!

第17章

创新管理心理学，改革与创新才是企业发展之道

随着以信息技术为主导的新技术革命的突飞猛进，人类社会正经历着又一次深刻的社会变革，当下的企业也步入了变革的时代，任何一个企业领导者，都必须擅长企业改革与创新。然而，现实的变革中，仍然存在着很多问题。有句名言说得好，当你知道想往哪走时，这个世界会为你让出一条路来。创新与改革不需要天才，只在于找出新的改进方法。因此，任何一个企业领导者，都必须勇于突破自我限制、解放思维，为致力于企业改革而努力！

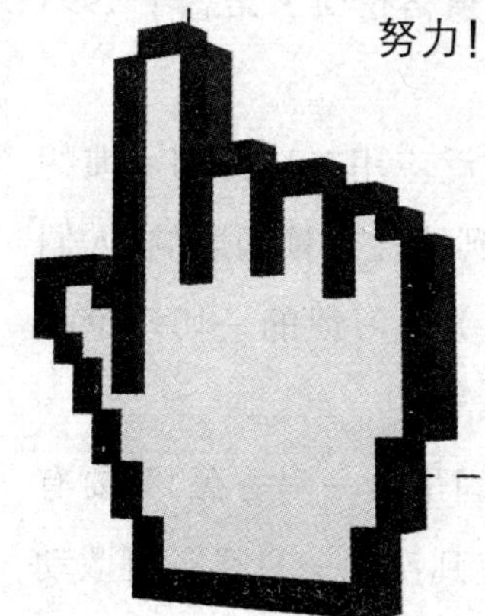

路径依赖：敢于走出旧模式的束缚

任何一个企业领导者都深知创新是企业改革永恒的主题，在市场经济的今天，创新更是企业竞争制胜的法宝。但从总体上讲，很多企业都存在一个问题，那就是被旧模式所禁锢，同时，企业的体质创新活动没有成为多数企业的自觉活动，市场目标不明确，还没有把依靠创新作为市场竞争的取胜之本，缺乏主动从外部获取知识源进行创新的动力和活力。这就是人们常说的路径依赖。那么，什么是路径依赖呢？

路径依赖，又译为路径依赖性，它的特定含义是指人类社会中的技术演进或制度变迁均有类似于物理学中的惯性，即一旦进入某一路径（无论是“好”还是“坏”）就可能对这种路径产生依赖。一旦人们作了某种选择，就好比走上了一条不归路，惯性的力量会使这一选择不断自我强化，并让你很难走出去。第一个使“路径依赖”理论声名远播的是道格拉斯·诺思，由于用“路径依赖”理论成功地阐释了经济制度的演进，道格拉斯·诺思于1993年获得了诺贝尔经济学奖。

“路径依赖”理论被总结出来之后，人们把它广泛应用在选择和习惯的各个方面。在一定程度上，人们的一切选择都会受到路径依赖的影响，人们过去作出的选择决定了他们现在可能的选择，人们关于习惯的一切理论都可以用“路径依赖”来解释。我们先来看下面这个故事：

有人将5只猴子放在一只笼子里，并在笼子中间吊上一串香蕉，只要有猴子伸手去拿香蕉，就用高压水教训所有的猴子，直到没有一只猴子再敢动手。然后用一只新猴子替换出笼子里的一只猴子，新来的猴子不知这里的“规矩”，竟又伸出上肢去拿香蕉，结果触怒了原来笼子里的4只猴子，于是它们代替人执行惩罚的任务，把新来的猴子暴打一顿，直到它服从这里的

“规矩”为止。

实验人员如此不断地将最初经历过高压水惩戒的猴子换出来，最后笼子里的猴子全是新的，但没有一只猴子再敢去碰香蕉。

起初，猴子怕受到“株连”，不允许其他猴子去碰香蕉，这是合理的。

但后来人和高压水都不再介入，而新来的猴子却固守着“不许拿香蕉”的制度不变，这就是路径依赖的自我强化效应。

同样，在企业管理工作中，企业体质、管理方式的守旧等，我们都可以归结为路径依赖，因此，要加强企业的创新改革的力度，作为企业领导者，我们必须在企业管理中摆脱“路径依赖”的强化效应，敢于摆脱旧模式的束缚。

那么，具体来说，企业领导者该如何引导企业创新改革呢？

1.企业信息化

这是解决企业管理突出问题的有效措施，也是市场经济对企业改革的必然要求。实施企业管理信息化是一场深刻的企业管理革命，必然会涉及观念、机构、流程、机制、习惯的改变和企业内部各种利益的调整。

在这条改革创新的道路上，中国的企业还有很多误区，实际上，目前国内大部分企业对企业信息化没有明确的方向，由于阻力大、难点多，实施过程充满艰辛，在不少企业取得成功的同时，也有一些企业走了弯路，而更多的企业尚在观望，害怕风险，裹足不前。

2.加强企业的供应链管理

这是企业改革的新模式。传统的管理模式由于未能形成有效供应链，生产系统响应产品变化的能力差，不能满足多品种小批量的新生产要求，难以适应个性化需求日益明显的新市场特征。供应链管理可以降低供应链总成本、降低供应链上的库存水平、增强信息共享水平、改善相互之间的交流、保持战略伙伴相互之间操作的一贯性、产生更大的竞争优势，进而实现供应链节点企业的财务状况、质量、产量、交货、用户满意度以及业绩的改善和提高。

3.实行可持续发展管理

只有可持续的管理，才是健康的管理。企业管理已由传统化管理进入

了现代化、信息化管理的新阶段，无论一个企业采取何种管理形式，在企业管理制度上决不能存在一劳永逸、一蹴而就的思想，要不断地追求能够使企业提高赢利能力、提高资产质量的最佳管理模式，要锲而不舍地营造制度化管理的氛围，使企业在可持续发展的道路上健康发展。

跳蚤效应：只有突破创新，才能做大做强

生物学家曾经做过这样一个实验：

把跳蚤放在桌子上，然后拍打桌子，此时，跳蚤会奋身跳起，甚至能跳到高于它身高好几倍的高度。接下来，生物学家把跳蚤放在一个玻璃罩内，让它再跳，跳蚤碰到玻璃罩弹了回来。生物学家开始连续地敲打桌子，跳蚤连续地被玻璃罩撞到头；后来，聪明的跳蚤为了避免这一点，在跳的时候，高度总是低于玻璃罩顶的高度。然后生物学家再逐渐降低玻璃罩的高度，跳蚤总是在碰壁后跳得低一点。最后，当玻璃接近桌面时，跳蚤已无法再跳。随后，生物学家移开玻璃罩，再拍桌子，跳蚤还是不跳。这时，跳蚤的跳高能力已经完全丧失了。

为什么会出现这样的现象呢？其实这是一种思维定势下的表现。玻璃罩内的跳蚤，会产生这样一种想法：我再跳高了还会碰壁。于是，为了适应环境，它会自动地降低自己跳跃的高度。于是，和刚开始的“跳蚤冠军”相比，它的信心逐渐丧失，在失败面前变得习惯、麻木了。更可悲的是，桌面上的玻璃罩已经被生物学家移走，跳蚤却再也没有跳跃的勇气了。

行动的欲望和潜能被自己的消极思维定势扼杀，科学家把这种现象称为“自我设限”，也就是“跳蚤效应”。

跳蚤调节了自己跳跃的目标高度，而且适应了它，不再改变。很多人不敢去追求梦想，不是追不到，而是因为心里就默认了这个“高度”。这个“高

度”常常使他们受限，看不到未来确切的努力方向。对于人类来说，有什么样的目标就有什么样的人生。

同样，作为一个企业的领导者，如果你在管理企业的过程中，安于现状，给企业设定限制，那么，企业一定也和这只跳蚤一样，无法突破创新，更无法做大做强，而随着市场竞争的日益激烈，企业很可能被市场大潮淹没。

因此，一个企业要想取得成功，作为企业领导者，作必须为企业设定一个可以追逐的目标。摩托罗拉公司就是因追逐目标而成功的典型。

在美国企业界，有一个深孚众望的奖项——美国国家品质奖，它象征着美国企业界的最高荣誉。赢得此奖的企业，必须是能生产全国最高品质产品的企业。

为赢得该项奖项，摩托罗拉公司从1981年就开始了竞争。它派了一个侦察小组，分赴世界各地表现优异的制造机构进行考察。目的不仅是看它们怎么做，也要看它们如何精益求精。所有摩托罗拉的员工都面临着挑战，力求大幅度降低工作中的错误率。结果是产品错误率降低了90%，但摩托罗拉仍不满意。公司又设定了新的目标：所生产的电话的合格率达到99.997%。所有摩托罗拉员工都收到一张皮夹大小的卡片，上面标示着公司的目标。公司还制作了一盒录像带，解释为什么99%的产品无故障仍嫌不足。这盒录像带指出，如果这个国家的每一个人，都以99%的品质来工作，那每年就会有二十万份错误的医药处方，更别说会有三万名新生儿被医生或护士失手掉落地上。并问，99%的品质，对于将其性命托付给摩托罗拉无线电话的警察而言，是否足够？

1988年，66家公司开始竞夺美国国家品质奖。大部分参赛单位都是一些像IBM、柯达、惠普等大公司的某一部门，但摩托罗拉却以整个公司为单位参加竞赛，并以绝对的优势轻松夺魁。

摩托罗拉的一名主管声称：“得美国国家品质奖，有一种金钱买不到的奇效。”这就是目标的效力，有什么样的目标就有什么样的人生。目标使我们产生积极性。

一个企业，只有在领导者的带领下，做到全体员工不断挑战自我、挑战新目标，做到技术上的精益求精、能力上的不断提高，才能实现整个企业的腾飞。

那么，对此，企业领导人有什么样的责任呢？

1.用知识解放思维

人与人之间没有太大的差别，只是思维方式的不同。成功的人为什么成功，失败的人为什么失败？成功者的成功就在于他们与众不同的思路。因此，如果你能做到摆脱思维的狭隘性，那么，你就具备了成功的潜质。

那么，如何解放思维？没有比学习更好的方法了，只有学习才能搬走“无知”这堵墙。

2.为企业发展制订一个合理的、吸引人的目标

我们周围有许多人都明白自己在人生中应该做些什么，可就是迟迟拿不出行动来。根本原因乃是他们欠缺一些能吸引他们的未来目标。同样，一个企业领导者只有为企业制定一个合理的、有发展潜能的目标，才能真正把突破与创新应用到现实的管理与经营中！

比伦定律：失败也是一种机会

我们在工作和学习中，会碰到很多挫折和失败：当我们需要帮助时，可能得到的是拒绝；当我们屡次努力后，可能成绩依旧没有起色；当我们想做好一件事而没有做好时，可能会遭到他人的嘲笑、歧视甚至否定；当我们努力想证明自己时，却可能屡屡碰壁……于是，我们开始怀疑自己，对自己失去信心，丧失奋发向上的热情和克服困难的勇气。事实上，很多企业的领导者也是如此，正因为畏惧失败，他们便停下了为企业创新改革的脚步。而实际上，任何人包括企业的成功，都是在不断的失败中总结经验和教训，在一

条未知的道路上不断摸索得来的。著名的比伦定律阐述的便是这一点。

美国考皮尔公司前总裁F·比伦曾经提出:失败也是一种机会。若是你在一年中不曾有过失败的记载,你就未曾勇于尝试各种应该把握的机会。

这一定律告诉所有的企业领导者,怎样对待“失败”是企业成长过程中回避不了的问题。

的确,无论是企业还是个人,在追求自身发展的过程中,总有机会相伴,但机会常常稍纵即逝。因此,这就要求我们有一种勇于尝试的精神。即使证明自己错了,也不会后悔。因为你把握了机会,而且至少知道了你先前把握机会的方式是行不通的。人们常说失败是成功之母,可见,失败的确是一笔财富。在行业圈子里,流传着宝洁公司的这样一个规定:如果员工三个月没有犯错误,就会被视为不合格员工。对此,宝洁公司全球董事长白波先生的解释是:那说明他什么也没干。

同样,著名的IBM公司也是在历经各种失败之后才走上成功之路的:

IBM公司在1914年几乎破产,1921年又险遭厄运,20世纪90年代初再次遭遇低谷。但是,在一次次纠错中,他们最终战胜了暂时的困难。有一次,IBM公司的一位高级负责人曾由于工作严重失误,造成了1000万美元的损失,为此他异常紧张,以为会被开除或至少受到重大处分。后来,董事长把他叫到办公室,通知他调任,而且还有所提升。他惊讶地问董事长为什么没把他开除,得到的回答却是:要是我开除你,那又何必在你身上花1000万美元的学费?

IBM的董事长就是一个能客观看待失败的人,面对员工带给企业的1000万的损失,他很淡然地称之为“学费”。美国管理学家彼得·杜拉克认为,无论是谁,做什么工作,都是在尝试错误中前行的,经历的错误越多,人越能进步,这是因为他能从中学到许多经验。杜拉克甚至认为,没有犯过错误的人,绝不能将他升为主管。同样,现实工作中的领导者们,在为企业改革的过程中,也不要畏惧失败,如若失败,权当为企业和自己交了“学费”。

那么,企业领导者该如何正视改革中的失败呢?

1.让“行动”来治疗“恐惧”

其实,有时候,事情是简单的,只是我们想复杂了,认为它很难。当你做完一件事,回头看时,其实很简单。改革也是如此,只有让自己行动起来,才能赶走恐惧。

2.真正从失败中找到改革的教训和经验

一个有魄力的领导者,即使改革失败了,他也能找到失败的原因,明白下次改革时应该发扬什么,割舍什么,而从失败中找到能够孕育出成功的“成功之母”。

事实上,没有任何一个企业是总是一帆风顺的,即使那些百年企业也是如此,尤其是面对改革,它们总是在不断尝试、不断失败中找出自己未知的很多东西。知道了这些东西,也就把握了即将到来的机会。

作为企业领导者,应该把改革失败当成一种财富,这是因为失败证明了有的路走不通,从而可以换一条路走。

3.深思熟虑,减少失败的可能性

企业领导者在进行一项改革时,就应该知道这是一次机会,有可能会失败,但不能坐等失败。因此,这里指的是“深思熟虑”的改革。

快鱼法则:抢先一步,才能独占商机

当今社会,市场竞争异常激烈,市场风云瞬息万变,市场信息的传播速度大大加快。可以说,谁能抢先一步获得信息、抢先一步改革以应对市场变化,谁就能捷足先登,独占商机。因此,作为企业领导者,你一定要明白,这是一个“快者为王”的时代,速度已成为企业的基本生存法则,企业改革容不得你“慢一步”。否则,你就会被市场这个大鱼塘中的“大鱼”吞噬。对此,有个著名的“快鱼法则”。

“快鱼吃慢鱼”是思科 CEO 钱伯斯的名言，他认为：“在 Internet 经济下，大公司不一定打败小公司，但是快的一定会打败慢的。Internet 与工业革命的不同点之一是，你不必占有大量资金，哪里有机会，资本就很快会在哪里重新组合。速度会转换为市场份额、利润率和经验”。

现代竞争“不是大鱼吃小鱼，而是快的吃慢的。”这就是“快鱼法则”。我们再来看下面这个故事：

两个人在树林里过夜。早上，突然树林里跑出一头黑熊，他们中的一个人忙着穿球鞋，另一个人则说：“你把球鞋穿上有什么用？我们又跑不过熊！”忙着穿球鞋的人说：“我不是要跑过熊，而是要快过你。”

这个故事听起来有点无情，但“快鱼”时代，“快”者生存，竞争就是如此。

根据这一法则，市场竞争下，几乎所有的企业都用尽全身解数进行快速改革，因为市场先机稍纵即逝，速度就成为了获胜的关键因素之一，此时市场的成败，就不能仅仅以“大鱼”、“小鱼”而论，而要看“快”与“慢”了，由此形成了“快鱼吃慢鱼”的结果。

因此，我们发现，在改革创新发展中，速度成为获胜的关键因素之一。

当然，“快鱼吃慢鱼”强调了企业领导者对市场变化的快速反应，但绝不是盲目追求扩张和仓促出击，正相反，真正的快鱼追求的不仅是快，更是“准”，因为只有准确地把握住市场的脉搏，了解改革的方向，快速出击才是必要而有效的。

那么，从“快鱼法则”中，作为企业的领导者，你该如何进行快速改革呢？

1.“快动”——高瞻远瞩的战略眼光

在激烈的竞争中，谁的紧迫感强，谁的反应快，谁就能领先一步，成为抢占先机的“快鱼”。

当然，“快”其实体现的是一家企业领导者高瞻远瞩、洞察未来的战略眼光，是企业战略远见的表现，而非简单的执行力的效率高。一次成功的企业改革，必定是经过深思熟虑的，之所以会让旁观者认为其行动迅速、先于其他人而动，关键在于其长远的预见性。唯有企业的领导者具有对商业环境

和市场态势深刻的洞察力，先于别人看到了未来的趋势和变化，才能从容不迫地作出快速反应和抢占先机。

因此，企业要做经济大潮中的“快鱼”，其领导者就必须解放思想，具备超前的观念和敏锐的眼光；看准的事，应该雷厉风行，不能患得患失，更不能纸上谈兵。

2.风险意识上的“快”

现代商业环境变幻莫测，一个企业的优势很快就会转化为企业的劣势，企业时刻面临着未知的突发困难，企业领导者在对企业改革的时候，也必须时时保持着危机感，才能带领企业克服一个个困难，走过一个个困境。

3.高效低廉的管理成本

若企业机构、机构臃肿，那么，企业工作效率就会低下，即便领导者作出极具前瞻性的战略决策，但是由于组织执行力的效率低下，最终还是会失去先机，变成慢市场半拍的“慢鱼”，长此以往，只会被短小精悍的“快鱼”所吃掉。很多大型企业往往不缺乏优秀的领导者、人才和优秀的技术，却往往在市场上败给能力并不突出的小企业，就是因为缺乏高效的管理体制。

总之，如果一个企业的领导者能够具有高瞻远瞩的战略眼光、有着灵活敏锐的市场直觉、保持如履薄冰的危机感并有着高效低廉的管理成本，那这家企业何愁不能成为一家能够时刻作出快速反应的企业？何愁不能成为一条在市场中游刃有余的“快鱼”？

达维多定律：不破不立，淘汰旧产品才能创造新契机

人的可贵之处就在于创造性思维。正如一个哲人所说：“你只要离开常走的大道，潜入森林，你就肯定会发现前所未有的东西。”同样的道理，成功与创新是难以分割的两个方面。一个企业，要想稳占市场，就必须摒弃传统

守旧的观念、创造新契机。享誉世界的迪士尼小路就是这样产生的。企业家不是天生的。他们的经历告诉现代企业的领导者们，创业难，难就难在创新和变革这关，谁能迈过去，成功之门就会为谁打开。美国管理专家德鲁克曾说："创新是创造了一种资源。"的确也是如此，不破不立，要实现创新与变革的前提便是"破"，也就是淘汰旧产品、旧体质。

为此，曾任职于英特尔公司高级行销主管和副总裁威廉·H·达维多提出：任何企业在本产业中必须第一个淘汰自己的产品。一家企业如果想在市场上占据主导地位，就必须第一个开发出新一代产品。这就是著名的"达维多定律"。

"达维多定律"是以英特尔公司副总裁威廉·达维多的名字命名的。达维多认为，在网络经济中，进入市场的第一代产品能够自动获得50%的市场份额，因此，一家企业要想在市场中一直占据主导地位，那么它就要永远做到第一个开发出新一代产品。与其作为第二或第三家将新产品打入市场，绝对不如做第一家，尽管你的产品那时并不完美。

达维多还认为，任何企业在本产业中必须第一个淘汰自己的产品，即要自己尽快使产品更新换代，而不要让激烈的竞争把你的产品淘汰。这实际上是在"因特网时代"中生活的一个必然结果。

日本企业界知名人士曾提出过这样一句口号："做别人不做的事。"

瑞典有位精明的商人开办了一家"填空档公司"，专门生产、销售在市场上断档脱销的商品，做独门生意。德国有一个"怪缺商店"，经营的商品在市场上很难买到，例如六个手指头的手套、缺一只袖子的上衣、驼背者需要的睡衣，等等。因为是填空档，一段时间内自然不会有竞争对手。

而事实上，不得不承认的是，现代企业的很多领导者们，在创新变革上，并未做到大胆突破、大胆摒弃，只会走别人的老路。有位经济学家曾讲过一个生动而有趣的事例：

如果一个犹太人在美国某地开了一家修车店，那么，第二个来此地的犹太人一定会想方设法在那里开一家饮食店。但中国人则截然相反，如果一

个中国人在某地开了一家修车店，那么第二个来此地的中国人，往往开的也是修车店。

"获利路有三，垄断我无权，投机我没胆，创新求发展。"这句话被中国前总理朱镕基所称道。可见，作为企业的领导者，你要明白，即使在人们熟知的行业里，仍然会有许多创新点，关键是你要能够觉察得到。

在一个市场细分的年代，"想不到"的产品其实也就是个性化的产品。在千变万化的市场需求中，不同的人群有不同的需求，因此，任何一个企业领导者，都应该把瞄准这种千差万别的需求当成自己改革的方向，具体来说，需要你做到：

1.具有一种强烈的忧患意识和时不我待的紧迫感与危机感

及时把握创新的机会是一个成功企业应必备的条件，你应该时刻都有一种危机意识：与其让别人迫使自己的产品淘汰，不如自己淘汰自己的产品，通过主动适应市场的变化而获得市场的主导权。

2.不断推出主导市场的新产品

我们都知道，两军交战，要想战胜，必须善以新、奇、异制胜，夺先机之时，赢先机之利，方能制先机之胜。由战争联想到市场，也是如此，任何一个企业必须靠率先在市场推出新一代产品的方式来主导市场，即在一定范畴内，先占者可抢得50%的市场。因为只有新产品才能够主导市场；只有保持"新"的地位，才能拥有"新"的优势。

第18章 危机处理心理学，扭转乾坤反败为胜

任何人的一生，都不可能一帆风顺，企业也是如此，也会出现一些危机事件。危机事件有损于企业形象甚至影响企业的发展与生存，因此，提升领导者的危机处理能力是企业应对危机的重要技能。应对企业危机，要求领导者有突出的信息收集、处理能力和管理沟通能力。领导者更应积极主动承担应有的责任，及时采取补救措施，积极做好预防及评估工作，完善企业管理机制，使企业走上可持续发展道路。

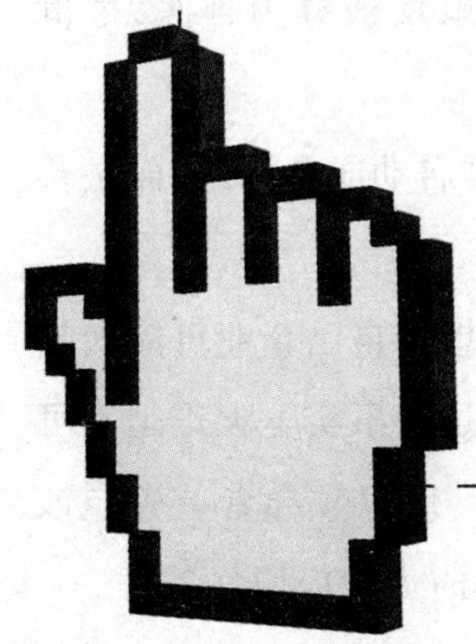

未雨绸缪，做好危机的防范工作

大凡从事企业管理的领导者都知道，人才、技术、产品和营销等因素是企业现阶段的核心竞争力指标。而这些因素背后的企业文化则是一个企业能够长久的生命力指标。很多看上去很红火很景气很热闹的企业，常常在突然间就倒下甚至再也起不来了。究其原因，大多是缺乏危机意识所致，或者是危机管理出了问题。因此，一个企业若想保持长久的生命力，其领导者就必须做到未雨绸缪，做好危机的防范工作。我们先来看下面这个故事：

传说，扁鹊有兄弟三人，都行医救人。民间相传扁鹊医术最高，实际上并不是这样。大哥一般是当病人疾病尚表现在皮肤气色上时就已经观察出，并简单地给病人服几剂药就好了，但大家以为他只能治小病，故名声不出乡里；二哥医术差一级，要等疾病已进入病人的肌骨，才识别出并治好，但名声反而到了州郡；三弟扁鹊，医术最低，非要等到疾病已进入腑脏，病人已行将就木了，才知道去医，大动干戈，将之救活，结果反被尊为神医，举世闻名。

所以，真正高明的危机管理并不是危机发生后再启动应急措施，而是善于发现问题并且把危机扼杀在萌芽阶段的问题管理。

因此，企业领导者应该有一种危机意识，要随时想到自己企业可能面临灾难。人当然都不喜欢灾难，避祸是我们的基本思想，但事实上灾难是不可避免的，一生中不遇到灾难可能是极为罕见的事情。所以领导者首先应该在安定的时候有一个忧患意识，就是当危机事件来临时如何应用。

当然，企业在经营当中危险的因素太多了，内部有产品的缺陷、员工素质问题、管理的不完满、法制观念淡薄等；外部因素更多，竞争对手的不公平竞争、社会舆论的压力等都有可能导致企业面临灾难。

那么，具体来说，企业管理者该如何做到未雨绸缪呢？

1.树立危机意识

企业领导者不仅自己要有危机意识，还有把这种危机意识贯穿到工作中，让员工也时时感受到危机的存在。只有这样，才能在危机真正到来之前，让企业和员工都能有所准备，而不至于手忙脚乱。

2.设立常设机构进行危机管理

这一机构可由企业的以下人员组成：企业公关部负责人、企业决策层负责人和其他一些主要部门的负责人。

当然，应保证危机管理常设机构的各个成员有畅通的联系渠道，以便危机发生时能在第一时间联系到他们。

3.建立危机预警系统

企业危机的出现，一般都是有原因的，但在出现前，势必会有一些征兆。因此，领导者们可以根据这些征兆，进行企业危机的预测，这些征兆一般有：受到外界环境，比如政府、新闻界的关注度突然变得很高；企业的各项财务指标不断下降；对企业或企业领导人形象不利的舆论越来越多；组织遇到的麻烦越来越多；企业的运转效率不断降低。

4.制定危机管理方案

一个成熟的企业，一般都有一套成熟的危机管理方案，这对于危机的防止以及应对都是有效的。实施公关危机管理时，应考虑以下几个方面的问题：

思考可能出现的问题，并考虑到这些问题对企业生存与发展可能造成的影响；检查造成企业与社会摩擦的问题或趋势；确定企业对于问题的态度；对一些需要解决的问题采取的行动方针；实施具体的解决方案和行动计划；不断监控行动结果、获取反馈信息，根据需要修正具体方案。

5.企业内部媒体公关培训

在企业发生危机时，企业公关必须做到泰然自若、态度坦诚地面对媒体，才能帮助企业解决问题，而要做到这一点，就必须事先对企业内部公关

进行培训。

6.加强企业内部传播流程管理

适当时候进行危机预演，让内部人员熟悉发生危机时的应对之策。

吉德林法则：把难题清清楚楚地写出来，便已经解决了一半

人的一生很难万事如意，企业也是如此。在瞬间万变的环境下，怎样才能最有效地面对突如其来的打击，并没有一个固定的规律。但是，解决企业危机也并不是毫无章法的，遇到难题，不管你怎样解决它，成功的前提是看清难题的关键在哪里。找到了问题的关键，也就找到了解决问题的方法，剩下的就是如何具体实行了。为此，美国通用汽车公司管理顾问查尔斯·吉德林提出：把难题清清楚楚地写出来，便已经解决了一半。只有先认清问题，才能很好地解决问题。这种观点在管理学上被称为“吉德林法则”。

这一法则告诉每一个为企业危机管理而伤神的领导者，企业难题与危机在所难免，焦躁、着急、焦虑都无济于事，任何难题，只要从容应对、找到问题的关键，都能迎刃而解。我们先来看看下面这个故事：

在英国的麦克斯亚郡，曾经发生了一件匪夷所思的事：有一个妇女，她的丈夫是个足球迷，他迷恋足球的程度已经到了让妻子不能容忍的地步，严重影响了他们的夫妻关系。为此，这个妇女便要求生产足球的厂商——宇宙足球厂赔偿她精神损失费 10 万英镑。当她提出这一诉讼后，很多人觉得不可思议，甚至觉得控诉毫无道理。但事实上，这个妇女赢得了这场官司，因为这位妇女的要求得到了大多数陪审团成员的支持。想到马上就要支付巨额的赔偿费，宇宙足球厂的老板很是忧虑。

此时，宇宙足球厂的公关顾问认为，现在的问题很明朗，那就是这位女

士的控告让足球场损失了一大笔钱，而如果能通过这次控告重新赚回损失的钱，问题不就迎刃而解了吗？于是，他向公司提出了一个明智的建议：

与其在法庭上与陪审团进行无谓的陈述，还不如利用这一离谱的案例，为公司大作宣传，向人们证明宇宙厂生产的足球魅力之大。

于是，接下来，他们把工作重心放到了与媒体沟通上，让他们对这场官司进行大肆渲染。果然，这场官司经传媒的不断轰炸后，宇宙足球场名声大振，产品销量一下子翻了四倍。与损失的10万英镑相比，宇宙足球场算是因小祸而得了大福。

宇宙足球厂为什么会因祸得福？可以说，这位公关顾问是明智的、冷静的，他看到了问题的关键所在，于是，针对这一问题，他提出了解决危机的方法——借助官司这一免费的宣传手段，从而为企业广开销路。

可见，要想解决问题，必须清楚问题出在哪里。找到了问题的症结所在，也就找到了解决问题的办法。所以，遇到问题后首要的就是分析问题，只有这样，解决起问题来才会得心应手，事半功倍。

的确，现代社会，市场经济变化多端，常常让很多企业陷入危机四伏甚至风雨飘摇的境地，一不留神就会走上下坡路。面对难题与危机，作为企业的领导者，你是自暴自弃，让它成为不可逆转的事实，还是把它变成促使你重新奋发的动力？估计任何一个明智的领导者都会选择后者。

具体来说，你需要做到以下两点：

1.把企业面临的问题一一列举出来

企业遇到了哪些问题？针对这一问题，你应该最大限度地列出答案，当你列举出答案后，你会发现，其实问题并不难。

2.找出关键问题，对症下药

正和案例中的这位公关顾问一样，你需要找到问题的关键所在，解决了关键问题，你会发现，其他问题只不过是这一问题的衍生物而已。

史华兹论断:坏中看好,危机可能是机遇

任何一家企业,纵使它有百年历史,也可能遇到危机。面对危机,作为企业领导者,如何看待危机、如何处理危机,直接关系到企业能否渡过难关。现实生活中,一些规模宏大的企业没有经受住危机的考验而失败,很大程度上与企业领导者处理危机的能力有关。之所以如此,是企业领导者自乱阵脚而已。

其实,所有的坏事情,只有在我们认为它是不好的情况下,才会真正成为不幸事件。危机究竟会对企业产生怎样的影响,最终决定权还在企业领导者的手中。只要能够从坏中看好,采取有效的措施扭转不利趋势,耐心地找准一个方向,就一定会别有洞天。这样不仅能解一时之围,更能找出企业的病症并彻底消除隐患,使公司增强持久赢利的能力。这就是美国管理心理学家 D·史华兹提出的著名的"史华兹论断"。

我们先来看下面这个管理故事:

英国航空公司也曾遇到过一次危机。有一次,一架由伦敦经纽约、华盛顿的英航班因为机械故障,在纽约被迫降落后禁飞。乘客对此极为不满,对英国航空公司怨声载道。该公司立即调度班机,将 63 名旅客送到了目的地。当旅客下机时,英航职员向他们呈递了一份言辞恳切的致歉信,并为他们办理了退款手续。尽管英航因此损失了一大笔钱,却起到了力挽狂澜的功效,大大弱化了乘客的不满情绪。英航的这一举措被人们广为流传,这不仅未使英航受到损害,反而大大提高了英航的声誉。此后,英航的乘客一直源源不断。

通过自己的高明手段,英航在危机面前得以变被动为主动。这得益于英航面对危机的一种快速反应能力和积极处理问题的能力。

相反，有些企业领导者正是缺少这种反应能力、突破瓶颈的能力，而无法安然度过危机，甚至使企业陷入瘫痪。

2004年7月，金正集团董事长万平入狱，公司由于失去核心领导，显得束手无策，不仅没有进行危机公关的紧急处理，反而引发了股东之间的内战。显然金正的企业文化存在问题，危机处理手段也比较差。于是企业被恐怖笼罩，步步朝着坏的方向发展，金正高层纷纷出走，经销商倒戈相向，银行查封企业资产，致使企业迅速倒闭。

同样是遇到危机，但是由于领导者处理得不一样，结果就完全不一样。由此看出两家企业领导班子的危机意识是不一样的，也就是领导者的基本素质是有差异的。

英特尔公司前CEO安德鲁在价值五亿美元的有缺陷的英特尔奔腾芯片必须被召回并更换的灾难性事件后，在其自传《只有偏执狂才能生存》一书中说道，商业成功饱含自身毁灭的种子。因为商业环境变化不是一个连贯的过程，而是一系列亮点或者“战略转折点”，一个公司运营的基础突然发生变化并且没有预先的警告，这些点的出现可能意味着新的机会或者终点的开始。

因此，作为一个企业的领导者，要想使危机变机遇，就必须具备处理危机问题的能力，为此，你必须做到：

1.蔑视危机

这有利于增强解决危机的自信心，企业危机既然是客观事实，那么，关键问题是加以解决，而不是手忙脚乱、大失方寸。所以要战胜挫折，首先必须有坚强的意志和高度的自信心。作为领导者，你除了自身要有强大的心理承受能力外，还要鼓励员工，因为一旦军心涣散，解决危机的难度就会无形中增大。

2.分析问题，找到问题背后的机遇

这一点，需要领导者具备全面看待问题的眼光和运用独特思维的能力，也就是设法找到突发事件的根本原因，然后转换思维，并采取一些一举两得

的措施，既消除企业的危机，又为企业赢得机遇。

快速的应急处理能力是企业存活的保障

现实生活中，我们发现一些企业领导者在遇到企业危机后都采取逃离、躲避的态度，他们认为，一切问题会随着时间的流逝而自动解决的。因为他们面对危机的心态通常是：侥幸心理、鸵鸟政策、推卸责任、隐瞒事实，这些错误的态度不仅无助于企业危机管理，反而会造成更严重的危机。事实上，企业发生危机后的一分一秒都是十分珍贵的，因为随着危机的进展，在时间上会失去控制，而随着危机的进展，各种不可测因素也会随之增加，通常是屋漏偏逢连夜雨，即便一个原本与危机并不相关的事件也会被公众认为是危机的原因。

那些能迅速解决危机的企业，通常都是因为领导者有较高的应急能力。我们先以中美史克为例：

中美史克在2000年因为PPA事件，受到的冲击非常大，之前它在国内感冒药市场上有将近六亿元的销售额，占了市场份额80%以上。在感冒药不允许有PPA的情况下这家企业很可能面临灭顶之灾，但是这家企业却处理得非常成功。

中美史克处理事件的速度特别快，2000年11月16日，公司接到天津卫生局传真，要求立即停止销售含有PPA成分的药物。16日上午，中美史克立即成立了危机管理小组，确定了应对危机的立场基调；沟通小组，负责信息发布和内外部的信息沟通；市场小组，负责加快新产品开发；生产小组，负责组织调整生产并处理正在生产线上的中间产品。

16日上午，他们的危机管理小组发布了危机纲领——执行政府暂停令。不管对错与否，不管有理与否，首先表现了对政府、对社会、对客户的利益的

尊重和负责。事发后他们通知经销商立即停止销售，停止广告宣传和市场推广活动。大家都知道，停止销售每天都有巨大的经济损失，高达几百万元。但是在这种危机面前，企业必须承担损失，而不能拿企业的利益与政府、媒体、公众进行对抗，他们只能争取在最短的时间内重塑或挽回原有的形象。

中美史克危机处理的经验告诉我们：它处理危机和突发事件的速度非常快，并且非常细化，这一点是中国的很多企业做不到的。雷厉风行本身就是积极的信号，一旦危机事件出现，不要拖，不要满不在乎，应该积极响应，这是非常重要的。

可以说，在处理企业危机这一问题上，速度就是效益，一旦危机产生，企业领导者首先要明白速度等于一切，每一个部门、每一个合作伙伴都要跟随危机而行动起来，牵一发而动全身。如果企业在时间上失去企业危机管理的控制，那么危机的影响力就会随着公众的种种猜测以及媒体报道的推波助澜而一发不可收拾。因此，在危机发生之后的最短时间内，企业必须集中一切能利用的资源来解决危机。

那么，针对这一问题，企业领导者该如何处理呢？

1.稳定情绪

也就是说，企业遇到危机，作为领导者，要表现出积极的态度，不要发牢骚、不要辱骂、不要辩解等，如果这时不控制情绪的话，影响会非常大。事实上，很多领导者在这个问题上做得并不好。很多领导者平时在企业内部就不会控制情绪，高兴了就开会给员工洗脑，不高兴就开会骂人。如果把这种恶习带到公众的面前，只会加速企业的灭亡。

2.抓住五个“第一时间”

第一时间寻求专业公关公司的帮助，进行危机控制；

第一时间通知企业全体员工，以达成意见的一致，避免企业员工在面对采访时不知所措；

第一时间组织人员，对危机事件进行调查，并让新闻发言人发布公司正

在采取的措施；

第一时间疏导媒体，尽量让媒体沿着良性的方向对事件进行报道；

第一时间把真相告知政府部门或者相关权威机构，树立公众信心。

通过以上手段，便可以在时间上进行企业危机管理的初步控制，这是在任何危机来临的时刻首先要采取的措施。

充分意识到防范信誉危机的重要性

任何一个企业领导者，都深知信誉危机对企业发展的杀伤性。所谓企业信誉危机，是指企业由于管理不善或操作不当，使企业的信誉在市场中、社会上的威信下降，对企业的经营造成不良影响，使企业处于可能发生危险和损失的状态中。事实上，企业对于信誉危机的处理往往是有相当难度的，因为信誉危机的发生总会不同程度地影响到企业的形象，降低企业在利益相关者心目中的地位，影响到企业正常的生产经营活动，威胁到企业既定目标的实现，严重的将导致企业倒闭。

俗话讲“防火胜于救火、防灾胜于救灾”，最好的解决企业信誉危机的方法莫过于尽全力避免。我们先来看看国内几大集团在这方面是如何做到有效防御的：

在2006年11月新颖出炉的中国第一份信誉调查报告——中国企业信誉100中，海尔成为排名最靠前的中国本地企业，在总榜单的第六位。海尔身居中国外乡企业信誉榜榜首是人们预料之中的，海尔在20世纪90年代初就确定了“首先卖信誉，其次卖产品”的理念，恰是从这一理念动身，海尔制定了创世界名牌的战略，成为中国家电行业的巨人。

1985年，张瑞敏当着海尔集团全体员工的面，将76台质量不合格的电冰箱砸毁，就是因为他捕捉到了企业正处在急骤上升时期的致命的质量隐

患和危机意识不足的管理信息。正确、及时的信息反馈引发的“海尔砸冰箱”事件，砸出了海尔员工的危机感和责任感，砸出了一套独特的海尔式产品质量和服务管理理念，保护了广大用户的利益，“真诚到永远”，使海尔集团由青岛一个日用电器小厂成长为今天的跨国集团公司。

实际上，并不只有海尔集团通过“卖信誉”而赢得公众的信任，很多世界500强也正是坚持这一理念才走上成功之路，这些500强的跨国公司，很多是“百年企业”，这些企业之所以长盛不衰，也是因为在长时间的运营进程中构成的良好信誉。

希望集团，正和它的名字一样屹立不倒，其成功的管理经验之一就是制定企业战略时，始终坚持“企业安全第一、企业发展第二”的原则。

希望集团的管理者在工作中，并不追求创造奇迹，而是注重细节，注重防微杜渐，注重基础管理工作，在执行规章制度时，杜绝下不为例的借口，不允许打折扣。希望集团员工心中形成“制度和纪律是一条不能摸的高压线”的观念，消除了不良隐患，保证了公司高效运行。

可以说，信誉危机是所有企业危机中危害最为严重的，因为危机状态不仅导致市场秩序失衡，还会给人们带来心理压力、心理紧张乃至心理危机。人们会对企业失去信任，公众批判能力下降，相互影响感染的程度增强，甚至会因此拒绝再接受这一企业的任何产品，而即使信誉危机加以解决，企业在公众心中的形象也会大打折扣。因此，对于企业来说，危机就像纳税一样是管理工作中不可避免的，无时不在，企业领导者必须充分意识到加强防范的重要性。

对此，企业领导者需要秉持以下三个预防原则：

1.细致

也就是说，企业领导者要把监督工作做到细致入微，对于任何可能引发产品质量、消费者欺骗问题的行为从源头上杜绝。

2.敏锐

领导者必须观察和发现异常，并由此捕捉危机事件的征兆。这一阶段

的危机管理工作最突出的就是信息管理。

3.持之以恒

企业信誉危机的防止最难能可贵的就是持之以恒。为了使企业决策层和大多数员工在危机始发时能更快地、更准确地作出反应,企业必须建立一套预警系统来帮助企业决策层和员工准备就绪,以应对危机的发生,抑祸于开端之际,防患于未然。

参考文献

[1] 赵春林,刘春涵.每天学点管理学全集[M].北京:中国华侨出版社,2011.

[2] 王新.每天学点管理学全集[M].北京:石油工业出版社,2009.

[3] 方向东.每天学点管理学和领导学大全集[M].北京:中国华侨出版社,2011.

[4] 赵文锴.每天学点管理学[M].北京:金城出版社,2010.

[5] 秋禾.每天学点管理学定律[M].北京:中国纺织出版社,2012.